学生時代に学びたい
情報倫理

鞆 大輔・矢野 芳人　著

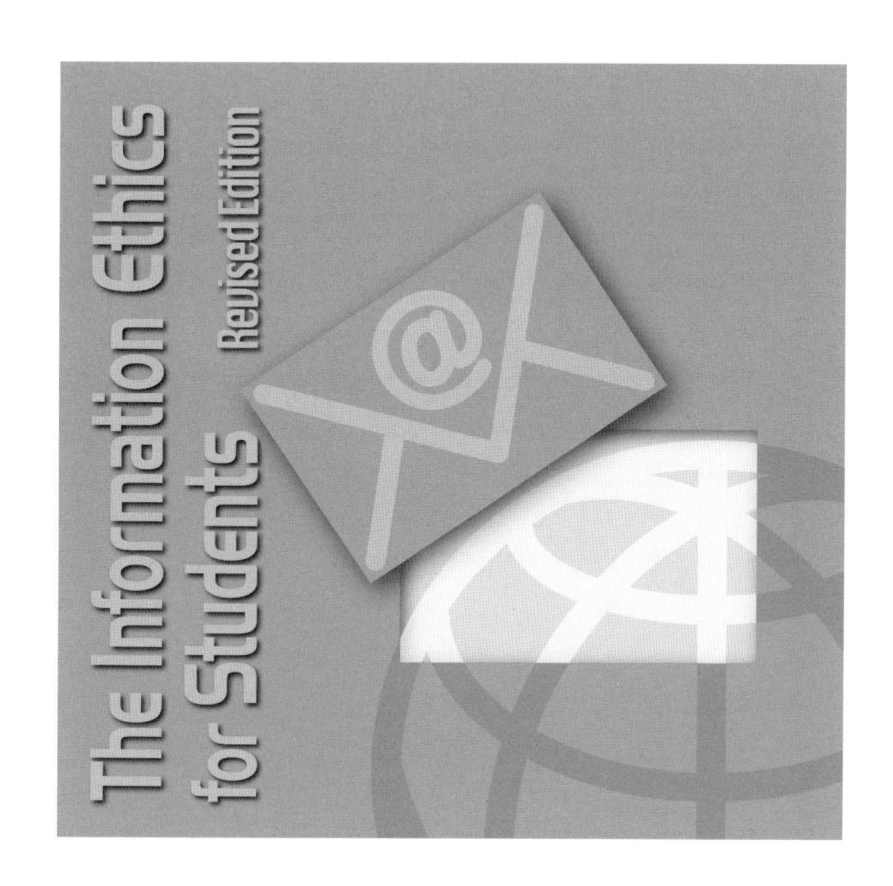

The Information Ethics for Students — Revised Edition

共立出版

改訂版　はじめに

　2011 年に発刊した本書初版は大学生向けの情報倫理入門書として多くの大学、専門学校で採用いただくことができました。発刊当時の本書は最新の事例や法律を取り扱うものと銘打たれておりましたが、年数の経過とともに法律の改正や社会情勢の変化から記載された内容が現状とそぐわない箇所が散見されるようになりました。たとえば、初版では一節を割いて取り上げていたファイル共有ソフトによる問題については今日ではすでに過去のものとなっています。しかし逆に初版執筆時には単なるコミュニケーションツールのひとつでしかなかった SNS が社会に大きな影響を与える一大メディアへと成長しましたし、突如として登場した生成系 AI はこれまで人類が考えていなかったような新しい問題を生じさせました。また、表面上の変化はあっても本質的には変わらなかった事柄もあります。かつて一世を風靡した出会い系サイトはスマートフォンの普及によりほぼ消滅しましたが、ネット上での出会いに関する問題はマッチングアプリに舞台を移し本質的な解決はされていません。リーチサイトと呼ばれる違法コンテンツへのリンク主体のサイトや違法ダウンロードが犯罪と認定されるようになりましたが、著作権侵害に関する問題は相変わらず世間を騒がせています。

　以上のような社会現象の変化をもとに、取り扱う内容や構成を 2024 年時点の最新事情に対応できるようアップデートしたものが本書です。今回の改訂では著作権や個人情報保護に関連する法改正への対応、暗号資産や NFT の普及に伴う価値のデジタル化に関する内容や生成系 AI と著作権の関わり、情報の送信と受信に関わるリテラシー等の項目について加筆および更新を行っています。

　執筆にあたっては全体構成および初版から引き続き掲載されている項目の更新は鞆が担当し、今回新たに取り上げた価値のパラダイムシフトやメディアリテラシーに関わる節については矢野が担当しました。

　コロナ禍によるリモートワークやオンライン講義の普及、生成系 AI の登場による社会生活の変化がそうであったように、今後も社会情勢や技術の発達に伴い情報倫理に関わる問題は変化していくことになります。そして、この変化はこれまでよりもより大きく、また変化の速度は加速していくことになるでしょう。そのような変化に対応するためにも「高い倫理観を持つこと」「法律への知識を深めること」「最新技術を理解すること」という情報倫理の基礎を学生時代に学ぶべく、本書を活用していただくことを切に願います。

2024 年 10 月

鞆　大輔

はじめに

　今日の社会ではインターネットや携帯電話はありふれたコミュニケーションツールとして利用されています。本書の読者であるみなさんにとってはこれらの情報通信技術やインターネット上のサービスは物心がついたころから身近に存在していたごく当たり前のものでしょうから、多くの人は誰かに教えてもらうまでもなく自然に使いこなすことができることと思います。

　しかし、使い方は知っていてもインターネットや携帯電話が動作する仕組みや、これらを利用する上でのマナーやエチケット、また利用の際に注意すべきことや、して良いこととしてはいけないことの区別についてなど、改めてどうなのかと問われると、知っているようで知らない曖昧な知識しかないことに気づくかもしれません。

　これは現実世界でのマナーやエチケット、善悪の判断基準については道徳などの学校教育で学ぶ機会が多いのに対し、ネットワーク上でのふるまいについて学校で学ぶ機会がきわめて少ないことによるものです。そのため、多くの人はどのような行いが正しいのかを正確に理解しないまま携帯電話やインターネットを利用し、知らず知らずのうちにネットワーク上で非常識だとされるような言動を行ったり、トラブルに巻き込まれたり、場合によっては不注意から自分が犯罪者になってしまうような事態に陥ってしまいます。

　本書のテーマである「情報倫理」とはそのようなトラブルを避け、他人との軋轢なく情報化社会で安全に生活するために必要な知識や物事の考え方を身につけるための学問です。

　情報倫理といえば、しばしば「べし・べからず集」のようなスローガンを覚えることだと勘違いしている人も多いのですが、スローガン記憶型の学習では問題の本質を知ることはできません。本書では情報化社会で生じる問題の本質を知ることで、未知の問題にも対処できるような「何が正しい行いなのか」を考えるための素地を築けるように表面的な問題とその対処法だけでなく、問題の原因がどのようなところにあるのかについて解説をしています。

　また、巻末には多くの事例を掲載していますが、これらは過去に実際に起こった情報倫理にまつわる問題です。事例のなかには日常的に起こるような身近なものから、国際社会に影響を与えるような大きな事件まで様々なことがらが取り上げられていますが、いずれもいつ何時、自分の身に起こるかもしれない現実の出来事ばかりです。

　事例のようなトラブルに巻き込まれないためには、そして不幸にも巻き込まれてしまった場合には少しでもその被害を軽減できるようになるためには、情報倫理の知識が必要となることはいうまでもありません。

　本書が学生時代に学ぶべき情報倫理の知識を会得するための一助になれば幸いです。

　なお、事例集の編纂にあたっては矢野芳人氏の協力をいただきました。ここに感謝の意を表します。

2011 年 7 月

鞆　大輔

もくじ

3章　法律的な問題　67

4章　倫理的な問題　117

1章

情報倫理とは

1章で取り上げるテーマ

1. 倫理とは
倫理学の基礎と取り扱う問題について

2. 情報化社会と倫理
情報化社会の発達と情報倫理が必要とされた背景について

3. 情報倫理とは
情報倫理とはどのようなものなのか

1. 倫理とは

1-1. 倫理学で取り上げる問題

　1章では、本書で取り扱う情報倫理についての理解を深めるために、そもそも倫理とはどのようなものであるか、そして、なぜ情報倫理が必要とされるようになったのかについて解説を行い、その上で情報倫理とはどのようなものであるのかについて説明を行います。

　情報倫理が「情報」に関連する「倫理」であることは言葉の上からも容易に想像がつきますが、そもそも倫理とはどのようなものなのでしょうか。一般的に倫理や倫理学といった学問では道徳や行動の規範になる事柄、善悪の判断基準についての研究を行う学問であると定義されることが多く、道徳哲学と呼ばれることもあります。法律のように何が善であるか、悪であるかが明確に文章化されたものではなく、善悪の判断基準が問題に直面した当事者の価値観や判断基準、道徳観によって決められるような場合に、どのように考えれば良いのかという指針を示すものが倫理であるとされています。

　たとえば、あなたが教室で見覚えのある財布の落とし物を見つけた場合、どのような行動をとるでしょうか。一般的な対応は次の3つの選択肢のどれかではないでしょうか。

　選択肢1
　→着服する

　選択肢2
　→見なかったことにする

　選択肢3
　→持ち主を探す

● 落とし物を見つけた場合・・・

　これらのうち、選択肢1は刑法254条で「遺失物等横領罪」と規定されている犯罪行為となってしまいますので、この選択肢を選んではいけません。すなわち、この選択は「悪」の行為であり、してはならない行為です。

　選択肢2は法律で違法であると定められているわけではありませんが、財布を落として困って

いると思われる持ち主のことを考えれば、「悪」ではないにしてもあまり良い選択肢ではないでしょう。この場合、選択肢 2 は選択を推奨されない行為となります。

選択肢 3 は善意に基づく行為ですし、少なくとも今日の日本社会においてはこの行為は推奨され、賞賛される「善」の行為になります。その証拠に「遺失物法」では遺失物、すなわち落とし物を拾い、それを届け出た人に対して本来の持ち主は落とし物の価値の 5 ～ 20％の額に相当する慰労金の支払いを求める権利を認めています。

これらの選択肢が提示されている場合、それぞれ「善」と「悪」の行動は法によって定められていますので、一般的には「善」の行為である選択肢 3 をとる人が多いでしょう。ただし、持ち主を捜すだけの時間的なゆとりがない場合など、やむを得ず選択肢 2 をとらざるをえないこともあるかもしれません。いずれにしてもこの場合、財布を見つけた人の行動を決定するのは善悪が明記された法律によるものであることは間違いありません。したがって、この事例の場合には倫理による判断を行う機会はありません。

では、実際に財布の持ち主を探すことに決めたとして、どのように探せば良いのでしょうか。もし落とし物が特徴的で見覚えのある財布だったり、あるいは名前が外側に記されていたりすればその外見から持ち主を特定することも不可能ではありませんが、一般的に財布を外から見ただけで持ち主を見分けるのは至難の業です。ですが、ある一定年齢以上の人が持つ財布であれば、財布の中には現金以外にもクレジットカードや免許証、各種の会員証が入っている可能性は高いでしょう。そしてそれらのカード類には名前だけでなく、場合によっては住所や連絡先が記されていることも多いので、財布の中身を見ればその持ち主が誰であるかは比較的容易に突きとめることができるでしょう。なので、財布を手にとったあなたに考えられる選択肢は次の 2 つのどちらかになります。

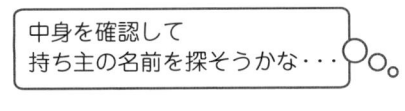

● 持ち主に返すためには？

中身を見るかどうかは、自分で持ち主を調べるかどうかという選択にもなります。現在の遺失物法では落とし物の中身を調べることを禁じるような規則はありませんから、中身を見るか見ないかは法律でどちらが善、どちらが悪とは規定されていません。ですが、今日の日本では一般的に持ち主の許可がない状態で他人の持ち物を勝手に調べる行為は決して好ましい行為ではないと感じる人が多いのが現実です。となると、中身を確認せずにしかるべき所へ届け出るほうが好ま

しいと思われるかもしれません。しかし、その反面、中身を確認する行為が単なる好奇心ではなく、純粋に善意に基づく行為だとすればそれが容認される風潮も今の日本にはあるかもしれません。すなわち法律だけでなく、社会的な視点から見てもどちらの選択肢も絶対的な善、あるいは悪ではないと考えることができます。

　では、このような場合、財布の中身を見るべきか、それとも見ずに届け出を行うべきか、どちらの選択肢が正しいのでしょうか？

　このような法律や規則では善悪が定められていないような出来事に対して、正しい判断を下すために必要とされる判断基準や価値観、さらには道徳観を総合して倫理、倫理観と呼びます。なおこの財布の中身を見るかどうか、という選択には絶対的な正解は存在しませんが、たとえばまったく見覚えのない財布であれば中身を調べても出てくるのは見知らぬ名前が記されたカード類、となることは想像に難くありません。こういった場合にはあらぬ疑いを避けるためにも中身には手を触れずに、警察や役所、施設の窓口等のような公的な場所へ届け出るほうが無難でしょう。一方で、財布に見覚えがある場合や財布のあった場所に知人が着席していた場合など、その財布が知人の持ち物である可能性が高い場合は届け出の前に持ち主を確認し、直接本人に返したほうがことを大きくせず、さらには迅速に持ち主へと返却することができるとも考えられます。

　つまり、単純に財布の中身を見るかどうか、という判断を行うのではなく、落とし物である財布がどのような財布であるか、すなわちその場の状況に応じて判断基準が変化することになります。このような「画一的な判断基準」が存在しないような問題を取り扱うことが多いのも倫理の特徴であるといえるでしょう。

1-2. 倫理学の歴史

　情報倫理は情報機器やネットワークにまつわる倫理ですから、近年に誕生したものであることは容易に想像できると思います。しかし情報倫理の基となる倫理学自体の歴史は古く、その成立はおおよそ二千数百年もの昔まで遡ることができると考えられています。初期の倫理学研究のなかで著名なものには紀元前 300 年頃に記されたギリシャの哲学者アリストテレスの著書である『ニコマコス倫理学』があります。この書物のなかでアリストテレスが提示した「幸福な生活を送るための正しい生き方」、すなわち徳のあり方を追求する学問こそが倫理学（規範倫理学）の基礎であると考えられています。

　また、東洋でも倫理に関する思想研究は古くから行われています。東洋で最も大きな影響を与えた倫理的思想には春秋戦国時代（紀元前 700 年頃〜）の中国で孔子によって体系化された儒学が知られています。儒学には哲学的な側面と信仰としての側面がありますが、倫理学と関係が深いのは五倫五常と呼ばれる思想です。これは五常の徳、すなわち「仁」「義」「礼」「智」「信」の5つの徳を守ることによって、五倫、すなわち「父子」「君臣」「夫婦」「長幼」「朋友」の5つの基本的な人間関係を律する考え方です（表 1-1）。

　儒学の考え方は中国の国内だけではなく、東南アジアを中心とした地域の多くの国で現在でも広く支持されています。もちろん日本も例外ではなく、特に西洋的なギリシャ哲学が日本にもたらされる以前は日本での道徳や倫理は儒学に基づく考え方が中心でした。なお日本では戦国時代

から明治に至るまで儒学と儒学を再編した朱子学の影響を強く受けており、これらの時代に盛んであった武士道や南総里見八犬伝などのフィクションにもその影響を見ることができます。

表 1-1　五倫五常と八徳

五倫	意味	五常	意味
父子	親子の間柄	仁	誠意や優しさ、愛情
君臣	地位的な上下関係	義	正義や正しい道理
夫婦	夫婦の間柄	礼	礼儀や作法
長幼	年齢的な上下関係	智	事の本質を知り、善悪を知ること
朋友	友人関係	信	誠実さや約束を守ること

「八徳」と称される場合は右の3つの徳が付け加えられます →

忠	裏表がないこと、主君に尽くすこと
孝	親を尊敬し、大切にすること
悌	年長者や優れた者を尊敬し、従うこと

　以上のように、倫理に関する研究は二千数百年にもおよぶ長い歴史がありますが、いまだにこれこそが普遍の倫理であるという定義について決定的な答えは得られていません。なぜなら倫理の根本である「正しい行い」がどのようなものであるかという価値観が時代や地域、社会情勢によって移り変わるからです。そのため、ある地域のある時点で正しい行いとされていたことが、時代が変わったり、あるいは場所が変わったりすると正しくないとされることも多いのです。

　たとえば、儒学で重んじられる「徳」はすべて善行、すなわち正しい行いですが、場合によっては何らかの徳を守るための行動が別の徳を破ることになる場合もありえます。具体的な例としては、次のような場合に取るべき行動を考えてみると良いかもしれません。

　自分の親が収賄のような社会的不正を働いていることを知ったとき、子供である自分は親を告発すべきでしょうか？

● 重んじる徳の違い

　ここで問題となるのは、儒学や朱子学における「孝」と「忠」の考え方です。朱子学の影響を強く受けている日本では長らく武士道に代表されるように「忠」を重んじる気風が評価されてい

たため、滅私奉公という言葉があるように裏表なく国家（もしくは企業等の所属組織）に尽くすことが重視されていました。そのため、たとえ不正を行った者が自分の親であったとしても、不正は不正であると告発することが正しい行いであると考えられる傾向がありました。

　しかし、儒学が中心である中国では「孝」を重んじる教育が古くから行われていますので、親、なかでも特に父親に対する服従が何よりも重要であると考えられます。そのため、たとえその不正が悪であると承知していても、子が父親を告発することはありませんし、また仮に子が親の不正を知った上で告発しない場合でもそれは不正の隠匿として捉えられることは少なく、むしろ告発しないことが道徳的に正しいことであると捉えられていました。

　このように同じ儒学に基づく倫理観を持つ社会であっても、重視する価値が異なると何が善とされるかという評価が一定ではなくなります。ましてや異なる倫理観や宗教的価値観を持つ多種多様な文化を持つ国際社会においては万民にとって何が絶対的に正しい行いであるかを定義することは不可能に近いといえるでしょう。また、上記の価値観は個人主義や価値の多様性が進んだ現在ではどちらの国でも古めかしい価値観だと考える人が増えています。すなわち場所だけでなく時代と共に正しさは移り変わるため、倫理学が体系化されて二千年以上経過する今日でも倫理に関する研究や考察は続けられているのです。

1-3. 倫理学の種類

　一言で倫理学といってもその研究対象や実践分野は非常に多岐にわたります。そのため、倫理学という学問は研究内容や対象となる分野によっていくつかのカテゴリに分類されています。

表 1-2　倫理学の種類

倫理学		
規範倫理学	メタ倫理学	応用倫理学
どのような行為や判断を行えば「善」とされるのかを研究する学問	「倫理」とは何か「善」とは何かという倫理学そのものの研究を行う学問	倫理学の研究成果を今日の問題にあてはめて実践的な問題解決を試みる学問

　規範倫理学は倫理学の根本ともいえる学問分野で、最も古くから研究が行われている分野です。規範倫理学では道徳や規則、規範を研究することによって「どのような行為や判断を行えばそれが善となるのか」「どのような規則を設けることが社会にとって良いのか」といった倫理学が本来追求すべき命題についての理解を深めるための学問です。一般的に倫理学といった場合、この規範倫理学を指すことが多いでしょう。

　メタ倫理学は倫理学そのものを研究対象とした学問分野で、20 世紀になって登場したものです。メタ倫理学では個別の規則や善悪の判断についての研究を行うのではなく、そもそも「善」とは何か、「倫理」とは何かというように、倫理学そのものをメタ視点から研究する学問です。そのため、メタ倫理学では何が善で何が悪であるかというような判断基準について研究されることはありませんが、倫理学という学問の定義づけや、倫理学の研究結果が本当に正しいのか検証することが可能になります。

　応用倫理学はメタ倫理学や規範倫理学によって研究された倫理を実際に発生する諸問題にあてはめ、その実践的な解決を試みる学問です。応用倫理学は政治や経済、医療といった本来なら倫理学とは無縁の分野で起こる問題に対して、倫理学的な思考法を用いることで研究を行い、可能であれば解決策を模索します。特に近年になって社会問題として報じられる出来事のほぼすべてがこの応用倫理学の研究分野であることといえるでしょう。

表 1-3　応用倫理学で取り扱われる問題

応用範囲	取り扱う問題
生命倫理	安楽死の是非、脳死の判断、遺伝子組み換えの是非
環境倫理	地球有限主義、自然の生存権、世代間倫理
政治倫理	政治家の立場を悪用した汚職や詐欺、恫喝
企業倫理	コンプライアンス、内部通報制度
報道倫理	公正な報道、人権の尊重、虚偽報道

　実際に応用倫理学が取り扱う代表的な分野は表 1-3 のとおりです。
　生命倫理は特に医療分野と関連性の高いもので、人の生命にかかわるきわめて重大な判断が求められる場面で必要とされる倫理といえます。たとえば安楽死に関する議論は誰の身にも起こりうる最も身近な例であるといえるでしょう。

● 安楽死の判断

　回復の見込みがなく苦痛に満ちた闘病生活を送っている患者やその家族が過度の延命や治療を望まず尊厳のある死を迎えたいと希望している場合、その生命を終わらせることは正しいことなのでしょうか。あるいは積極的に安楽死させるのではなく、治療や延命措置を停止することで間接的に死を早めることは正しいことなのでしょうか。日本国内ではたとえ医師であっても患者を安楽死させた場合は嘱託殺人や自殺幇助の罪に問われる可能性が高いですが、諸外国のなかにはスイスやオランダ、ベルギー、アメリカ合衆国の一部の州のように安楽死を合法としている国や地域も存在します。安楽死が正しい行為であるかどうかという答えを導き出すためには、病状の医学的な判断だけでなく患者自身の意志や家族の感情など多くの要素が関係するため、画一的に

これを判断することは困難だといえるでしょう。

　また、直接的な医療ではありませんが遺伝子組み換えによる品種改良やクローン技術の研究に関しても生命倫理に関する議論が行われています。これらについて日本国内で論じられる場合の争点は安全性や法解釈、あるいは技術的な問題に関する事柄が中心ですが、生命を創造・改変する行為が神の領域に立ち入る行為であり、宗教的な禁忌に触れる行為であるとされる国々も多く存在します。それらの国では生命倫理の議論に宗教観が加わることで、日本国内での問題よりも複雑かつ慎重な議論が必要とされます。

　環境倫理では地球という自然環境と人間とのかかわりや持続可能な社会について SDGs にまつわる問題提起が多くなされています。地球有限主義とは地球が閉鎖的な環境であるという前提で地球上に存在するあらゆる資源が有限であり、人間はそれらを消費しながら生存しているという考え方です。自然環境保全のためには限りある資源を用いてより長く人間が生存、発展していくためにも現代のような大量消費文明を諦めて本当に必要なものだけを生産し、消費するような小規模な文明へと生活を後退させる必要があります。そうすることで人間だけでなく、地球上に存在する動植物の生存を守るだけでなく、今後生まれてくる後の世代の人間に生存可能な世界を残す持続可能な社会を営むことが可能になります。自然を保護することの必要性は多くの人が認識していますが、実際に自然を保護するために明日から電気を一切使わない生活に戻れ、と言われて賛成できる人はそう多くはいないでしょう。ではその理想論としての環境保護と、実生活の利便性との溝をいかに埋め、環境を保全するのかということを議論するのが環境倫理です。

● **地球環境か文明社会か**

　政治倫理や報道倫理、そして生命倫理の一部は特定の職業に従事する人たちに求められる職業倫理の一種です。専門的な職業に従事する人のなかには一般人にはない権力や情報、富が集中する場合がありますし、またその力を行使した際の影響力も大きくなります。そのような職業を営む上で必要となる、して良いこととしてはいけないことの判断はそれぞれの職業によって異なります。そのような職業に固有の倫理を職業倫理と呼びます。

　たとえば政治家の場合、権力と資金が多く集まることから常に汚職や買収、使途不明な裏金、

不十分な情報開示といった有権者に対する背信行為が生じる可能性がつきまといます。そのため政治倫理審査会と呼ばれる政治家の倫理についての審査を行う組織を設置し、自分たちの行いが常に公正、適切であるかを確認することが求められています。また報道に携わる人間は公的な立場で情報を発信し多くの人に影響を与える力を持つことから、常に自分たちが発信する情報が公正な立場で真実を報じているかどうかを確認し、そして報道によって他人の人権を損なうことがないよう配慮することが求められます。また個人が強力な情報発信を行える SNS 等の新たなメディアの誕生やフェイクニュース、AI によるディープフェイクなどメディアを取り巻く環境にも大きな変化があり、メディアの存在意義そのものを問われる時代になっています。

　企業倫理も職業倫理の一種であると考えられますが、企業倫理では企業に所属する従業員だけでなく経営者や法人自体が守るべき倫理についても議論されることになります。企業や従業員が法令を遵守することは当然の義務ですが、しかし実際には基本的な社会的責任であるルールを守らず、産地を偽装したり賞味期限を書き換えたり、あるいは従業員に劣悪な労働環境を強いたりするような不祥事も多く報道されています。このようなルールを守るという当たり前のことを徹底することをコンプライアンス（法令遵守）と呼びます。

● コンプライアンスができていない例
（産地偽装と労働基準法違反）

　応用倫理学は善悪の判断基準を考える倫理学本来の役割だけでなく、いずれの分野についても倫理を守ることで問題発生の予防や発生してしまった問題による被害を最低限に抑え込むといった効果が期待される、現代社会におけるリスク管理の手法のひとつであるといえるでしょう。もちろん情報処理に関する分野もその例外ではありません。情報化社会で生じる様々な問題もまた他の分野と同じように情報倫理という倫理的な視点から問題へアプローチすることによって、問題の本質を明らかにしたり、あるいは問題の発生を未然に防いだりすることが可能になるのです。

2. 情報化社会と倫理

2-1. 情報化社会の発達

　情報化社会の根幹である「情報処理」やその対象となる「情報」そのものと「コンピュータ」は必ずしもイコールで結ばれるものではありません。しかし、情報処理の概念が登場したのはコンピュータが誕生した後のことですから、ここでは情報化社会を構成する最も重要な要素であるコンピュータの発達とその用途に注目することで、社会における情報やコンピュータの位置づけがどのように変化してきたのかを考えてみることにしましょう。

　コンピュータが誕生したのは 1940 年代の中頃です。当時のコンピュータは軍事目的や一部の研究者のための機会という位置づけでしたから、コンピュータ開発の技術的な成果はともかく、コンピュータの存在が社会のあり方に影響を及ぼすほどのインパクトがあるものではありませんでした。しかし、その後時代が進み、コンピュータが一部の限られた組織で運用される特殊な装置という位置づけから、民間、特に企業で用いられる普通の装置になったことで徐々に社会に与える影響が大きくなっていきました。そして個人用のコンピュータであるパーソナルコンピュータ（パソコン）が登場したことで、企業だけではなく一般家庭にもコンピュータが普及しはじめることになります。さらには携帯電話などの機器が普及したことでインターネットのような情報通信ネットワークを誰もが手軽に用いる時代が訪れました。

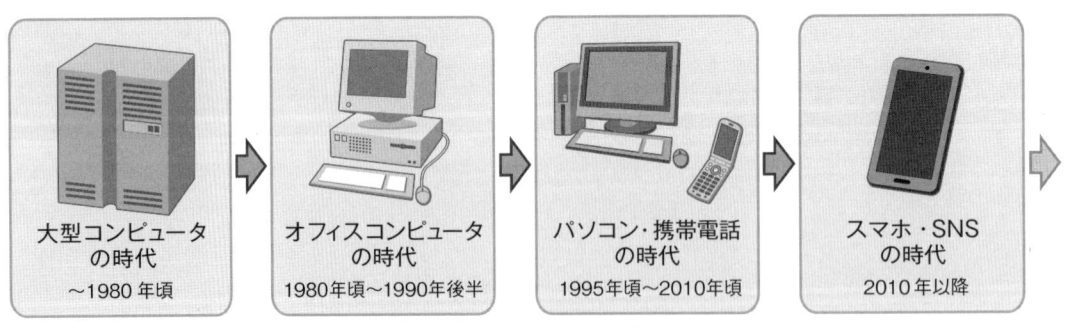

図 1-1　情報化社会の発達

　この節ではコンピュータが企業などの民間で利用されるようになった時代（おおよそ 1960 年代頃）から、現在のようにスマートフォンや SNS、AI の利用が当たり前になった時代までを、

- 「大型コンピュータの時代」（1980 年頃まで）
- 「オフィスコンピュータの時代」（1980 年頃〜 1990 年代後半）
- 「パソコン・携帯電話の時代」（1995 頃〜 2010 年頃）
- 「スマホ・SNS の時代」（2010 年以降）

の 4 つに大きく分類し、それぞれの時代背景についての説明を行いながら、コンピュータや情報と社会のかかわりについて考えることにします。

A. 大型コンピュータの時代

　大型コンピュータの時代とは、コンピュータの商業利用が始まった 1960 年代から 1980 年頃までの時代を指します。この時代に用いられていたコンピュータは汎用機やメインフレーム、ホストコンピュータなどと呼ばれる、大規模で高価なコンピュータでした。そのため、この当時コンピュータを所有できたのは資金力と、コンピュータを管理運営できる優秀な技術者の両方を兼ね備えた一部の大企業のみでした。

　もちろん、当時のコンピュータは今日のパソコンのように多少の訓練で自在に利用することができるような、利用者に優しいインターフェースを備えたものではありません。また現在のように各種のアプリケーションソフトが簡単に手に入る状況でもありませんので、何かコンピュータ上で処理をしようと思ったら、その処理に必要なプログラムを開発するところから始めないといけません。そのため、コンピュータを扱うことができたのはコンピュータ工学を学んで十分な知識を持った一握りの技術者だけでした。したがって、たとえコンピュータを所有している企業の従業員であっても直接コンピュータに触れる機会はほとんどなく、コンピュータで処理したい仕事が発生するたびにコンピュータ部門にデータを持参して処理を依頼するというスタイルで運用される場合がほとんどでした。また、コンピュータを所有することができない企業はコンピュータを時間貸したりデータ処理を請け負ったりするデータセンターと呼ばれるコンピュータが設置された施設へデータを持ち込み、処理結果を受け取るという処理方法を採用していました。

　このような時代背景のなかで求められるコンピュータに関する倫理といえばコンピュータに携わる人のための倫理、すなわちコンピュータの運用に携わる技術者のための職業倫理でした。このような倫理で取り上げられる内容といえば、コンピュータや情報を管理する管理者としてどのような権限があるかを定義すること、管理に携わる者としてのモラルを明示すること、情報管理やリスク管理のような問題になりうる事態への対応方法を示すことといったものでした。コンピュータ倫理と呼ばれるこれらの職業倫理が必要とされたのはコンピュータを管理運用する技術者が技術や知識、立場を悪用した犯罪や不正（詳細はサイバー犯罪の項目、事例：法律 -1 を参

照して下さい）を起こしたことにも原因があります。そのため、コンピュータ倫理は技術者の立場でコンピュータを扱う上での善と悪の行動を示すという役割を持つ倫理であったといえるでしょう。

B. オフィスコンピュータの時代

時代背景

多くの企業に複数のコンピュータが導入され、一般の社員にも利用の機会が生まれました。しかし一般家庭にはまだコンピュータは普及していません

　大型で高価な専門家のための機器であったコンピュータを個人が利用・占有できるような小サイズ・低価格な情報処理機器にしようという発想が生まれたのは1970年代のことでした。1974年に世界で最初の個人向けコンピュータが発売されてから、ビジネスの世界で個人用のコンピュータ（当時はマイコンと呼ばれていました）が普及するまでにそう時間はかかりませんでした。

　個人用のコンピュータが登場したことで、企業におけるコンピュータの位置づけにも徐々に変化が訪れます。それは、これまで一部の専門家だけが利用していた「特別な機器」というポジションから、それなりに高価で操作にはある程度の習熟が必要はあるものの一般社員でも取り扱うことができる「事務機器」というポジションへの変化です。この結果、企業のオフィスには多数のコンピュータが導入され、1人1台は無理でも1部署につき1台のコンピュータが導入され、一般的な業務でも積極的にコンピュータが用いられるエンドユーザコンピューティングが行われるようになりました。

　一般社員が直接コンピュータを操作することは、これまでのようにコンピュータを利用した処理を専門家任せにするのではなく、業務を行っている担当者自身がコンピュータを操作してその処理を行うことになります。また自分たちでコンピュータを操作できることは、ある程度の権限と知識さえあれば誰でも簡単に業務上の秘密や取引先や顧客の情報に触れることが可能になることも意味しています。その結果、これまでは一部の専門家のみが行っていたコンピュータを用いた不正・犯罪行為がコンピュータを操作できる一般社員によって行われるようになったり、あるいは不注意や知識不足などから企業の機密情報が外部に流出したりする危険性が高まることになりました。

　このような時代背景をもとに、企業では守秘義務をはじめとした情報の取り扱いに関する教育や、コンピュータ操作に関する研修が社員教育の一環として行われるようになりました。むろん教育の課程には倫理的なものも含まれることになりますが、その際に必要とされる倫理は専門家のためのコンピュータ倫理ではなく、企業の構成員である一般社員を対象とした新しいコンピュータ倫理であったことは言うまでもありません。ですが、この頃はまだコンピュータは部署に 1 台〜数台が設置されているだけですから、部署に所属する社員のなかでも新しいものごとを吸収する能力に長けた若手社員やコンピュータに興味のある社員といった、コンピュータ適性とでもいうべきものが高い社員が部署を代表してコンピュータの操作を担当することになりました。そしてそのような社員だけが、管理者以外には不要な部分を削除した簡易版のコンピュータ倫理とでもいうべき倫理教育を部署の代表として会得することで、企業全体がコンピュータを用いた業務を行う体裁がとられました。

　しかし 1990 年代になり、「ネオダマ（ネットワーク、オープン化、ダウンサイジング、マルチメディアの頭文字を組み合わせた語）」と呼ばれるスローガンが叫ばれるようになったことで、企業では大型のコンピュータを廃してパソコンを導入する動きがさらに加速します。その結果、オフィスで 1 人に 1 台のコンピュータがあてがわれている光景もそう珍しいことではなくなりました。すべての社員がコンピュータを操作することは、これまでのように一部のコンピュータ適性のある社員だけを教育すれば良いという状況ではなく、全社員に対するコンピュータ教育を行う必要が生じます。ですが、従来の専門家のための職業倫理であるコンピュータ倫理は一般社員向けの教育には必ずしも適切とは言えない状況でした。

C. パソコン・携帯電話の時代

　教育上の問題はあったにせよ、1990 年代にもなると企業へのコンピュータ導入はほぼ完了し、一般家庭にもパソコンが普及しはじめることになりました。最初はゆるやかであったパソコンの普及ペースが加速しはじめたのは 1995 年と考えられています。それまでのコンピュータはキーボードからのコマンド入力による操作が必要でしたし、インターネットに接続するためには複雑なネットワーク接続設定を行うことが必要でした。またコンピュータでのデータ通信には電話回線が用いられていたので、通常の通話と同じ従量制で高額なネットワーク通信費が必要であったため、コンピュータやネットワークを利用するハードルが高く、仕事や熱心な趣味といった特別な理由がないかぎり一般の家庭でコンピュータを用いられることはまれでした。

　ところが、1995 年にマウスを用いた簡単な操作と手軽にインターネットへの接続が可能になった新しい OS である Windows 95 が発売され、さらには利用できる時間帯に制限はあったものの定額でネットワーク接続が可能になる電話料金制度テレホーダイが登場したことで、これまでパソコンに興味があった人たちがパソコンやインターネットを利用するようになりました。また、この時代になると企業ではパソコンの利用能力が必要とされるという認識が一般的になっていたこともあり、大学や専門学校などの高等教育の場にも多くのコンピュータが導入されはじめた時期とも重なります。

　さらに 2000 年以降になると ADSL 接続が登場したことでパソコンでのインターネット接続がブロードバンド化し、また携帯電話でも簡単にインターネットへ接続することが可能になりまし

た。このことによりコンピュータを使ったインターネット利用者数が増えただけでなく、それまでコンピュータに苦手意識を持っていた人たちや、コンピュータ教育を受けていない中高生のような若年層であっても手軽にインターネットを利用することができるようになりました。

時代背景

パソコンが家庭に普及、また携帯電話などのコンピュータ以外の端末を使った情報の取り扱いが年齢を問わず広く一般的なものになりました

　コンピュータやネットワークの利用が一般に普及した結果、今日では誰もが手軽に携帯電話やインターネットを利用することが当たり前となった、高度情報化社会へと社会のあり方が変化しました。多種多様なサービスがインターネットで提供されるようになったことで生活は便利になりましたが、その反面、携帯電話やインターネットを利用した新しい犯罪が誕生したり、あるいはコンピュータ上やネットワークを介してやりとりされる情報そのものの重要性が増したことで様々な情報を保護する必要が生じたりするなど、これまでの社会には見られないような問題も多く発生することになりました。

　このような問題の発生を防止したり解決したりするためには、コンピュータそのものに対する知識や倫理観だけではどうしようもない場面も多く、その結果として、コンピュータ倫理ではない利用者のための新しい倫理、すなわち情報倫理が必要とされるようになりました。

D．スマホ・SNSの時代

　2010年頃から急速に普及が進んだスマートフォンやSNSは利用者の利便性を向上させ、社会のあり方を変える転換点となりました。それまでのPCと同じような処理能力を持つ持ち運び可能な情報機器の登場と、個人が手軽に動画や音声を含んだ情報を世界に向けて発信可能になったことで情報発信はマスメディアだけのものではなくなりました。個人が発信する一次情報がマスメディアの情報よりも信憑性や即時性が高いと評価される場合もあるなど、情報発信におけるパラダイムシフトが生じた時代といえるでしょう。しかし、一方でバイトテロに代表されるような不用意な情報発信によって社会に悪影響を及ぼす事例や、フェイクニュースによる情報操作のような新しい問題も生じました。さらにはスマートフォンに個人認証や決済機能が搭載されたことによって紛失や情報漏洩、電源喪失によるリスクが高まったことも問題だといえるでしょう。2022年頃からは生成系AIが一般にも利用可能となり、AIを用いた精巧な偽の画像や動画、音声

であるディープフェイク等の新しい問題も発生しています。

時代背景

高性能な携帯情報端末と個人による情報発信が可能な環境が社会に良くも悪くも大きな変革をもたらしました

　以上のことをふまえるとスマホ・SNS の時代は個人の保有する情報発信力が強化されたことにより、たとえ個人のプライベートな活動であっても常に情報倫理を意識し、遵守する必要性が高まった時代ということができます。

2-2.　コンピュータ倫理と情報倫理

　以上のように、情報化社会の発達やコンピュータの普及に連動する形で情報倫理が必要とされる環境が生まれました。では、コンピュータ倫理と情報倫理にはどのような違いがあるのでしょうか。

　それぞれの倫理が対象とする人物像が異なることはこれまでにも説明したとおりですが、それ以外にも異なる点が存在します。代表的な相違点は取り扱う問題の範囲や内容、あるいはなぜ倫理が必要とされるのかという目的、倫理が対象となる人物に対してどのような意味を持つのかという位置づけなどです。

　まずそれぞれの倫理が対象となる人物に対して持つ意味についてですが、コンピュータ倫理はコンピュータの専門家である技術者が職務を遂行する上で遵守を求められる職業倫理なのに対して、情報倫理が必要とされたのはコンピュータ普及期の企業で行われた一般社員向けの研修や、大学などでのコンピュータ教育の場が中心でした。コンピュータ教育は一般的にコンピュータリテラシーと呼ばれますが、実際に研修などで行われているリテラシー教育の多くはコンピュータ操作能力に関する訓練のみに重点が置かれることがほとんどです。しかし本来のコンピュータリテラシー能力を獲得するためには実際に社会でコンピュータやネットワークを活用し、情報を正しく扱うための能力、すなわち倫理面での能力育成が必要です。残念なことにこの倫理面での能

力育成が必要であると社会的に認知されるようになったのは、コンピュータやネットワークを悪用した多種多様な問題が発生してしまった後でした。そのため，倫理的な教育を受ける機会がないままコンピュータやネットワークを利用している人もおり、なかには問題を引き起こしたり、あるいは問題に巻き込まれたりするケースも多く発生しています。

また、情報化社会においてはコンピュータの専門家であっても、コンピュータやネットワークを利用する一人です。したがって、コンピュータの専門家である技術者にはコンピュータ倫理だけでなく情報倫理についても遵守が求められることは言うまでもありません。

表 1-4　コンピュータ倫理と情報倫理

	コンピュータ倫理	情報倫理
対象者	コンピュータの専門家	一般利用者
位置づけ	職業倫理	教育プロセスの一環
問題範囲	組織内部での運用に関する問題	社会的な問題が中心
目的	円滑な情報処理業務の遂行 組織内でのトラブル防止	情報機器やネットワークの安全利用 情報の取り扱いに関する啓蒙
主な内容	コンピュータの管理・運用手法 技術的な問題への対応策 コンピュータ管理者の権限やモラル	情報管理の重要性に対する理解 ネットワーク利用上のトラブル回避策 ネットワークでのマナーやモラル

次に 2 つの倫理が取り扱う問題の範囲については、コンピュータ倫理の主な目的が企業など組織でのコンピュータ運用に関する問題への対策であるのに対し、情報倫理では組織や家庭内でのコンピュータやネットワークの利用以外の問題を取り扱う点に違いがあります。情報倫理が対象とする内容は情報そのものの扱いや、ネットワークと社会とのかかわりについての問題、人と人とのコミュニケーションのあり方を見直すきっかけになるなど、社会全体で発生する問題を取り扱う非常に範囲の広いものとなっています。これはコンピュータが業務のために利用されていた時代から、日常生活に不可欠なツールへと変化したことと無関係ではありません。

2 つの倫理が目的としているものはどちらもトラブルの発生を事前に防止することや、あるいはトラブルが発生してしまった場合に被害を少しでも軽くすることにあります。どちらの倫理もリスク管理を目的としていますから、対象者が異なるとはいえ、ある程度共通する部分があるのは当然といえるでしょう。もっともこの共通点はコンピュータ倫理と情報倫理の 2 種類の倫理だけでなく、様々な応用倫理の分野にも共通する特徴であるといえます。2 つの倫理がリスク管理を目的としている部分は同じですが、あえて異なる部分を探すとすれば、コンピュータ倫理があくまでも企業や組織の内部問題に重点を置く内向きの倫理であるのに対して、情報倫理は利用者自身の安全利用だけでなく、情報というものを通じて社会と接する際に注意すべき事柄についての啓蒙も目的とするような外向きの方向性をあわせ持つ倫理である点に違いがあると考えることもできるでしょう。

コンピュータ倫理と情報倫理の最も異なる点はそれぞれが取り扱う内容にあります。コンピュータ倫理はその名のとおり、コンピュータの運用にかかわる問題を取り扱います。たとえばコンピュータを効率的に運用するための方法や、技術的な問題が生じた場合の対処方法に対する私信などがその代表といえるでしょう。これに対して情報倫理ではコンピュータの取り扱いについて

もある程度は取り上げられますが、その本質は別にあります。情報倫理において重視される項目は情報機器やSNS、AIという道具を使ってどのように情報を取り扱うか、そしてそれらをコミュニケーションの道具として扱う場合にどのような点に注意するべきかという点であり、コンピュータそのものに限定されない点が最大の相違点であるといえるでしょう。

　コンピュータ倫理という言葉だけを見ると、情報倫理と同じように思えるかもしれませんが、以上のような違いを考えると技術者のための職業倫理であるコンピュータ倫理と、コンピュータを利用する利用者の立場で必要とされる情報倫理とは似て異なる存在であることがわかります。また、情報倫理とはコンピュータの取り扱いに関する倫理ではなく、情報化社会と呼ばれるコンピュータやインターネットが一般的に用いられる社会において、社会生活を営む上で必要不可欠なものとして組み込まれるべきルールとして必要とされているのです。

3. 情報倫理とは

3-1. 情報倫理の定義

一般的な情報倫理の定義は、以下のようなものです。

> 情報化社会においてわれわれが社会生活を営む上で、他人の権利との衝突を避けるべく、各個人が最小限守るべきルール
>
> 「情報倫理概論」私立大学情報教育協会．1995

　これは私立大学情報教育協会において 1994 年に行われた、情報化社会で今後必要となる情報倫理がどのようなものであるべきかという議論によって定められた情報倫理の定義です。本来、情報倫理で取り扱うべき内容は情報化社会での社会生活全般にその対象が広がっていますから、それらを簡潔にまとめたこの 2 行の定義ではその全貌をうかがい知ることは難しいかもしれません。そこでこの定義を、

「情報化社会における社会生活」

「どのような場合に他人の権利との衝突が起こるのか」

「最低限守るべきルール」

という 3 つの項目に分解し、それぞれについて理解することから情報倫理の本質を考えることにしましょう。

　まず「情報化社会における社会生活」が意味する内容について考えるためには、情報化が進んだことで生まれた新しいコミュニケーションの手段が社会にどのような影響を与えているかを知る必要があります。現在インターネット上で多くの人によって利用されている SNS や動画投稿サイトといったコミュニケーション手段は、従来の社会には存在しなかった強力な情報発信力を個人にもたらしました。これらのツールが誕生するまでは個人が情報を発信できるのは自分の身の回りにいる相手に限られており、不特定多数の相手へ情報を発信することができるのはマスコミと呼ばれる新聞やテレビ、ラジオなどの媒体を利用することができる一部の人だけでした。ですがインターネットや SNS の普及により、誰もが手軽に全世界に向けた情報発信を行うことができるようになりました。

　個人の情報発信が容易になったことで、これまで埋もれていた多くの才能が世に出るきっかけがつくられたり、あるいは個人の呼びかけや活動が地域や国家に対して影響を与えたりすることも可能になりました。その反面、インターネットでの個人の私的、あるいは不用意な発言が発言者の予想をこえて大きな影響を及ぼし、社会問題になったケースも多く発生しています。つまり情報化社会とは自分が発した声の大きさが、自分で思っているよりも大きくなる可能性のある社会である、と言い換えることができるかもしれません。そういった環境で社会生活を送るために

は声の大きさを知るとともに、発言する内容にも慎重を期す必要があるでしょう。

● 個人の発言が全世界に発信される情報化社会

　次に「どのような場合に他人の権利との衝突が起こるのか」という点については、情報化社会で実際に発生した事例を調べることによって、どのような行為をとった場合に誰のどのような権利を侵害するのか知ることができるでしょう。具体的な事例については本書でも巻末に複数の事例を紹介していますし、これら以外にも毎日のように新聞やテレビなどの各種メディアで報じられるニュースのうち、社会問題と分類される報道の大半は誰かの行動が他人の権利と衝突した結果の出来事であると考えられます。

● 情報倫理に関連するニュースが報じられない日は少ない

　そして、これらの情報化社会での権利の衝突によるニュースの多くは、何らかの形で情報倫理と関連している場合が多いようです。今日の社会においては、情報倫理に関するニュースがまったく報じられない日のほうが少ないといえるほど、様々な場所で様々な権利が侵害され、そしてそれが問題であると認識されています。これらの問題の詳細については2章以降で詳しく取り上

げることにします。

　最後に、「最低限守るべきルール」とはどのようなものかという点についてですが、これが情報倫理の最も重要な部分であると考えられます。

　社会生活を送る上で守るべき決まりには様々なものがあります。まず法律で定められている決まりは全国民が等しく守る必要があるルールであるといえるでしょう。次に会社や学校といった組織に所属している人はそれぞれの組織で定められた規則を守ることが求められますし、何らかのサービスを利用したり、あるいは集団に属したりしている場合にもそれぞれの場で定められたルールを守ることが求められます。もちろんこれらのルールすべてを守ることは社会生活で必須のことですが、最低限と呼ぶにはあまりにも多くのルールが私たちの周りには存在しています。これらのすべてを記憶し、実践することは困難です。

● 日常生活には守るべきルールが数多く存在する

　ここで思い出すべきは倫理の存在です。これまでにも説明したように、倫理とは何事かを行う際や問題に直面した際に「何が良いことで何が悪いことであるか」を考え、正しい選択を行うための考え方や指針を示すことを目的とした学問です。多種多様なルールのすべてを記憶できない状態で最適な行動を選ぶために必要なもの、すなわち最低限守るべきルールとは特定の法律や規則ではなく、倫理の考え方を身につけることにほかなりません。

　では情報倫理における倫理の考え方とは、一体どのようなものなのでしょうか。

3-2. 情報倫理に含まれる内容

　情報倫理が取り扱う問題は、情報化社会におけるコンピュータやネットワークの利用に関するものや、個人情報などの情報そのものの取り扱いに関するものが中心です。一見するとこれらの分野の問題を解決するためには、情報処理技術の知識や技術があれば十分なように思えるかもし

れません。しかし、もし仮に情報処理技術の知識や技術だけで情報化社会で生じる問題に対処できるのであれば、コンピュータリテラシー教育だけで事足りるはずですが、実際にはこれらの問題の多くは技術的なアプローチだけでは解決できない場合がほとんどです。そのため、情報に関する問題を解決するための手段として情報倫理が必要とされるようになりました。

　実際に情報倫理を用いて社会問題を分析する場合には、図1-2のような3つの視点から物事を捉える必要があります。

　最も重要なことは表面的な技術上の問題だけに注目するのではなく、問題の本質にある倫理的な部分、すなわち道徳観や倫理観、善悪の判断基準のあり方といった、倫理学で論じられる部分に注目することです。コンピュータやネットワークの技術的なトラブルであれば情報処理技術の知識をもって対処するべきですが、社会問題となるようなケースの多くは技術を利用している人や組織の側に問題の原因があることも少なくありません。そのため、利用している人や組織の行いそのものに目を向ける倫理的なアプローチは非常に重要です。

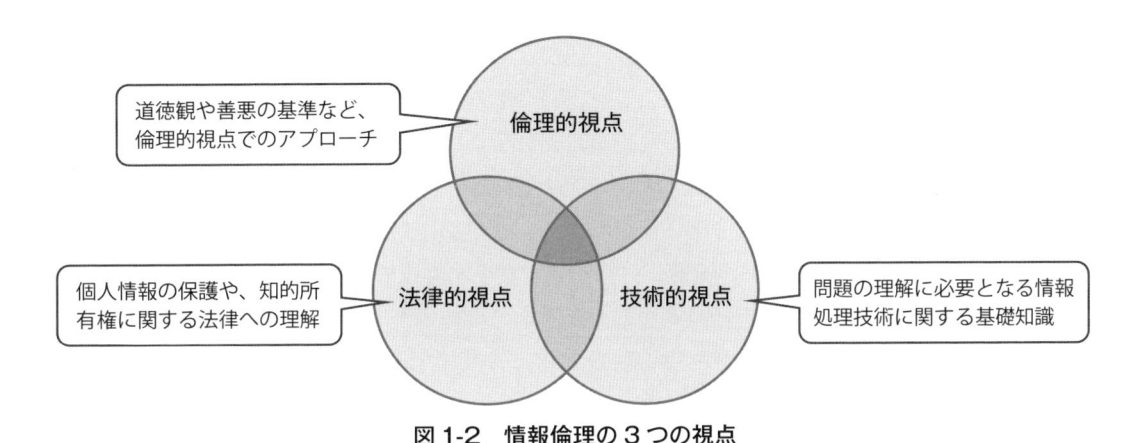

図1-2　情報倫理の3つの視点

　またネットワーク上でのコミュニケーションは近年音声や動画が手軽に扱えるようになったとはいえ、やはり文字のみのやりとりが中心となります。身ぶりや表情、声のイントネーションなどで感情を伝えることができる対面でのコミュニケーションと比べると、文字のみのコミュニケーションでは気持ちを正しく伝えることが難しいため、ネットワーク上でのコミュニケーションは慎重に行うことが求められます。さらにはSNSや動画投稿サイトのようなネットワークサービスでの発言や情報発信についても注意が必要です。これらの場では、たとえ仲間内のプライベートなやりとりであっても多くの場合は多数の人に公開された公的な発言と見なされることが多く、不用意な発言が大きなトラブルにつながる事例は後を絶ちません。このようにネットワーク上ではオフラインな現実社会とは異なる行動基準や求められることが多いため、どのような場面であっても常に倫理的な判断が求められることになります。

● 同じ言葉でも伝わり方が違う

　次に重要なものは情報処理技術に関するアプローチです。情報倫理が必要とされる問題には、コンピュータやネットワークに特有の技術的な問題点やその対応方法が必要とされる場合がほとんどです。たとえばコンピュータウイルスや不正アクセスなどによる問題が生じているのであれば、その原因は外部からの何者かによるコンピュータを使った攻撃によるものであることは明らかです。そのような攻撃を行う悪意ある利用者に対して道徳的な判断を求め、それらの行為を未然に防止したり、あるいは再犯を防止したりするために教育を行うこともちろん重要ですが、このような倫理的アプローチでは今まさに行われている攻撃に対して防御する効果がないことは言うまでもありません。そのため、実際に行われる攻撃を防ぐためにはある程度のコンピュータ、ネットワークに関する知識や技術が必要となります。これらの例以外にも特にネットワーク上に存在する大小の様々なリスクから身を守るためには、情報セキュリティに関する知識や技術を身につけることも非常に重要となります。

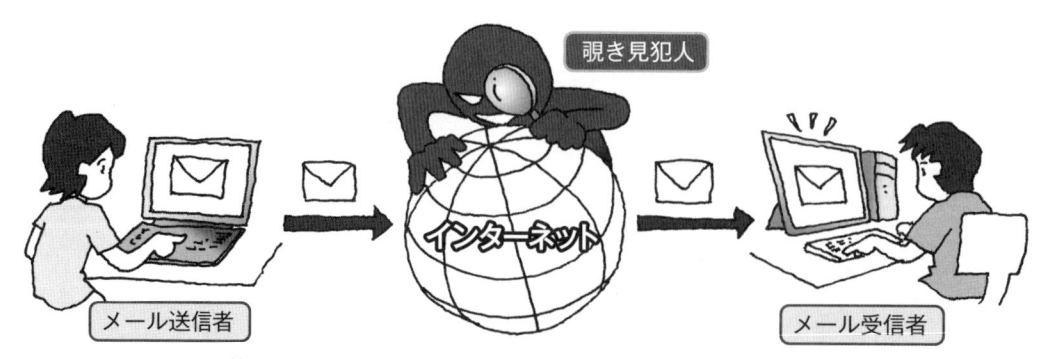

● 仕組みを知らないとメールが覗き見されることに気づけない

　また情報化社会で発生する問題を正しく理解するためには、問題が発生する原因となった情報処理技術に関する知識を深めることも重要です。たとえば電子メールを用いた問題が生じた場合に電子メールに関する知識が不十分であれば問題の解決はおろか、何が問題になっているかすら理解できないかもしれません。この場合、必要とされる知識はコンピュータリテラシーとしての電子メールの使用法ではなく、電子メールの仕組みや、その仕組みによって発生する可能性のあ

る問題についての知識ということになりますが、情報倫理を身につけるためにはこれらの基礎的な知識についても理解を深めることが必要となります。

　最後に法的な視点についてですが、情報倫理では特に個人情報やプライバシーの保護と知的所有権の保護に関する問題がよく取り上げられます。どちらも近年になって社会問題として取り上げられる機会が多くなった問題です。これらの権利を侵害することは相手を傷つけたり、あるいは直接相手の利権を損なったりすることにもつながるため、ちょっとした油断が自分にも相手にも大きな影響や損失をもたらす危険性を持った問題といえるでしょう。

● 法改正によって違法になる場合も

　また、これらの問題は権利意識の高い個人や組織と、そうでない個人や組織の間での意識の差が大きいため、その認識の差を巡ってトラブルが生じるケースも少なくありません。個人情報保護や知的財産保護に関する知識を得ることは自分自身の権利を守ることにつながりますし、また他人の権利を侵害しないよう注意を払うことができることにもつながります。いずれにせよ他者の権利を侵害し、相手から被害を訴えられたときに「知らなかった」と弁解するだけでは済まされないことは間違いありませんから、無用なリスクを回避するためにも情報化社会で必要とされる法的な知識を身につけることも重要であるといえるでしょう。

　また現在の日本の法律や規則の多くは社会が情報化する以前に成立したものが中心であるため、コンピュータやネットワーク、スマートフォン、SNS といったデジタルな存在やコミュニケーションツールに対する法整備が十分ではないことも事実です。特に近年登場したばかりの生成系 AI については世界各国がその扱いについて検討を行っている段階で、具体的な法整備以前に国際的なコンセンサスすら形成されていない状況です。そのため、様々な場面でこれまでの社会では想定外であった情報化社会に固有の問題が発生することになり、対策が後手に回ることで生じた問題が社会に大きな悪影響を及ぼしてしまうことも少なくありません。そしてこのような事態が生じた場合、既存の法律を拡大解釈して対応するか、あるいは社会的に影響の大きい問題が生じた場合には後からその問題の再発を防止するような法改正を行う場当たり的な対処が行われる場合がほとんどです。

　そのため、問題が発生するまでは合法であった行為やビジネスが法改正によって突然違法になったり、あるいは制限されたりすることもまったくないとは言い切れません。たとえば今日ではインターネットから違法コンテンツをダウンロードすることは犯罪であると定義されていますが、本書の初版刊行時（2011 年当時）は違法ダウンロードを取り締まる法律はありませんでした。このような場合に古い法律の知識だけで行為やビジネスを続けていたことで知らず知らずのうちに違法行為であると見なされることもあるため、常に新しい法律に対して注意を払うことも必要です。

　このように法律に違法であると明記されていないことが問題となる可能性を持つわけですから、既存の法律に関する理解だけでなく、情報化社会で誕生した新しい技術やサービスが既存の法律に抵触しないかどうかを見極めることができるような知識を備えることも必要であるといえるでしょう。

　なお本書に記載されている項目のうち、法律や条令に関する項目についてはいずれも 2024 年 3 月時点での法令に従った内容となっています。今後、情報化社会に対応した改正が行われる可能性も十分に考えられますので注意して下さい。

　以上のように、情報倫理とは情報技術の知識だけ、あるいは倫理学の心得だけといった偏った知識では対処できない複雑な問題が発生する分野であるといえます。そのため、倫理、技術、法律の 3 つの分野のバランスを意識しながらすべての視点から物事を捉える必要があるといえるでしょう。

　本書では次章以降、情報倫理で取り上げられることが多い代表的な問題を、
「技術的な要素の強い問題」
「法律的な要素の強い問題」
「倫理的な要素の強い問題」
の 3 つに分類し、それぞれの具体的な事例に触れながら情報倫理を理解するために必要な知識や考え方について説明を行います。

2章

技術的な問題

1. セキュリティリスク

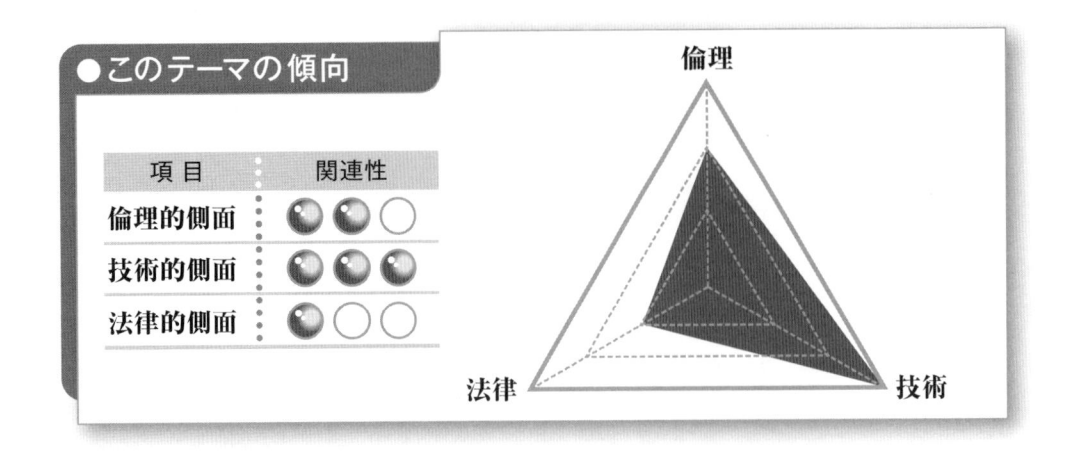

●このテーマの傾向

項 目	関連性
倫理的側面	●●○
技術的側面	●●●
法律的側面	●○○

1-1. セキュリティリスクとは

　一般的な用語としてのセキュリティリスクとは、特定の行為を行う、もしくは行わないことで生じる安全上の問題のことを意味します。情報倫理で取り扱うセキュリティリスクもこれとほぼ同じ意味ですが、特にコンピュータやネットワークの利用における危険性が取り上げられます。

　情報倫理で論じられるセキュリティリスクにはさまざまな種類の危険が存在しますが、たとえばコンピュータやスマートフォン、ネットワークのような機器やサービスを直接利用する上でのリスクだけではなく、情報の取り扱いそのものに対する情報セキュリティリスクについても同様に問題視される場合があります。情報セキュリティリスクとは暗号資産や機密情報、個人情報などの価値のある情報に対する安全対策上の危険要素を指す言葉で、企業などでは機器やサービスに対する直接的なリスクと同じか、それ以上にこれらの情報資産へのセキュリティリスクに対して注意を払っています。

　セキュリティリスクとその対策は病気や怪我と保険の関係と同じようなものであると考えればわかりやすいかもしれません。健康なときに保険を意識する人は少ないですが、病気や怪我といった状態になると多くの人は保険のありがたみを強く実感します。それと同じように、セキュリティ対策も平常時にはさほど重要視されませんが、実際に問題が生じた場合に十分な対策を行っていれば被害を軽減することができます。逆に対策を怠っていると、多くの場合、何らかの損失を被ることになります（実際の被害例については事例：技術 - 2 を参照して下さい）。

　情報倫理で論じられるようなセキュリティリスクの場合であれば、被害を受けることで個人情報などが漏洩してしまったり、機器やサービスが停止もしくは破損したりするなどの社会的・経済的損失を被る場合がほとんどです。特に近年では情報漏洩が発生した企業や団体は被害者であると同時に、セキュリティリスクの軽視を問題とされるケースも多く、特に個人情報の保護が十分でなかった場合には法令による罰則が適用されることになります。セキュリティリスクには偶

発的に発生する不幸な事故のようなものも存在しますが、残念なことに情報セキュリティリスクの多くは人為的に引き起こされる危険、すなわち不正行為や犯罪行為です。そのため平常時からセキュリティリスクに注意し、可能な予防策はすべて事前に講じておくことで無用な危険を回避することが重要です。

　セキュリティリスクには多種多様なものが存在しますが、一般的に家庭でコンピュータやネットワークを利用している際に遭遇する可能性の高い危険は図 2-1 のようなものであると考えられます。

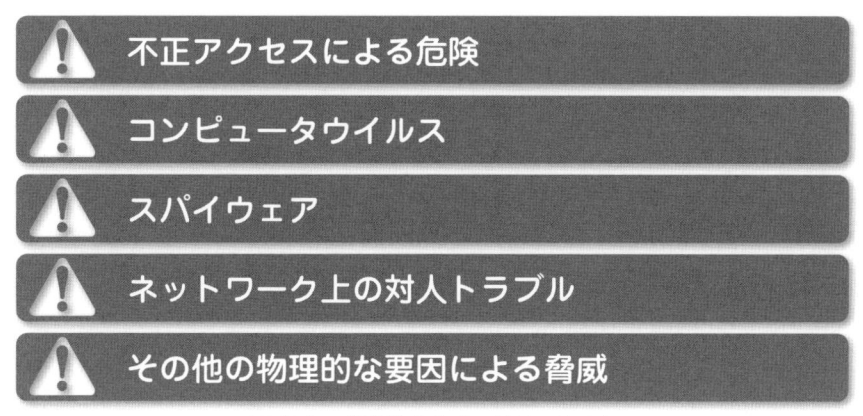

図 2-1　代表的なセキュリティリスク

　これらのリスクのうち、コンピュータウイルスやスパイウェアといったマルウェア（悪意のあるソフトウェアの総称）については特に重要性が高いため、2 節で改めて説明します。また、ネットワーク上での対人トラブルについてはネットワークでのマナーやエチケットとあわせて学ぶ必要がありますので、4 章で説明します。

1-2.　不正アクセス

　不正アクセスとは正規のアクセス権を持たない人間によるコンピュータの不正利用を意味する行為で、ネットワーク回線を経由したオンラインでの侵入の他、ネット配信されたアプリ等に仕込まれたバックドアと呼ばれる侵入経路を介したものであると考えられます。不正アクセスを受けた機器は内部に保存されたデータを勝手に覗き見されたり、データやプログラムを書き換えられたり、あるいは削除されたりするだけではなく、場合によっては機器そのものの制御を不正アクセス犯によって横取りされてしまうことも考えられます。そして多くの場合、制御を奪われたコンピュータはさらに他のコンピュータを攻撃するための道具として悪用されてしまいます。そのため不正アクセスを防止することは自分自身を守るだけでなく、他の誰かに新たな被害をもたらさないためにも必要な行為です。

　不正アクセスによる攻撃の手口は大別すると、図 2-2 のような 3 種類の手口に分類することが可能です。

OS の弱点を突く手口	▶	● バッファオーバーラン
		● セキュリティホール
ネットワークの弱点を突く手口	▶	● 情報通信の盗聴
		● 大量送信（DoS/DDoS）
利用者の弱点を突く手口	▶	● ソーシャルエンジニアリング
		● トロイの木馬

図 2-2　代表的な不正アクセスの手口

　OS やソフトウェアの弱点を突く手口ではバッファオーバーラン（バッファオーバーフローとも呼ばれます）やセキュリティホールを狙う攻撃が知られています。バッファオーバーランとは、OS やソフトウェアがあらかじめデータ記憶用に確保しているメモリの容量を超えるような大容量の文字データを流し込むことで、コンピュータに予期しない動作を行わせる手口です。単にメモリ容量をオーバーしただけではコンピュータが誤動作したり停止したりするだけで済む場合もありますが、コンピュータ技術に熟練した侵入者が狙いを定めて攻撃を行った場合、侵入者が意図した動作をコンピュータにとらせることも可能になります。またバッファオーバーランが行われた結果、攻撃を受けたプログラムが本来持っている権限と同じ権限を侵入者が得ることもできるため、管理者権限で実行される Web サーバなどのプログラムがバッファオーバーランの攻撃を受けた場合、コンピュータそのものの制御を奪われることにもなりかねません。実際、Web サーバのプログラムにはこれまでにも多数の脆弱性が発見されており、これを狙ったバッファオーバーランの攻撃も多発しています。

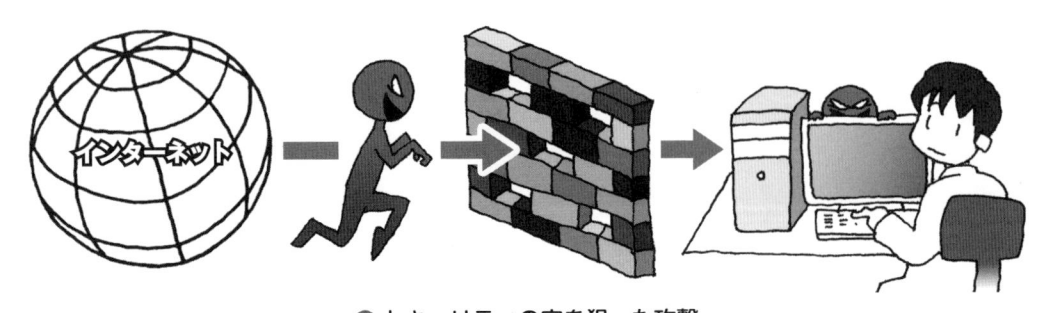

● セキュリティの穴を狙った攻撃

　セキュリティホールはコンピュータやソフトウェアのセキュリティ対策という防壁に空いた穴を示す言葉で、OS やプログラムに含まれた不具合によって許可されていない操作が可能となったり、あるいは閲覧できないはずのデータが閲覧できたりしてしまうような状態を意味します。前述のバッファオーバーランもこのセキュリティホールの一種に含まれます。

　いずれの場合もプログラム内部の欠陥が主な原因であるため、バッファオーバーランやセキュリティホールのような脆弱性を利用者が直接改善することは困難であるといえるでしょう。

　ネットワークの弱点を突く手口では情報通信の盗聴や DoS、DDoS といった手口が知られています。DoS（Denial of Service attack：サービス停止攻撃）や DDoS（Distributed DoS：分散型 DoS）とは、大量のデータや処理のリクエストを相手に送りつけることで処理能力をパンクさせる攻撃です。人間でいえば無言電話を大量に掛け続け、相手の通話機能をマヒさせるような状況を想像すると良いかもしれません。もし突然このような攻撃を受けた場合、多くの人は電話が使えないことで通信機能を失うだけでなく、想定外の事態に混乱して思わぬ隙を見せてしまうことになると考えられますが、サーバのようなコンピュータも人間の場合と同様で、DoS を受けると機能が停止したりあるいは正常な処理ができずに様々な機能が一時的に低下し、外部からの侵入を許したりしてしまう場合があります。

　もっとも、電話の場合であれば、相手の番号さえわかれば慌てずに着信拒否設定を行うことで対処ができるように、サーバの場合も攻撃を仕掛けてきた相手を特定する IP アドレスを調べ、そのアドレスからの接続を拒否することで簡単に防御を行うことができます。攻撃側としては簡単に防御されてしまうと不法侵入という目的が達成できなくなってしまいます。そのような防御を崩すことを目的に行われるのが分散型の攻撃である DDoS です。先ほどの電話の例で DDoS を説明すると、1000 人、あるいはそれ以上の大量の相手から一斉に繰り返し無言電話を受けているような状態を想像すると良いでしょう。無言電話を掛けてきた相手を片っ端から着信拒否にしても、新しい番号から次々に迷惑電話が掛かってくる状態から逃れるためには通信回線そのものを遮断するしかありません。

　DDoS の場合、多数の相手から攻撃を受けていることを認識するまでにサーバへの不正アクセスが行われることも珍しくありません。もっともこのような大がかりな攻撃が個人に対して行われることはまれで、ほとんどの場合、DDoS の攻撃対象となるのは企業や公的機関が管理するコンピュータであると考えられます。ですが、一般の利用者は DDoS とは無縁であるかというとそうでもなく、たいていの場合これらの DDoS に使われるのは他の不正アクセス手段によって制御を奪われた一般利用者のコンピュータなのです。

　サーバのような特定の目標を対象とした DoS が個人に対して行われるケースはまれですが、情報通信の盗聴はすべてのネットワーク、特にインターネット利用者に共通した脅威となりうるセキュリティリスクです。日常的に送受信しているメールや DM のなかには他人にはあまり知られたくないようなプライベートなやりとりが含まれていることも多いでしょうし、また個人情報やパスワードを推測できるような、いわゆる他人に知られてはいけない情報が含まれていることも多いでしょう。さらには、オンラインショッピングを利用する場合には個人情報だけでなく、決済に必要なクレジットカード番号の入力が盗聴されたり、電子決済サービスに用いる ID やパスワードが漏洩した場合は大きな金銭的被害が出たりすることは簡単に想像できるでしょう。

　では、このような重要な内容を送受信しているインターネットでの情報通信、特に Web 経由や電子メールを用いた通信のセキュリティ強度はどの程度なのでしょうか。

- 電子メールのセキュリティ強度は？

実際のところ、メールなどのインターネットを通じたデータ通信のセキュリティは通常の郵便物に例えれば「はがき」と同程度のセキュリティ強度しかありません。はがきレベルとは、郵便物を配達している人がその気になれば簡単に通信内容を読むことができる程度ですから、セキュリティ対策がまったく講じられていない状態であるということができるでしょう。

通常であれば、郵便配達に携わる人が道徳観から他人の手紙を覗き見しないように、メールを転送するそれぞれの中継地点も他人の通信を覗き見しようとはしません。ですが、仮に中継地点のサーバを管理する人間が悪意をもって覗き見を試みたとすれば、いとも簡単に通信の中身が盗み見られてしまいます。そのため、重要な情報を送信する際には解読ができないように SSL 等の暗号化が行われていることを確認した上で送信を行う、あるいはそもそもインターネット経由で重要なデータを送受信しないことで盗聴の危険性を回避する必要があります。

また最近では、Wi-Fi などの無線 LAN の利用者による盗聴被害も多く発生しています。スマートフォンやゲーム機、ノート PC のような無線接続を行う機器が一般家庭でも多く用いられるようになったことに伴い接続のために用いられる機器である AP（アクセスポイント）が一般家庭にも広く普及しています。しかし無線通信は通常の有線インターネット通信以上に盗聴の危険性が高い通信方法でもあるのです（実際の盗聴事例については事例：技術－1も参照して下さい）。

無線通信は電波によって行われますが、コンピュータや無線 LAN アダプタ、公衆 Wi-Fi で使用される電波は指向性がありません。そのため、無線 LAN を利用していることは自分が利用している機器とのデータ通信を行うと同時に、室外さらには屋外へと、様々なデータ通信を発信している状態であるともいえるのです。もちろん無線 LAN にも暗号化通信を行うセキュリティ機能が搭載されていますが、最も軽度の暗号である WEP では最短で数秒、現在最も強固であると言われる WPA2-PSK 方式でも一日あれば解読できてしまうため、無線 LAN による盗聴被害は後を絶ちません。

不正アクセスを試みる犯罪者はコンピュータだけでなく、利用者本人の弱点を狙ってくる場合もあります。ソーシャルエンジニアリングと総称されるような，覗き見であったり、パスワードや暗証番号を推測したり総当たりで入力するといった、技術力ではなく人的な手段を用いた行為がそれに該当します。

● **情報技術を使わない不正アクセス手法**

　ソーシャルエンジニアリングの代表としては単純な画面やキーボードの覗き見や、書き留めてあるパスワードの盗み見、さりげない会話によってパスワードのヒントを聞き出すなどの方法があります。また、これらの方法で確実なパスワードが入手できなくても、おおよそのパスワードを把握することができれば後はそこから派生するパスワードを総当たり形式で打ち込めば高確率で不正アクセスが可能になってしまいます。

　また、コンピュータ内部に仕掛けられる「トロイの木馬」と呼ばれるタイプのソフトウェアのなかには入力されたキーを記録するキーロガーと呼ばれるものが存在します。いくら解読が困難なパスワードを用意していたとしても、キーボードやタッチパネルから ID とパスワードを入力する以上、打鍵した内容を記録されてしまえば意味がありません。このキーロガーは通常、特定の相手を狙って仕掛けられることが多いのですが、過去には不特定多数の人が利用するネットカフェや大学のコンピュータ教室に設置されたコンピュータにキーロガーが仕掛けられていた事例も報告されています。

　以上のように不正アクセスを行うための手口には様々なものが存在しますが、いずれもコンピュータそのものやコンピュータを使用している利用者が持つ「弱点」を狙う手口であることに違いはありません。そのため、不正アクセスを未然に防ぐためには、どのような弱点が狙われるのかを知り、セキュリティ意識を高めることが必要となります。

1-3. 物理的要因による脅威

　コンピュータを利用する際には情報セキュリティ以外にも物理的な危険にも注意を払う必要があります。物理的な脅威にも様々なものがありますが、日常的に発生する可能性が高いものをいくつかあげるとすると、以下のような脅威が身近なものであると考えられます。

> ● USB メモリ等の紛失
> ● 落雷によるサージ電流
> ● PC や周辺機器の盗難
> ● ホコリや漏電による火災

USB メモリ等の記憶媒体を紛失した場合、私的なデータであれば紛失してもさほど大きな問題にはなりません。ですが顧客名簿や取引履歴などの個人情報が保存されていた場合や、業務などで使用するデータが含まれていた場合には大きな社会的問題に発展する可能性が高いでしょう。そのため最近では個人情報や機密情報を取り扱う可能性のあるビジネス用途では、USB メモリをはじめとする持ち運び可能な記憶媒体の外部持ち出し禁止だけでなく、記憶媒体の使用そのものを禁じる組織も増えています。

落雷によるサージ電流とは、送電線や電話線への落雷が原因で発生する大電流のことですが、定格以上の電流が一度に情報機器に流れ込むと多くの機器は回路が焼け切れたり、場合によっては出火、あるいは爆発したりしてしまうこともあります。特にスマートフォンに使用されている半導体記憶媒体であるフラッシュメモリはサージ電流によってデータが消去されてしまうリスクが高いため、落雷時充電やデータ転送のケーブルを挿したままにしているとデータが破損してしまう可能性が考えられます。

PC や周辺機器の盗難はどちらかというと自宅よりもオフィスや学校などで注意すべきリスクです。コンピュータそのものを盗まれることで経済的な被害を受けるのは当然のことながら、コンピュータに保存されているデータ群がまとめて盗まれてしまうわけですから、個人情報や機密データの流出といった 2 次被害が生じる可能性も考えられます。携帯可能な小型コンピュータであるスマートフォンについては言うまでもなく、近年では大学等でも個人所有のコンピュータを講義に用いる BYOD が進みつつあるため、持ち運びの機会も増えました。これまで以上に機器の盗難や紛失には留意する必要があるでしょう。

ホコリや漏電による火災については、実際にこれまでにも火災の事例が報告されています。動作中のコンピュータはかなりの高熱を持つため、可燃性の高いホコリをコンピュータ内に大量に吸い込んでしまった場合、高熱になった部品とホコリが接触することによってコンピュータ内から出火する可能性がありますし、モバイルバッテリーやポータブル機器に内蔵された充電池についても水濡れや過充電などの誤った使用による発火や爆発の危険があります。

以上のような脅威はいずれも、どちらかというと事故や不注意に分類されるような危険ですが、実際にこれらの物理的要因がもとでデータが破損・消失したり、また機器が破損したりすることも多いため、物理的な要因に対しても注意を払う必要があるでしょう。

1-4. セキュリティ対策

前節までに取り上げたとおり、今日の情報化社会には多種多様なセキュリティリスクが存在しています。そして、それらの脅威の種類に応じた多種多様な対応が必要となります。しかし実際にはすべての脅威に対する対応を行うことは困難でしょうし、また脅威のなかには DDoS のように個人を攻撃のターゲットとすることが少ないものも存在しています。そのため、セキュリティ対策は一度にすべてのものを行おうとするのではなく、まずは遭遇する可能性が高い脅威に対する対策を実施し、その後に余裕があれば遭遇する可能性の低い対策を段階的に実施していくほうが現実的です。

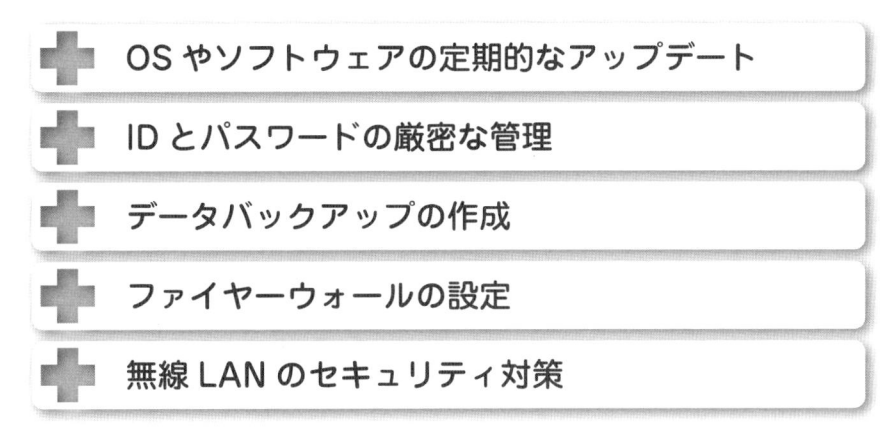

図 2-3　基本的なセキュリティ対策

　最初に実施すべき基本セキュリティ対策のうち、これまでに紹介した脅威に対応できるような対策には図 2-3 のようなものがあります。

　まず、バッファオーバーランやセキュリティホールへの対応としては使用している OS やソフトウェアを定期的にアップデート（更新）することが最も効果的です。通常、ソフトウェアに脅威度の高いセキュリティホールが発見された場合、開発元の企業は迅速に対策を施したアップデートファイルを作成しますから、定期的なアップデート処理を行うような設定を行っておけばたいていの脅威を未然に防ぐことが可能です。

　ソーシャルエンジニアリングのような ID とパスワードを盗む手口に対しては推測されにくいパスワードを使用したり、定期的にパスワードを変更したりすることで対処できます。またキーロガーへの対策としてはマウスで画面上のボタンを押して数字や文字を入力するソフトウェアキーボードの利用が有効です。

　類推されやすいパスワードとは生年月日や携帯電話番号の数字、学籍番号や社員番号、車のナンバーなど、調べれば判明するようなものは危険性が高いと考えられます。しかし一方で、ランダム生成されたような複雑なパスワードの場合、自分がパスワードを忘れてしまってアクセスできなくなったり、あるいは忘れないためにメモした紙を紛失して不正アクセスを招いたりするなど逆効果になってしまう場合もあります。では、類推されにくく、さらに自分が忘れないようなパスワードを作るにはどうすれば良いのでしょうか。

　良いパスワードの生成法については様々な方法があります。誰にでも手軽にできて忘れることが少ないものとして「自分の個人情報に関連するもの」に「記号を加えて」「アナグラム（並べ替え）」し、可能であれば「複数組み合わせる」方法が考えられます。

●パスワードの生成

（例）誕生日が 12 月 24 日の場合

基本となる パスワード		12 を DEC に置換え 月と日を入れ替え		間に * を入れる		携帯電話の番号が 9876 であれば それを追加しパスワードを生成
1224	➡	24DEC	➡	24*DEC	➡	24*DEC9876

　たとえば、12月24日生まれの人がパスワードを「1224」や「12/24」とした場合、自分の誕生日ですからこれを忘れる危険性はほとんどありませんが、逆に個人情報（誕生日）が判明した時点でパスワードが類推されてしまう危険性が生じます。そこで生年月日を使う場合であれば、元の月と日の順番を入れ替え、さらに／を＊に12月を英語表記のDECへと置き換えることで「24*DEC」というパスワードを生成するとします。できあがったパスワードは自分にとっては誕生日とほぼ同一のもので忘れることはまずないような簡単なものですが、12月24日という情報からこの文字列を探し当てることはそう容易ではありません。また複数の情報を組み合わせるとさらにパスワードの強度が高くなるので、携帯電話番号の下4桁（たとえば9876）をパスワードに加えて「24*DEC9876」とした場合、かなり強度が高く、また自分では忘れないパスワードになったといえるでしょう。

　なお、パスワードだけではなくパスワードと同時に使用されるユーザIDやメールアドレスにも注意が必要です。多くの人は覚えやすいように氏名や個人情報を元にした文字列をIDやアドレスに用いますが、それらを読み解くことで個人を特定することができれば、そこからパスワードを類推されてしまう危険性があるからです。したがってIDについても他人に特定されにくいようなフレーズの組合せ（たとえば好きな飲み物やペットの名前など）を利用することで、個人の特定や不正アクセスをある程度防ぐことが可能になります。これらの解読困難なパスワードに加え、生体認証等を併用することでセキュリティ強度を上げることが可能になります。

　次に、外部からのネット経由での不正アクセスからコンピュータを守るために有効な手段としてファイヤーウォールの設定が挙げられます。ファイヤーウォールとはコンピュータとネットワークとの通信を監視し、許可されていない経路（ポート）を使用する通信をブロックするための防火壁を意味するソフトウェアです。適切な設定を行ったファイヤーウォールを導入すれば、ネット経由での不正アクセスの大部分を遮断することが可能になりますから、きわめて有効な対策といえるでしょう。現在使用されている主要なOSでは初期状態で自動的にファイヤーウォールが設定されるようになっていますので、特に設定をしなくてもある程度の防御が行われていることになります。

　ただし、ポートを遮断することは通信機能を制限することと同義ですから、場合によってはソフトウェアが行うデータ通信機能に支障をきたすことも考えられます。そのような場合、必要に応じて使用するポートを開放することになりますが、うかつにポートを開放してしまうと開いた不正アクセスが行われる可能性があるため、設定の変更には本当にポート解放が必要であるかを判断するためにある程度の知識が必要となります。

　情報通信の盗聴については、インターネット上の中継点で行われる盗聴に対して利用者が行える対策は残念ながらそう多くありません。実施可能な対策は送受信するデータを暗号化したり、あるいは重要なデータをネットワーク経由で送受信しないように心がけたりする程度ですが、中継点での盗聴は無作為に行われるため、これらの対策をとるだけでも被害に遭う確率が低くなることは間違いありません。

　Wi-Fiなどの無線LANの対策については完全な安全策はありませんが、こちらもまた効果が薄いからといって対策をしていないと知らない間に被害を受けてしまうことがありますので、可能な範囲で対策を行うことが重要です。費用をかけずに設定の変更だけで行える対策には、図2-4

のようなものが考えられます。

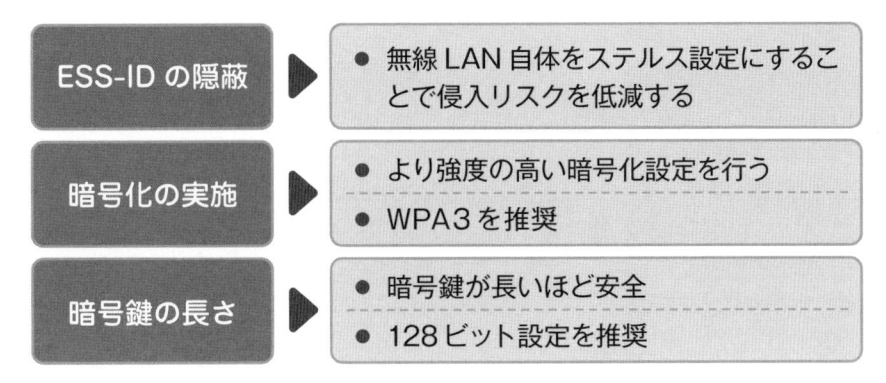

図 2-4　無線 LAN のセキュリティ対策

　無線 LAN のアクセスポイントは作動中、外部に対して常に自分自身の存在を ESS-ID という文字列で発信し続けています。この ESS-ID を外部に発信しないステルス設定にすれば、そこにアクセスポイントがあることを知っている人以外にはその存在を感知することが困難になります。そのため、外部から侵入可能なアクセスポイントを探している者がいたとしても、侵入される危険性が低くなります。

　暗号化については無線 LAN を利用する機器の種類によって利用可能な暗号化形式が異なります。古い機器やアクセスポイントの中には最新の暗号化技術に対応していないものも存在しますから、常に強度の高いものを利用できるとは限りません。セキュリティ対策を重視するのであれば強度の低い暗号化技術しか使えない機器は早めに機器更新を行い、使用可能なもののなかで最も強固なものを選択した上でパスワードの役目を果たす暗号鍵もより長いものを選択することで暗号強度を高めることが重要です。

　これらの設定には、ある程度の知識が必要となりますが、わからないからといって放置していると知らない間に通信内容を盗聴されたり、あるいは自宅のアクセスポイントを他人に無断使用されたりするかもしれません。そのような危険性を考えると、多少の苦労をしてでも設定を行うことが推奨されます。

1-5.　物理的要因による脅威への対策

　基本的なセキュリティと同様に、物理的な要因による脅威にも対策が必要です。1-3 節で紹介したような脅威に対する対応は図 2-5 のようなものになるでしょう。

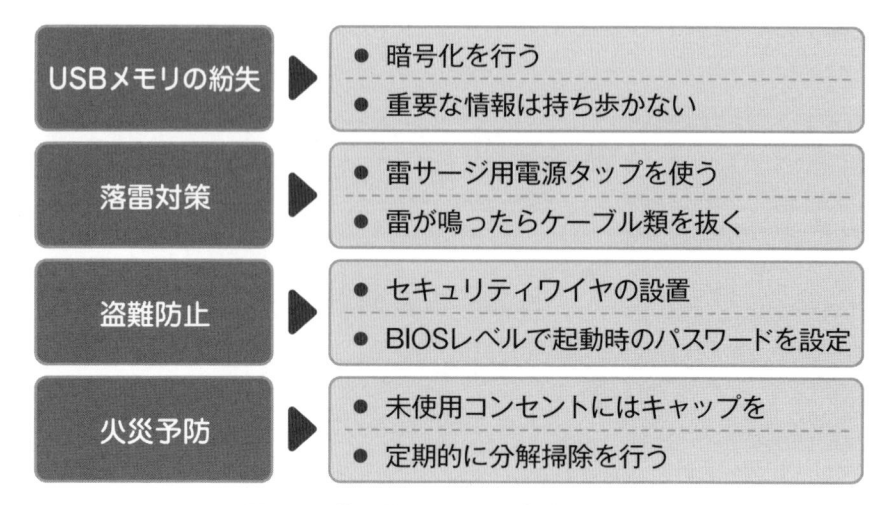

図2-5　物理的要因による脅威への対策

　USB メモリなどの記憶媒体の紛失については、紛失そのものを防止することは困難ですから、紛失した際に被害が大きくならないような予防策を行うことが重要です。USB メモリを紛失した場合、メモリ自体が失われたことよりもそこに保存された情報が失われる、もしくは他人に情報が漏れるほうが脅威としては大きいと考えられます。そのため日頃からメモリ中のデータをバックアップしておくことで情報の損失を防ぎ、さらには USB メモリに保存されたデータを自動的に暗号化するセキュリティ対応型の USB メモリを選択することも重要です。また、そもそも USB メモリには重要なデータを保存しないようにすることも重要です。実際に個人情報や機密情報を取り扱う職場では職務に関するデータの外部持ち出しは厳禁ですし、そもそも USB メモリの使用自体を禁じていることも多くなりました。日頃から不必要なデータを持ち歩かないように注意しておくべきでしょう。

　落雷対策については、雷が落ちてからでは対処のしようがないので、事前の準備が必要になります。雷が落ちる位置や頻度にもよりますが、近くで頻繁に落雷があるのであれば雷サージ機能を持つ電源タップなどを利用することで機器やデータの破損を防ぐことが可能になります。また、高圧電線の近くで、落雷の頻度が高い場合には雷サージ機能で対処できない場合もあります。このような場合は天候が悪化して雷鳴が聞こえはじめたら即座にコンピュータの電源を切り、コンセントとデータ通信ケーブルを抜くようにするしかありません。作業中で電源が切れない場合、最低でも使用中の USB メモリなどがあれば取り外しておくべきでしょう。スマートフォンやUSB メモリに使用されている記憶装置は電気によってデータの読み書きや消去を行う特徴を持っていますから、仮にコンピュータが壊れない程度のサージ電流であってもメモリの中を消去してしまう危険性があるため、事前の取り外しがリスクの回避につながります。

　盗難防止については、コンピュータの保管場所に対する施錠やセキュリティワイヤでコンピュータの移動を制限するなどの物理的な対処が有効です。またコンピュータそのものに対して起動の前段階でロックをかけることができるように BIOS 画面でパスワード入力を行うように設定しておいたり、スマートフォンの場合は生体認証を用いたりするなどの対策を行うことで、盗難自体は防げないとしても盗まれたコンピュータからデータが漏洩する危険を減らすことが可能です。

　火災予防については、使用していない電源コンセントにコンセントキャップを付けることで火災のリスクを減らすことが可能になります。また、コンピュータや周辺機器の周りに可燃物を置かないように整理整頓したり、あるいは定期的にコンピュータのカバーを開けて内部に溜まったホコリを掃除機などで除去したりすることで対処が可能です。バッテリー火災については水濡れや過充電、バッテリーの老化などが発火や爆発の原因となりますので、取り扱いの際にはこまめな点検を行うことが必要です。

　以上のように、情報セキュリティリスクや物理的なセキュリティリスクはいずれも生じる危険性のあるリスクを事前に把握し、リスクの発生原因を知ることによって対策を講じることが可能になります。そのため、日頃から自分が利用している技術やサービスの仕組みがどうなっているのか、またどのような危険性があるのかについて注意深く観察を行う姿勢をもつことこそがセキュリティリスクを回避するために最も必要な対策といえるでしょう。

2. マルウェア

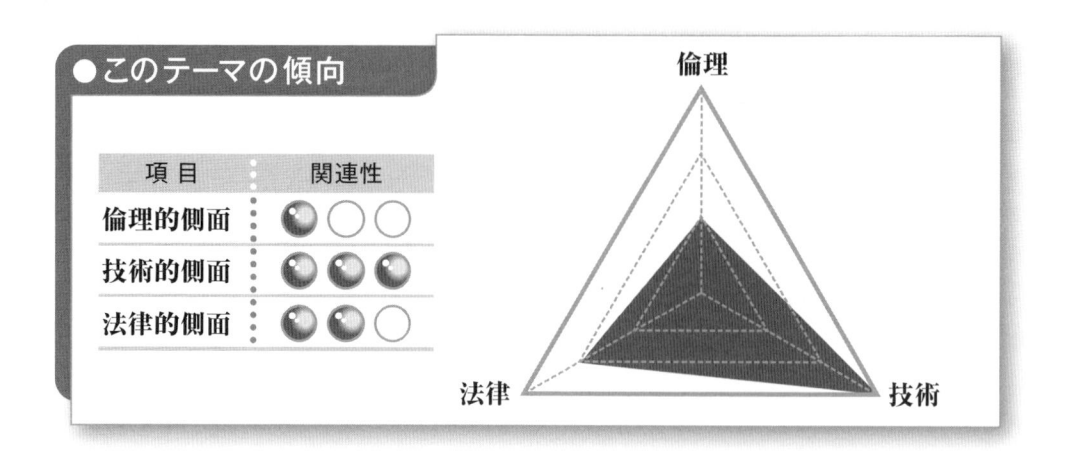

●このテーマの傾向

項　目	関連性
倫理的側面	◉○○
技術的側面	◉◉◉
法律的側面	◉◉○

2-1. マルウェアとは

　マルウェアとは利用者に対して害悪をもたらすソフトウェアの総称です。マルウェアという名称はソフトウェアという言葉の前に「悪意」を意味するマル（mal）という接頭語を付けた造語ですが、まさにその名のとおり、何者かが悪意をもって他人に損害を与えるために作ったソフトウェアがマルウェアの正体です。

コンピュータウイルス　　スパイウェア

ワーム　　　スケアウェア　　　ランサムウェア

●マルウェアの例

　ネットワークの利用が日常的となった情報化社会ではマルウェアの被害件数はきわめて多く、マルウェアがインターネットを利用する際に発生する情報セキュリティリスクの筆頭であることは一般的に認知されるようになりました。一言でマルウェアといっても、その言葉に該当するソフトウェアの種類は多種多様であるだけでなく、実際にマルウェアによってもたらされる被害もデータ破壊や情報流出、金銭的な被害といった実害を伴うような犯罪行為に関連するものから、見たくない画像や広告が表示されたり、脅かされたりするなど単に不快感を与えられるものまで、多岐にわたります。そのためマルウェアとはどのようなものかを総合的に定義することは非常に難しく、結果的にはマルウェアとは何かという問いに対しては漠然とした「悪意あるソフトウェア」という表現しかできません。

表 2-1　代表的なマルウェア

種類	特徴	受ける被害
ウイルス	データや他のソフトウェアを宿主として感染を拡大させるマルウェアの総称	データやシステムの損壊 情報の流出 機器への不正アクセス
ワーム	宿主を必要としない独立したソフトウェアとして感染拡大する機能を持つマルウェア	
トロイの木馬	無害なソフトウェアに偽装して潜伏するマルウェア	
スパイウェア	コンピュータから個人情報やアドレスなどを盗み出すことを目的としたマルウェア	個人情報の流出
アドウェア	広告表示を目的としたソフトウェアだが悪質・強引な表示を行う場合はマルウェアに分類される	悪質な広告表示
スケアウェア	エラーやウイルス等の偽りのセキュリティ警告を表示し、利用者を脅すようなマルウェア	他のマルウェアへの誘導
ダイヤラー	利用者の許可なく国際電話や有料情報回線へダイヤルする機能を持つマルウェア	通信費や情報量の請求
ランサムウェア	データやプログラムを「人質」にとり、金銭の支払いを要求するマルウェア	金銭的被害やデータ喪失

　そこで、マルウェアとはどのようなものであるかを把握するために、それぞれのマルウェアの特徴ともたらす被害によっていくつかのグループに分類したものが表 2-1 です。

　これらのマルウェアのうち、ウイルス、ワーム、トロイの木馬のような拡大・感染する能力を持ち、感染したコンピュータに被害をもたらすような特徴を持つものをコンピュータウイルスと称します。またスパイウェア、アドウェア、スケアウェア、ダイヤラー、ランサムウェアのような感染能力を持たず、他のソフトウェアに偽装するかたちで利用者のコンピュータへ潜り込み、悪意ある行動を行うような特徴を持つものはスパイウェアと称されます。これらのソフトウェアの分類についても便宜的な部分が大きく、1 つのマルウェアがアドウェアであると同時にスパイウェアであったり、あるいはトロイの木馬が破壊活動とともにランサムウェアのようにデータを人質に取るような挙動を行ったりと、今日のマルウェアには複合的な機能を持つものも少なくありません。

2-2. コンピュータウイルスの特徴

　コンピュータウイルスという言葉には 2 つの意味があります。1 つはマルウェアのなかでも特に破壊活動などを行うソフトウェア群の俗称としての広義の言葉、もう 1 つは前者が意味するマルウェアのなかでも特に他のソフトウェアやデータに寄生することで自己増殖、感染し破壊的な行為を行うソフトウェアを指す狭義の言葉です。ここでは、まず前者の破壊的なマルウェアとしてのコンピュータウイルスについて説明を行います。

　広義でのコンピュータウイルスは平成 12 年に通商産業省（現 経済産業省）によって以下のように定義されています。

以下のうち、1 つ以上の機能を持つ悪意のあるプログラム

1.　自己伝染機能

　自らの機能によって他のプログラムに自らをコピーし又はシステム機能を利用して自らを他のシステムにコピーすることにより、他のシステムに伝染する機能

2.　潜伏機能

　発病するための特定時刻、一定時間、処理回数等の条件を記憶させて、条件が満たされるまで症状を出さない機能

3.　発病機能

　プログラムやデータ等のファイルの破壊を行ったり、コンピュータに異常な動作をさせる等の機能

通商産業省告示 第 952 号より

　この定義から、コンピュータウイルスとは自分自身のプログラムを他のコンピュータにコピーすることで増殖する機能を持ち、あらかじめ組み込まれていた悪意ある動作を特定のタイミングで実施する機能を持つソフトウェアであることがわかります。この「感染」「潜伏」「発病」という特徴は、生物に感染するウイルスを意識させる特徴であるといえるでしょう。

　コンピュータウイルスが発見されたのは 1986 年のことです。世界で最初に発見され、コンピュータウイルスという言葉を生み出したのは、パキスタンでコンピュータ会社を経営していた人物によって開発された「Brain」と呼ばれるソフトウェアです。Brain は現在のコンピュータウイルスのような、感染したコンピュータ被害をもたらす機能はありませんでしたが、フロッピーディスクを経由して他のコンピュータに感染する増殖能力を持っていました。そもそも Brain は著作物であるソフトウェアの違法コピーに悩んだ開発者によって制作された、違法コピーへの警告メッセージ（図 2-6）を表示するためのソフトウェアでした。

```
Welcome to the Dungeon
(c) 1986 Basit * Amjad(pvt) Ltd.
BRAIN COMPUTER SERVICES
730 NIZAB BLOCK ALLAMA
IQBAL TOWN LAHORE-PAKISTAN
PHONE : 430791,443248,280530.
Beware of this VIRUS....
Contact us for vaccination........!!
```

```
地下牢へようこそ
(c) 1986 Basit * Amjad (pvt) Ltd.
ブレインコンピューターサービス
（連絡先　住所）
（連絡先　電話番号）
ウイルスに注意 ....
ワクチンが必要な場合は当社に
ご連絡を ......!!
```

図 2-6　「Brain」で表示される警告メッセージとその日本語訳

[McAfee 社ウイルス情報「Brain」より引用, http://www.mcafee.com/japan/security/virBdos.asp?v=Brain]

　Brain の警告画面に表示されていた「VIRUS（ウイルス）」「vaccination（ワクチン接種）」というメッセージは現在使用されているコンピュータウイルスやワクチンという言葉の語源になっています。

　Brain が発見された当時、まだコンピュータネットワークが普及していませんでしたから、同時期に発見された初期のウイルスはフロッピーディスクなどの記憶媒体を介して感染するものがほとんどでした。そのため、感染が疑われるソフトウェアを使用しない限りコンピュータウイルスに感染することはほとんどありませんでした。しかし、今日ではメールやWebページといったネットワーク経由で感染するものが主流となっているため、日常的にインターネットを使っているだけでウイルスに感染してしまうケースも多いようです。

　また、2000 年代にはWebページの改ざんによって企業や官公庁などの正規のWebページを閲覧しただけでウイルスに感染してしまうGumblar（ガンブラー）と呼ばれる攻撃が多発しました。それまでは海外サイトや違法サイトなどのいわゆる「怪しい」サイトを閲覧しなければウイルスに感染する機会は少なかったのですが、Gumblar の登場によって安全と思われていたサイトを閲覧したことで被害を受けてしまう危険性が生じています（代表的なコンピュータウイルスについては事例：技術 - 4 も参照して下さい）。

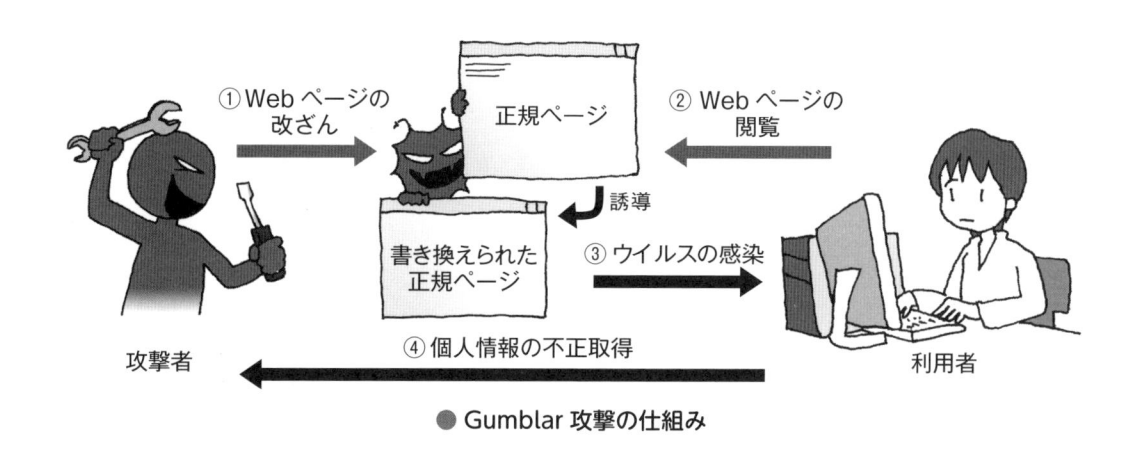

● Gumblar 攻撃の仕組み

2-3. コンピュータウイルスの種類

　これまでにも触れたとおり、コンピュータウイルスには様々な種類のものが存在しますから、一つ一つのウイルスに対しての知識を蓄え、すべてを理解することは不可能です。ですが、それらのコンピュータウイルスの多くには感染時の挙動や感染経路などにある程度決まったパターンが存在しています。そのため代表的なパターンを理解しておくことでコンピュータウイルスが侵入しないように警戒したり、あるいはコンピュータが不審な挙動を見せた場合にウイルスによるものかどうかを見分けたりする助けになることは間違いありません。

表 2-2　代表的なコンピュータウイルスと特徴

種類	特徴
ウイルス	データやプログラムを宿主として他のコンピュータへと感染を拡大する 最も基本的なタイプのもの
トロイの木馬	無害なソフトウェアを装い利用者自身にダウンロードやインストールを行わせるが、実際には悪意ある行為を行うタイプのもの
ワーム	宿主を必要としないコンピュータウイルスの亜種 独立したプログラムとして存在し、ネットワークや記憶媒体を経由し拡散する
マクロウイルス	アプリケーションのマクロ機能を悪用して作られたマルウェア メールで送付される不審な文書の大部分はこれに感染していると思われる
ロジックボム	特定の条件を満たすと処理が実行されるタイプのもので、主にコンピュータシステムやソフトウエアの破壊を目的とすることからボム（爆弾）と呼ばれる

　狭義の意味でのウイルスは他のプログラムやデータを宿主とし、それらに寄生することでコンピュータへと侵入、自分自身のコピーをコンピュータ内に残すことで感染を拡大させる典型的なマルウェアです。主な機能や特徴は前項で説明した通商産業省告示 第 952 号に記載されたコンピュータウイルスの定義と同様で、もともとはコンピュータウイルスといえばこのタイプのものを指していました。感染後の挙動についてはウイルスの種類によって多種多様です。初期のウイルスの多くは冗談のようなメッセージを表示するだけの愉快犯的なものが主でしたが、時間が経つにつれ、データの破壊やコンピュータシステムそのものに悪影響を与えるような悪質性の高いものへと変質していきました。

　ウイルスが拡散するためには宿主となるデータやプログラムが必要になりますが、ある程度ウイルスの感染が広がると宿主となっている可能性の高いプログラムの情報がインターネット上などで周知されるようになります。そのため、感染が疑われるような怪しいファイルを見かけた場合にダウンロードしたり、実行したりしなければウイルスの侵入をある程度防ぐことが可能です。

感染する　感染しない
コンピュータウイルス

● コンピュータウイルスは人体に感染する？

　ところで、名前が細菌感染をイメージさせるウイルスであるところから、コンピュータウイルスが人体に感染するかのようなデマが流布したこともありますが、実際にコンピュータウイルスが直接人体に感染することはありません。ただし、体内に外部との通信機能を持つ IC チップや電子機器を埋め込んでいる場合には、通信を媒介してコンピュータウイルスが感染する可能性は存在します。実際、2010 年に行われた人間にコンピュータウイルスを感染させる実験では、感染した IC チップに対する悪影響だけでなく体内にコンピュータウイルスが入ったという心理的な影響があるという研究結果も報告されています。現時点では、このような事例はごく一部の例外的なものですが、近年ではベンチャー企業などが情報機器を体内にインプラントする技術の実証実験を進めていますので、コンピュータウイルスの人体への感染もまた情報セキュリティ上のリスクとして取り上げられることになると考えられます。

　トロイの木馬はギリシャ神話に登場する「トロイアの木馬」にちなんで名づけられたコンピュータウイルスです。神話では英雄オデッセウスが難攻不落の守りで知られるトロイアの都を攻略するために、中に兵士を忍ばせた巨大な木馬を作ります。策略によって都の中へ一見無害なこの木馬を貢ぎ物として持ち帰らせ、都が寝静まった夜を待って外に出てきた兵たちが内部から城門を開き、都を攻めることで難攻不落の都を攻略したと伝えられています。コンピュータウイルスであるトロイの木馬もまさにこの神話と同じく、一見無害かつ有効なソフトウェアやアプリであると偽って利用者にマルウェアが仕込まれたソフトウェアを導入させ、安心した頃に内部から破壊やデータ窃盗を行ったり、あるいは神話のように外部から侵入者を招き入れる挙動を取ったりするなどの特徴を持つマルウェアです。

● トロイの木馬

　侵入後の動作は様々ですが、なかでも特に多いタイプは潜伏したままコンピュータの内部から様々なデータを盗み出すようなスパイウェア的な動作を行うものや、感染したコンピュータの制御を密かに奪い、悪意ある犯罪者が遠隔操作で感染したコンピュータを不正にアクセスできるようにバックドアを設定してしまうものなどが知られています。

　トロイの木馬は神話と同じく、被害者自身がコンピュータウイルスを自分のコンピュータに招き入れてしまうことによって感染する特徴を持ちます。そのため、内部にトロイの木馬が仕込まれている危険性があるような、出所が確かではないソフトウェアを導入しないようにすることでトロイの木馬に感染する危険性を回避することが可能になります。

　なおスマートフォンにおけるマルウェア感染で最も件数が多いのはトロイの木馬によるものです。アプリストアもマルウェアのチェックは行っていますが、それでも登録されているアプリの中にはマルウェアが仕込まれたものが紛れ込む可能性はあります。特に本来有料であるはずのアプリと同名の無料アプリ等は高確率でマルウェアが混入されていますので、無料という表記に安易にとびつくのは禁物です。また人気アプリの配信元が買収されるなどして変更になったタイミングでトロイが仕掛けられていた事例も報告されています。

　ワームとはもともとミミズのような細長い虫全般を意味する言葉で、一般的なイメージとしてはイモムシのような姿が想像される生き物です。イモムシは自分の力で移動し、移動した先の植物を食い荒らす害虫ですが、コンピュータウイルスのワームもイモムシと同様の特徴を持っています。ワームとウイルスやトロイの木馬との最大の違いは、ワームには自分自身で他のコンピュータへと感染する能力があるということです。ウイルスが他のコンピュータへと移動し、感染するためにはデータやプログラムに寄生する必要がありますし、トロイの木馬は被害者自身の手によってコンピュータの中に招き入れられることを待つだけで自発的に行動する能力を持ちません。それに対して、ワームは他のプログラムや利用者の手を借りずに自分自身で他のコンピュータへ移動し、感染を拡大するという特徴を持ちます。

● **ワームとウイルス、トロイの木馬**

　ウイルスやトロイの木馬には「こうすると感染してしまう」という危険を招くような行為が存在しますが、ワームは利用者の行動によって感染するのではなくワーム自身が知らない間にコンピュータの中に侵入してしまうという特徴を持っているので、利用者がワームの存在に気づくのはたいてい感染してしまった後になります。もちろんワームの侵入を防ぐことは可能です。ワームがコンピュータへ侵入できるのはセキュリティホール（2章1−2を参照して下さい）を悪用

することで可能となるため、発見されたセキュリティホールを速やかに塞ぐことでワームから身を守ることができます。しかし、最近ではセキュリティホールが発見されてから対策のためのアップデートが行われるまでの1日〜数日間というわずかな期間を突いてワームによる攻撃を仕掛けるような「ゼロデイ攻撃（0-Day Attack）」が行われるケースが増加しています。そのため、ワームによる被害を防ぐためには既知のワームへの対策だけではなく、未知のワームに対しても防御できるような準備が求められることになります。

マクロウイルスとはワープロや表計算ソフトに備えられているマクロ機能を悪用したコンピュータウイルスの一種です。マクロとは文書や表の内部にプログラムを格納し、文書に様々な機能を持たせることができる便利なものですが、プログラムを格納できるということはマクロで悪意を持ったプログラムを記述することも可能であるということになります。

マクロウイルスの感染経路で最もポピュラーなものは、利用者のもとへ送信されてきた発信者不明の添付ファイルに含まれているものです。近年ではウイルスに関する知識はある程度とはいえ一般の利用者にも知られるようになっていますから、怪しいプログラムを安易に実行したり、ダウンロードしたりする利用者はそう多くありません。ですが、自分宛にメールで送られてきた文書、それもゴシップやスキャンダル、政治問題などのような誰もが興味を持つようなタイトルが付けられている文書の場合は、つい好奇心に負けてファイルを開いてしまうこともあるかもしれません。そして、たいていの場合、その文書にはマクロウイルスが混入されていて、不注意な利用者に被害を与える結果になってしまいます。

近年では社会全体のセキュリティ意識の向上によってメールの送信者が見知らぬ相手の場合は中身を見ずに削除することが一般的になりつつありますから、マクロウイルスに引っかかる人はいないように思えるかもしれません。しかし、実際にはマクロウイルスには被害者のアドレス帳を盗み見て第三者の名前でメールをばらまく機能が備えられている場合が多いため、知らない人からではなく、知っている人からマクロウイルスの混入したメールが送られてくるので、つい自分宛の文章かと勘違いしてメールを開封しウイルスに感染してしまうケースが多発しています。さらに、たちの悪いことに、マクロウイルスに感染したメールの送信者名はウイルスによって偽装されているため、メールを受け取った人には誰がマクロウイルスに感染してメールをばらまいているのかを知ることができません。

● 他人の名を騙ったメールにウイルスが潜んでいる場合も

　また、メールソフトによっては送信されてきた文書のプレビューを表示するため自動的に開封してしまうお節介ともいえる機能をもつものも存在しています。そのようなメールソフトを使用している場合は、マクロウイルスを受信した時点で感染してしまうことにもなりかねません。このような不測の事態に対応するため、ワープロや表計算ソフトの開発を行っている企業ではマクロ機能を標準ではオフにするような対策をとっています。しかし、マクロがオフになっていると便利な機能が使えないため、内容を確認せずにマクロ機能をオンにしてマクロウイルスに感染してしまうケースが後を絶ちません。

　ロジックボム（論理爆弾）は実際の爆発物ではありませんが、爆弾と同じぐらい危険なコンピュータウイルスです。他のコンピュータウイルスが情報の盗難や嫌がらせ、金銭目的での悪質行為を行っているのに対し、ロジックボムが行うのはデータやプログラム、あるいはコンピュータシステム自体の完全な破壊です。ロジックボムは特定の日付や時間になると、あるいは特定の処理が行われた時点で発症するような仕掛けが施されており、発症するまでは増殖を含めてその存在を示すような行動はほとんど行いません。そして発症の条件が満たされた瞬間に比喩的な意味での爆発を行い、データやコンピュータシステムを破壊してしまいます。そのため、不幸な利用者が感染に気づくのは、たいていはすでに取り返しのつかない被害を受けた後になってしまいます。

4月26日になると・・・

● **ロジックボム　チェルノブイリ**

　ロジックボムのなかで最も代表的なものは 1998 年に発見されたチェルノブイリと呼ばれるウイルスです。このロジックボムはかつてチェルノブイリ原子力発電所で事故が起こったのと同じ、4月 26 日に作動し、感染していたコンピュータのハードディスクを全消去、さらにはコンピュータの起動時に必要となる BIOS と呼ばれる基本システムをも破壊してしまいます。BIOS が破壊されてしまうとコンピュータ自体も起動できなくなってしまうので、爆弾の名にふさわしいきわめて破壊力の強いウイルスであるといえるでしょう。チェルノブイリ自体には感染したコンピュータから他のコンピュータへ感染させる能力を持っていませんでしたが、CD やフロッピーディスクを通じて主にアジアで大量のコンピュータがこのウイルスに感染しました。一説によるとチェルノブイリによる被害を受けたコンピュータは 100 万台以上ともいわれており、コンピュータウイルスの脅威を世に知らしめました。

2-4. スパイウェア

　情報化社会における情報セキュリティリスクはコンピュータウイルスだけではありません。破壊力や脅威度といった点ではコンピュータウイルスには及びませんが、スパイウェアもまたインターネットを利用する際に注意すべき脅威のひとつであるといえるでしょう。スパイウェアはその名が示すとおり、コンピュータの中に忍び込み様々な情報を盗み出すソフトウェアです。スパイウェアは本来、マーケティング情報を収集するために開発されたプログラムとして、フリーソフトなどの形態で配布されるアプリケーションソフトに組み込まれていたものでした。

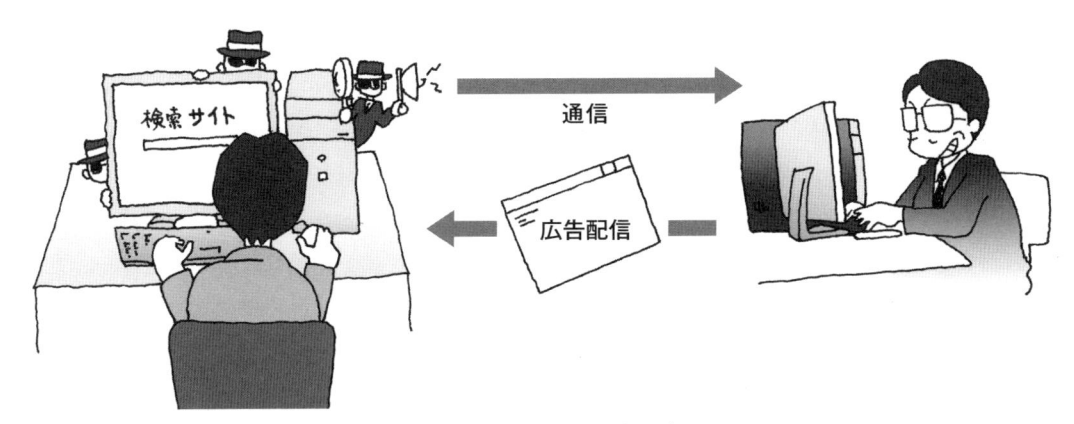

●コンピュータの中にスパイがいる！

　そのようなスパイウェアを組み込まれたアプリケーションソフトの利用規約には、「マーケティング用の情報収集ツールを同時にインストールすることがアプリケーションソフトを利用する条件」といった記載がされているので、スパイウェアは合法的に利用者のコンピュータの中に潜伏していることになります。もっとも、それらのスパイウェアを悪用しようと考える個人や組織は利用者の多くが利用規約を読まないことを知った上で、形式上合法となるように利用規約にわかりづらい形で記載しているにすぎません。そのためたいていの利用者は自分のコンピュータの中にスパイを自ら招き入れたことに気づかず、無断で個人情報を盗まれることになります（スパイウェア被害の具体例については事例：技術 -5 を参照して下さい）。

　このような侵入パターンはトロイの木馬に近いもので、実際にトロイの木馬の中には破壊や制御の奪取といった違法行為だけでなく、利用者の情報を収集するものも多く存在しています。ですから、トロイの木馬とスパイウェアの両者を明確に区別することは困難といえるかもしれません。

　スパイウェアが盗む情報にはメールアドレスや ID、パスワードといったセキュリティに関連する情報だけでなく、ブラウザに入力した検索キーワードやどのようなサイトをよく利用しているかといったプライベートな行動に関連する情報も含まれます。特に前者のメールアドレスやセキュリティ情報を勝手に収集することは犯罪行為であることが明確ですが、後者のような情報の場合は規約に基づいた市場調査であると反論された場合、利用者側が法的な手段に訴えることは困難です。

　また、スパイウェアと同時に用いられることが多いのがアドウェアと呼ばれるプログラムです。アドウェアは元来、フリーソフトなどに広告を表示することでソフトウェアの開発者に金銭的な

利益をもたらすためのもので、スマートフォン向けの無料のアプリでは開発者が収益を得るためのポピュラーな手法となっているものです。広告表示の機能自体は決して悪意によるものではありませんが、アドウェアで表示される広告のなかにはアダルト広告や詐欺まがいの投資や情報教材の紹介など、利用者が見たいと思わないような広告のほか、マルウェアの拡散に繋がるようなものも表示されてしまうことがあります。こういった事態を防止するために広告配信業者に対してオプトアウトを行うことも可能ですが、必ずしも有効に機能するとは限りませんので、望まない広告を配信する不快なソフトウェアであるとして、アドウェアはマルウェアの一種として認識されることもあるようです。またアドウェアは利用者に広告をクリックさせることを目的としているので、前述のスパイウェアと組み合わせて利用者が好む広告を表示する機能をあわせ持つ場合がほとんどです。そのため、アドウェア自身がマルウェアでなくても、スパイウェアが組み合わせられている時点でマルウェアとして認定されることになります。

　ダイヤラーは日本国内ではダイヤル Q^2 と呼ばれる有料情報サービスが盛んであった頃によく見られたマルウェアです。ダイヤル Q^2 は電話回線を使って音声情報を送信し、通話料にその情報量を加算して NTT が請求するサービスです。当時、まだコンピュータがネットワークへ接続するためには電話回線が利用されていたので、ネット接続プログラムを利用すればコンピュータから電話をかけることも可能でした。この機能を悪用して勝手にダイヤル Q^2 へ電話をかけ、高額な情報料を徴収するという詐欺まがいの行為に利用されたのがダイヤラーと呼ばれるものでした。ダイヤラー自体は通常のネットワーク接続プログラムですが、悪意のある利用法によって作られた悪質なダイヤラーはマルウェアの一種であると認識されています。

　もっとも今日ではコンピュータのネットワーク接続は光回線や 5G 通信のような通常の音声用電話回線を使用しない方法で通信を行いますので、悪質なダイヤラーによる被害を受けるケースはほとんどありません。ですが、スマートフォン向けのサイトやアプリのなかには電話機能を悪用して勝手に国際電話に接続させようとするものが存在します。過去の脅威として軽視してしまうと知らぬ間に高額な電話料金を請求されることになってしまうかもしれません。

　スケアウェアは、直訳すると「怖がらせるソフトウェア」といったイメージの言葉になります。その名前が示すとおり、スケアウェアは利用者を脅かし、脅迫することを目的としたマルウェアの一種です。スケアウェアの代表的な手口としては、偽セキュリティソフトによる詐欺が挙げられます。まず、スケアウェアの開発者は利用者に対して「無料のセキュリティ対策ソフトである」と偽ったスケアウェアを導入させるように仕向けます。利用者がスケアウェアを導入すると、今度はありもしないウイルスやセキュリティホールの脅威を表示して、利用者の恐怖心をあおります。慌てた利用者がセキュリティ対策を行おうとしてスケアウェアのボタンをクリックすると、「脅威を除去するためにはこちらの商品を購入して下さい」と効果のない高価なセキュリティソフトの購入を強要してくるのです。

　スケアウェアが登場した当初は Web 上のポップアップ機能を用いた単純なものでしたから、引っかかる人もあまり多くありませんでした。しかし技術の発達によって、今日ではコンピュータシステムに強制的に介入し、スケアウェアを判別したり停止させたりすることができる OS の機能をマヒさせてしまうような巧妙なものも登場しています。また、スケアウェアは前述の Gumblar 攻撃やトロイの木馬と組み合わせて導入されることも多いため、ウイルスの亜種である

とも考えられます。

　またスケアウェアに似たマルウェアにランサムウェアと呼ばれるものも存在します。ランサムウェアは日本語では「身代金要求型不正プログラム」と呼ばれることもあるもので、その名のとおり、コンピュータやデータを人質にとってその身代金を請求する悪質な犯罪です。

● コンピュータを人質にとるランサムウェア

　ランサムウェアはコンピュータ内に侵入すると、利用者が制作したデータを無作為に暗号化し読み取れなくしたり、あるいはコンピュータの起動パスワードを勝手に変更したりしてしまいます。そこまではウイルスと同じ単なる妨害行為なのですが、ランサムウェアは暗号化やパスワード変更を行った後に、正常に戻してほしければ金銭を支払うように要求してくるのです。具体的には暗号化を解除するために暗号資産での支払いを求めたり、ウイルス対策ソフトと偽ったロック解除のためのものを購入させたりする手口が主流ですが、なかには購入時にクレジットカードでの支払いを強要し、カード情報まで盗んでしまう悪質なものも存在しています。ランサムウェアの多くは日本国外で作られていることから、登場した当初は日本語に対応していないものがほとんどでしたので日本国内での被害報告はさほど多くありませんでした。しかし自動翻訳の技術が向上したことで最近では日本語による脅迫を行うものも複数報告されるようになりました。ウイルスが単なる愉快犯による嫌がらせであるのに対し、ランサムウェアはコンピュータを人質に取った誘拐ビジネスである点に大きな違いがあります。

　実際、大阪府の病院で 2022 年に発生したランサムウェアによる被害では電子カルテなどのデータが外部からの攻撃により暗号化され復旧に 2 カ月を要する事態となりましたが、この事例では犯人グループから病院に対してビットコインによる身代金支払い要求が行われています。また2024 年 6 月には出版大手である KADOKAWA、および系列のニコニコ動画を運営するドワンゴに対してランサムウェアを用いた攻撃が行われ大規模なシステム障害が発生しました。この事例では同時に不正アクセスによる情報漏洩が発生しており社内情報だけでなく取引先に関する情報や系列学校法人の在校生・卒業生に関する個人情報などの多種多様な情報が流出する事態となりました。また犯人グループは不正に入手した情報の一部を SNS で公開した上で身代金要求を行いましたが、この公開されたデータが一般のネットユーザによって SNS やネット掲示板で拡散される二次被害も発生しています。

　以上のように、スパイウェアに代表されるマルウェアのなかにはコンピュータウイルスと同じか、それ以上の脅威となるものも多く存在しています。また、多くのマルウェアは特定のパターンに分類することができないほど様々な症状を引き起こします。近年ではトロイの木馬とスケアウェア、ランサムウェアを組み合わせた偽セキュリティソフトによる被害が急増しているため、特に注意が必要です。

2-5.　マルウェアへの対策

　マルウェアに対抗するためには、どのような対策をとれば良いのでしょうか。マルウェアの多くは専門的な知識と技術を悪用した犯罪者によって制作されていますから、コンピュータの素人といってもよい一般の利用者では、感染したコンピュータの機能回復どころか感染しているかどうかを判定することすら困難です。そのため、一般的にマルウェアの対処は主に有償・無償で公開されている対策ツールを用いて行われます。

　マルウェアへの対策を行うソフトウェアにはいくつかの種類（図 2-7）が存在します。主にコンピュータウイルスの検出や駆除に用いられるツールはアンチウイルスソフトと呼ばれるソフトウェアが用いられます。スパイウェア対策にはスパイウェア専用の検出・駆除のソフトウェアが配布されています。また、近年ではコンピュータウイルスとスパイウェアが一体となった脅威や、マルウェア以外の不正アクセスや情報漏洩にも対応した統合型セキュリティソフトと呼ばれるものも用いられています。

　マルウェア対策ソフトウェアのなかで最もポピュラーなものは、コンピュータウイルスの検出や駆除に特化したアンチウイルスソフトです。アンチウイルスソフトには特定のコンピュータウイルスだけに対応したワクチン型のものと、多くのコンピュータウイルスに対応した汎用的なものが存在しています。前者の場合は特に感染件数が多く猛威をふるっているウイルスへの対策として無償で配布されることが多いのですが、後者の汎用的なものの多くはセキュリティ企業の商品として有償で販売されています。ただし汎用的なアンチウイルスソフトのなかにも製品版の一部機能を制限した体験版的な無償ソフトを配布している企業もあり、それらのソフトウェアを用いることで費用をかけずにウイルス対策を行うことが可能です。

　ただし、マルウェア対策をうたった偽ツールも数多く存在するため、無償のソフトを導入する場合は事前にそのソフトがトロイの木馬やスケアウェア、ランサムウェアでないかを確認する必要があることは言うまでもありません。

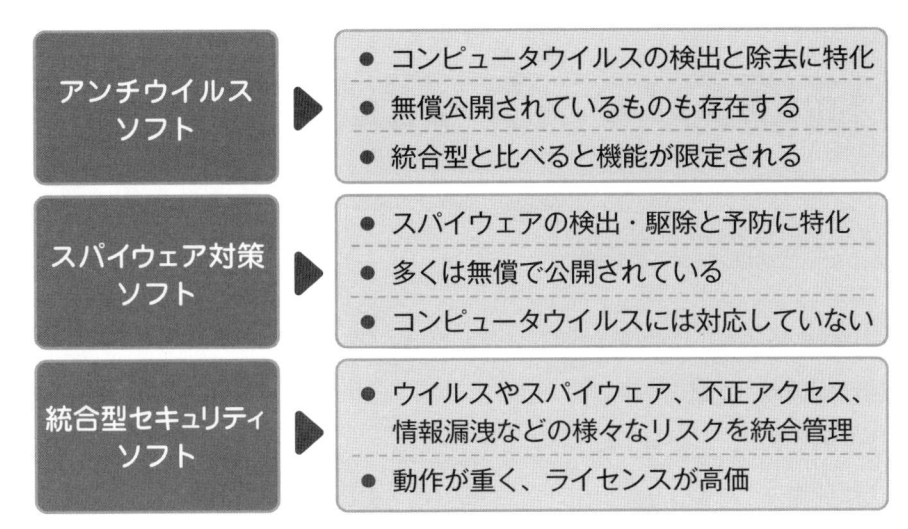

図 2-7　セキュリティ対策ソフトの種類

　マルウェア対策ソフトウェアのなかで最も効果的なものは、統合型セキュリティソフトである
ことは言うまでもありません。統合型セキュリティソフトを導入し、適切な設定と定期的なウイ
ルス情報の更新を行っていれば、たいていの脅威に対応することが可能です。ですが、統合型セキュ
リティソフトは管理する項目が多岐にわたるためコンピュータに対する負荷が大きく、処理能力
の低いコンピュータで統合型セキュリティソフトを導入するとコンピュータの処理が大幅に遅く
なるという欠点があります。また、統合型セキュリティソフトの多くは一度購入すれば永続的に
使用できるというものではありません。多くのセキュリティソフトは 1 年から 3 年というライセ
ンス期間でのセキュリティの保護を行いますが、保護期間が過ぎれば再び有料のライセンス契約
が必要になるサブスクリプション形態で販売されています。

　コンピュータウイルス対策ソフトの種類によっては守りの強い部分や逆に守りが手薄な部分と
いった能力的な特徴が存在します。そのため、一概にこのソフトを導入すればすべてのセキュリ
ティ対策が完璧になるという万能のものは残念ながら存在していません。近年では Windows に
標準搭載されているセキュリティ対策の機能である Windows Defender の性能が向上したこと
もあり、個人用のコンピュータ利用であれば別途ウイルス対策を行わずともある程度の防護は行
われるようになりました。しかし機密情報や個人情報を扱う業務用コンピュータの場合は専用の
ソフトウェアを導入して念入りなセキュリティ対策を行う必要があることは言うまでもないで
しょう。

3. 価値のパラダイムシフト

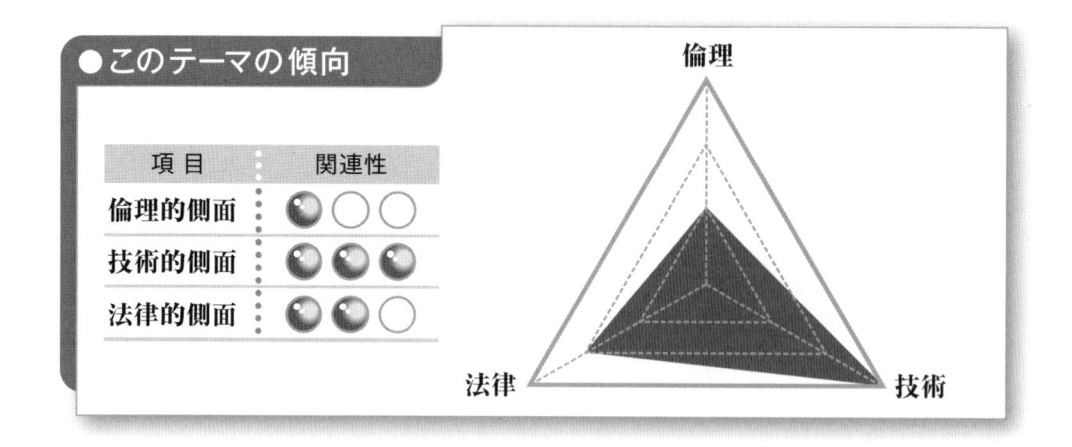

● このテーマの傾向

項 目	関連性
倫理的側面	◉○○
技術的側面	◉◉◉
法律的側面	◉◉○

3-1. 価値観の変化とデジタル化

A. 価値と貨幣

　価値を一言でいうのは難しいですが、一般的には「人々が欲するもの」に価値がある、あるいは価値がつくとされていて、またそれぞれの時代や地域情勢など時と場合や需要と供給の関係によって価値は上がったり下がったりします。価値がついた財やサービスは、貨幣の機能である「価値尺度機能」によって数値で表現され、「交換機能」によって財やサービスと貨幣の交換、いわゆる買い物で経済活動が行われています。もう１つの機能として「価値貯蔵機能」があり、金融機関へ預貯金などで貯めておくことができる機能ですが、物価の上昇など時代の情勢により価値が目減りしてしまうこともあります。また現在の貨幣は「入手しておけば必要な時に財やサービスと交換できる」という信用のもとで人々が使用しているので、信用貨幣という言い方もします。

　しかし経済活動を行うのに「貨幣」が絶対必要とは限りません、太古であれば物々交換で商品自体が貨幣の役割を担っていました。紀元前 3500 年頃のメソポタミアでは粘土板に簿記のような記録がされ、現在のような貨幣尺度による経済活動が行われていましたが、モノとしての貨幣は存在しなかったという説もあります。モノとしての貨幣は古代では石や貝殻、時代が進むと青銅貨や金貨や銀貨、そして金や宝石という貴金属に変遷しています。

　価値を表現するために何を使うかが時代によって異なるということは、人々が信用して価値を表現できるモノであれば貨幣である必要はないので、貨幣はあくまでも価値を表現するための「記号」といえます。たとえば、貨幣を銀行に預けると通帳上の数値、つまり記号になります（もちろん引き出せばまた貨幣に戻ります）。

　価値と貨幣についてまとめると、「価値を表現するためには記号が必要で、その記号として人々は貨幣を信用して使っている」ことになります。

　また近年では、各店舗や電子マネーサービスで発行されるポイントを貨幣の代わりに使用し、財やサービスとの交換ができるようになっていますが、このポイントも貨幣の代わりとして使えるという信用のもとに成り立っているシステムです。

　そして銀行に限らずスーパーやコンビニなど、貨幣やポイントを扱うほとんどのところで導入されているのが、それらを処理するコンピュータシステムです。コンピュータシステムが貨幣の処理に適している点は、以下の2つが考えられます。

---

① コンピュータは数値を扱う道具なので、価値が数値化された貨幣を扱うことができる

② 貨幣やポイントの交換レートなど、取引ルールが決まっていて曖昧さがない

　最後に貨幣を考えるにあたって重要な点として法律の話が欠かせません。特に貨幣は経済の根幹であるため、混乱しないように国は法律で管理する責務があります。たとえば法律で「コンピュータシステムを使用した取引を禁止する」などと決められてしまうと、いくら適していても取引はできません。今の時代にそのような突拍子もない法律を作ってしまうと経済が大混乱し、他国に後れを取ってしまうのでありえませんが、貨幣とコンピュータシステムの関係については世界の潮流も視野に入れる必要があります。

B．デジタル化

　キャンバスに描かれた絵画や紙に直筆で書かれた文書や書類など、コンピュータで扱わない情報はアナログと言われますが、これは連続的に変化する状態を表現したものを指すことが多いです。それに対してデジタルは連続的なものを段階的に区切った部分を数値で表現する方法で、この処理をするとコンピュータで扱いやすいデータにできます。

　文学、芸術、音楽、遊びといったエンターテインメント分野や、仕事にまつわるビジネス分野、そしてお金や証券を扱う経済分野など、様々なものがデジタル化されコンピュータで扱えるようになったことで、昔に比べてモノやコンテンツ、さらには仕事や生活に対する人々の価値観が大きく変化しました。今となっては当たり前ですが、デジタル化についての基本的な用語や考え方について押さえておきましょう。

　デジタル化とは「デジタル技術を用いた単純な省人化、自動化、効率化、最適化」と定義されますが、総務省によるとデジタイゼーション、デジタライゼーション、デジタルトランスフォーメーションの3種類があり、情報通信白書によると以下のように説明されています。

デジタイゼーション

- 既存の紙のプロセスを自動化するなど、物質的な情報をデジタル形式に変換すること

デジタライゼーション

- 組織のビジネスモデル全体を一新し、クライアントやパートナーに対してサービスを提供するより良い方法を構築すること

デジタルトランスフォーメーション（DX）

- 企業が外部エコシステム（顧客、市場）の劇的な変化に対応しつつ、内部エコシステム（組織、文化、従業員）の変革を牽引しながら、第3のプラットフォーム（クラウド、モビリティ、ビッグデータ／アナリティクス、ソーシャル技術）を利用して、新しい製品やサービス、新しいビジネスモデルを通して、ネットとリアルの両面での顧客エクスペリエンスの変革を図ることで価値を創出し、競争上の優位性を確立すること

　ビジネス分野では2020年のコロナ禍を機にオンライン会議システムが普及し、デスクワークでは出社せずに仕事をするスタイルが取り入れられました。人との接触を極力減らすために社内はもちろん、通勤電車も避けて家で仕事をするような仕組みが導入されました。これは学校教育でも使用され、しばらくの間はリモート授業が主になっていたことも皆さんの記憶に新しいと思います。

　漫画、小説、アニメ、ドラマ、映画、音楽、ゲーム、などエンターテインメント分野のコンテンツについては、従来なら本、DVDやBD、CD、といったコンテンツを仮託させた形で販売されている「モノ」を買うことでコンテンツを知覚していましたが、私たちの目的は「モノ」を買うことではなくコンテンツを「知覚」することです。したがって、コンテンツの流通形態は「モノ」である必要はないので、知覚するためのデバイスがあればあとはコンテンツのデータを個々で購入するか、あるいは月額や年額を払うサブスクリプションを契約することで、「モノ」を持つ必要がなくなりました。それでもあえて「モノ」を買う人は一定数いますが、その理由としてコンテンツのファンがコレクターアイテムとして持つ、または所有欲を満たすためにモノとして持っておきたい、などがあるのかもしれません。

　しかしサブスクリプション契約も、未来永劫ずっと使えるとは限りません。どんなコンテンツでも基本的にはサービスを使用するたびにサーバにアクセスする必要があるので、提供側がサービスの一部またはすべてを中止すればそのコンテンツは使用できなくなります。実際にSpotifyやApple Musicでは、2023年11月に安室奈美恵さんの楽曲が視聴停止になり、CDなどの「モノ」を持っていないファンはSNSなどで残念な思いを書き込んでいました。

C. 価値観と消費活動の変化

　価値の変遷を考えるにあたって、私たちの消費活動がどう変化していったかを把握するために、「モノ消費」「コト消費」「トキ消費」という3つのキーワードを押さえておきましょう。

　昭和時代に行われていたモノ消費は生活家電や必需品をはじめ、様々なモノを買ってそれをグレードアップしていくことで生活を充実させていくスタイルでした。平成時代に入りバブル経済崩壊を迎えたとはいえ、一定の生活水準を確保できたことにより消費者はモノよりも体験や経験を求めるようになりました、これがコト消費です。また平成中期からはSNSが登場したことにより、その体験を公開すると他者からの反応を得られて承認欲求が満たされることから、コト消費はより熱を帯びていきます。そして平成末期から現在は、SNSに公開された体験を見るだけで疑似体験ができないトキ消費が注目されています。これは、その時を逃すと同じ体験が二度とできない「非再現性」、同じ趣向の人々で主体的に盛り上がれる「参加性」、盛り上がりの一端を担うための行動が明確な「貢献性」、という要素を併せ持つことで、その瞬間にしか起こらないことを体験できるというものです。

表 2-3　消費活動の変遷

消費スタイル	モノ消費 モノの消費が中心	コト消費 旅行、趣味、習い事など体験型サービス	トキ消費 体験型でも非再現性、参加性、貢献性の要素がある
価値観	所有の価値 モノを所有することを「豊かさ＝幸せ」とする、画一的な価値観に基づいて欲しいものを購入	体験の価値 周囲に合わせるのではなく、自分にとって必要なものを購入所有することに執着せず、レンタル・シェアリング等消費スタイルが多様化	参加の価値 自身の行動を他者に共有することや、社会的な課題に対して貢献することに価値を見出した消費活動が顕在化
年代	昭和時代	平成時代前半	平成時代後半から

　消費活動はこのように分類されますが、現時点でモノ消費やコト消費がなくなったわけではありません。衣食住など「モノ」として必要なものは今後も存在して流通し続けるでしょうし、旅行や趣味などを体験する「コト」を求める人がゼロになることもないでしょう。しかし先述のとおり、コンテンツなどのデジタルに置き換えが可能な「モノ」や「コト」はコンピュータシステムに取り込まれましたが、それに価値を認めて対価を払っています。

　現在は1つの商品を購入するにしても、数多ある商品から自分に合ったものを選ぶための情報収集や分析をSNS等の利用で簡単に行えたり、その商品を実店舗やECサイト等どのチャネルで購入するのかを選択したり、支払いも現金やクレジットカードや電子マネー等の方法から選択するなど、消費活動のために様々な選択を迫られます。

　このような流れはコロナ禍を経て加速した感じがありますが、私たちの価値観や行動は各時代の環境に合わせて変化し続けるもので、ビジネスモデルもその時のニーズに合わせたものが次々と出てきます。こうした変化はある意味、世の常なので、今後も続いていくことは想像に難くありません。

3-2. 従来の価値観を変化させる可能性がある技術

A．キャッシュレス決済

普段の生活で金銭の支払いが生じた場合の決済方法として従来の貨幣による支払いがキャッシュレス決済に移行しつつあり、この節の冒頭で述べたとおりコンピュータシステムが導入されデジタルで管理されています。その多くはFinTech（フィンテック：Finance（金融）とTechnology（技術）を組み合わせた造語）と言われるICTを用いた金融サービスによって成り立っていて、下表のような分野でキャッシュレス決済を含め様々なサービスが提供されています。

表2-4　FinTechのサービス例

分野	サービスの例
管理	会計・経理サービス、家計簿アプリ
送金・着金	インターネットバンキング、キャッシュレス決済
調達	クラウドファンディング、ソーシャルレンディング、融資・ローン
運用	ロボアドバイザー、ソーシャルトレード、保険
情報	セキュリティ、金融情報の一括提供や分析サービス

キャッシュレス決済はおおまかにクレジットカード、デビットカード、電子マネーがあり、支払い方式は後払い（ポストペイ）、即時払い（デビット）、前払い（プリペイド）があります。電子マネーは発行会社によって交通系、流通系、クレジットカード系などがあり、それぞれで支払い方式が違います。

表2-5　キャッシュレス決済の種類

キャッシュレス決済の種類	支払い方式	特徴
クレジットカード	後払い	カードを作る際に支払い能力を審査される
デビットカード	即時払い	決済時に銀行口座からすぐ引き落とされる
電子マネー	前払い 即時払い 後払い	提供されているサービスが多いので、自分の生活スタイルに合わせて選択できる

キャッシュレス決済については、コロナ禍で人との接触を極力避けるために貨幣ではなく非接触で決済を行いたいというニーズが高まったことが、電子マネーの普及に拍車をかけたという見方もあります。非接触という意味では従来からクレジットカードもありましたが、電子マネーはクレジットカードのような審査がないことや手軽にスマホで使えるという利便性から、使用のハードルが下がったのではないでしょうか。経済産業省によるとキャッシュレス決済の比率は2022年の時点で36.0％に達していて、2025年までに40％程度にするという目標を掲げていますが、この調子なら十分達成できるかもしれませんね。

前払い型の電子マネーの決済の流れについては、店舗が共通電子マネー加盟店か、ハウス電子マネー発行元かで違います。共通電子マネー加盟店の場合は簡単にいうと、消費者が払った利用代金は電子マネー発行元から店舗に手数料を引いた額が支払われる形になります。ハウス電子マ

ネー発行元の場合は、チャージしたお金は先に店舗が受け取るためキャッシュフローが改善する、システム提供事業者に払う手数料の方が共通電子マネー発行元に払う手数料より安い、といった利点がありますが、使用店舗が限定されるのでユーザが増えない可能性があります。

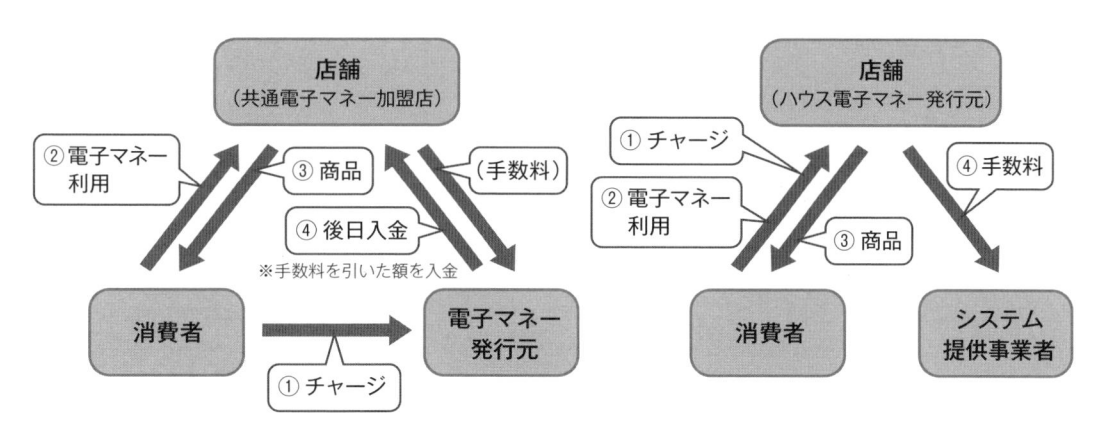

図 2-8　店舗が共通電子マネー加盟店の場合と、電子マネー発行元の場合

　ユーザにとっては便利な電子マネーですが、電子マネー発行元が倒産してしまうとチャージしたお金が戻って来ない可能性があります。現に数年前、ハウス電子マネー発行元である店舗が倒産し、中には数万円チャージしていたお客さんもいたようですが、全額戻ってくることはどうやらなさそうです。詳しくは事例集をご覧ください。

B．暗号資産とNFT

（1）ブロックチェーン技術

　ブロックチェーンといえば、ビットコインに代表される暗号資産を実現するための技術として注目を集めました。しかしその暗号資産はマネーゲームの対象になっているという一面もあるため、それと同一視されて「ブロックチェーンは何やら怪しいモノ」という印象を持っている人もいるかもしれません。しかしそういった先入観をいったん横に置いて、どのような技術なのかを見てみましょう。

　ブロックチェーンは 2008 年にサトシ・ナカモトと名乗る人が提唱したと言われ、その翌年に開発されたビットコインのソフトウェアが現在も稼働しています。日本ブロックチェーン協会によると、ブロックチェーンの定義として以下の2つが挙げられています。

① ビザンチン障害を含む不特定多数のノードを用い、時間の経過とともにその時点の合意が覆る確率が0へ収束するプロトコル、またはその実装をブロックチェーンと呼ぶ。

② 電子署名とハッシュポインタを使用し改ざん検出が容易なデータ構造を持ち、且つ、当該データをネットワーク上に分散する多数のノードに保持させることで、高可用性及びデータ同一性等を実現する技術を広義のブロックチェーンと呼ぶ。

この定義だけで理解をするのは少し難しそうですが、ポイントは以下の4点が挙げられます。

- 悪意あるユーザが含まれていた場合でも正常な処理が行われること
- 過去の合意が覆らないこと
- 改ざんの検出が容易であること
- システムの利便性が高く、高い完全性を持つこと

では、どのような技術でこの仕組みができているのかを説明していきましょう。簡単にいえば、銀行の通帳の入出金記録を複数のコンピュータに記録して管理するようなものです。1件1件の記録をブロックとし、それを入出金が行われるたびに追加して鎖状に繋ぐためブロックチェーンといい、複数のコンピュータに同一の鎖を保存します。こうすることで、1つのコンピュータに保存された鎖の一部を差し替えた（改ざんした）としても、他のコンピュータには正しい鎖があるので、不正ができないという仕組みです。これまでは、中央集権的なサーバに記録したデータがどの端末からでも閲覧できる、というスタイルでした。しかしブロックチェーンは先述のようなスタイルから「分散型台帳」と呼ばれています、サーバが担っていた機能を分散させたものであり、技術的には目新しいものではありません。ブロックチェーンの本質は「分散したネットワーク環境において、唯一となるような情報を共有し、その情報に基づいて何らかの処理を行う」と覚えておきましょう。

分散型台帳のメリットは、①更新ルールと保有するデータがみんな同じであるため参加者全員が平等であること、②全員が合意した更新ルールで台帳を更新するため取引に透明性があること、③データを共有した状態でも不正や改ざんが困難であること、が挙げられます。これは今までインターネットに足りなかった信頼を担保し、証明ができる技術と言われています。

デメリットは、データの更新に時間がかかることや、ブロックチェーンに適しているデータを新しいシステムに移行する際にかかるコスト、などが考えられます。

このブロックチェーン技術を使用することで、信用性の高い情報交換システムを従来の中央一元管理型のシステムと比較して比較的低コストで構築できることから、防災、不動産、物流など、様々な分野での活用が期待されています。たとえば金融分野では、現状は銀行が信頼を担保して取引を仲介することで当事者のどちらか、あるいは双方から手数料を取っています。しかしブロックチェーン技術自身が信頼を担保できるので、銀行を介さずに取引することで手数料などのコストが安くなる可能性があると言われています。

（2）暗号資産

暗号資産は、かつて仮想通貨（virtual currency）や暗号通貨（crypto currency）と呼ばれていましたが、「通貨」という呼称で日本円やアメリカドルなどいった法定通貨との混同や誤解を避けるため、国際会議の場では暗号資産（crypto asset）と呼称するようになりました。そして日本でも、金融庁が2020年5月1日に「暗号資産」という呼称に改めました。

　日本銀行は、「資金決済に関する法律」で定義されている暗号資産について、以下のように要約しています。

---

① 不特定の者に対して、代金の支払い等に使用でき、かつ、法定通貨（日本円や米国ドル等）と相互に交換できる

② 電子的に記録され、移転できる

③ 法定通貨または法定通貨建ての資産（プリペイドカード等）ではない

　このような暗号資産ですがその特徴は、先述のブロックチェーンによってインターネット上で分散管理されているので銀行を介さず手数料が安くなることや、24 時間いつでも取引ができる利便性、そして世界共通のデジタル通貨であること、などが挙げられます。しかし中央銀行が存在しないため法定通貨のような安定性はなく、株式や証券などと同じ金融商品のような扱いになっているので、いろいろな種類の暗号資産があり、それぞれ取引レートが違います。また暗号資産の取引については、日本国内では金融庁の登録を受けた事業者（暗号資産交換業者）が運営する取引所で行うことから、これも証券会社を通して金融商品に投資するのと同じような感覚と言っていいのかもしれません。

　しかし、日本も含め世界中で暗号資産を盗まれる事件が後を絶ちません。主な原因は取引所のシステムの脆弱性を狙い、秘密鍵といわれる取引に必要なパスワードを盗んで資金移動をする方法や、ブロックチェーン自体の技術的な限界を逆手に取った方法などで、その度に暗号資産の価値が下落しています。

（3）NFT

　2021 年、NFT アートが約 75 億円で落札されるなど暗号資産と同様にマネーゲームとして注目を集めている NFT ですが、それは本来の姿ではありません。NFT とは Non-Fungible Token（Token は記号や印という意味が語源とされています）の頭文字を取った言葉なので直訳すると「代替できないトークン」となりますが、一般的には代替貨幣という意味で使用されることが多いようです。

　本来デジタルデータは本物（オリジナル）を劣化なくコピーでき、本物と見分けがつかなくなるのでいったん世に出回るとその価値はほぼなくなってしまいます。たとえばシリアルナンバー付きの限定商品を買えばプレミアがつきます。しかしデジタルデータはコピーされてしまうと本物か偽物かわからなくなるところですが、NFT が本物であることを証明できるようになり、デジタルデータにも価値がつくようになりました。NFT はブロックチェーン技術を使用しているので取引履歴が証明でき、それが唯一無二の証明にもなります。この証明によってなぜ価値が生まれるのか、その要因は次の 3 つが考えられます。

> ① **特定性（希少性、固有性とも）**
> 取引履歴があるため、作者が発行した本物かどうか特定できる。
>
> ② **所有性**
> ①の特定性が付与されたものを「持っている」という感覚になることができる、しかし現行法上でNFTは「所有権」の対象にならない。
>
> ③ **売買可能**
> ①②が満たされていることで、その価値を認める人々がNFTを売買する市場で取引をしている。

あるコンテンツを限定個数販売するにあたって、作者がNFTを付与して販売したとします、シリアルナンバーをつけるようなイメージですね。最初にNFTを発行したのが作者である、という履歴が残りますので、①特定性があることになります。そしてそのコンテンツを所有したいと思って買う人は、②所有性を求めていると言えるでしょう。そして作者と購入者の間で金銭によってNFT付きコンテンツが売買されたのであれば、③売買可能であることは言うまでもありません。これらの要因は現行法の民法85条で所有権の対象となっている物（有体物）でも同様のことが言えますが、その場合は①特定性にあたる本物か偽物かの判断が困難な場合もあるので、そういう点ではNFTの方が優れています。音楽、動画、画像、といったコンテンツはNFTで販売数を管理することで、広く販売したい場合には多く発行し、プレミアをつけたい場合は少なく発行するなど、従前の"モノ"として販売していた時と同じ感覚でのやりとりが可能になります。しかし取引所によっては本人確認が杜撰なためにコンテンツの作者でないものにNFTをつけて勝手に販売する事例もあるので、こういった問題が解決されないとNFTの信頼性や発展は見込めないのではないでしょうか。

このようなブロックチェーンで管理されているNFTですが、コンテンツとどう紐づけするかによってコストが異なり、それが管理維持の手数料として利用者にのしかかってきます。コンテンツをブロックチェーン外に保存する場合は、ブロックチェーンに記録されるのはコンテンツへのリンクだけなのでデータ量は少なく維持管理手数料は安くなりますが、リンク先のデータが消えてしまう可能性があります。コンテンツをブロックチェーン内に保存する場合は、コンテンツのデータは維持されるので消えてしまうことはありませんが、ブロックチェーンに記録されるデータ量が多くなるので手数料が高くなります。どちらも一長一短ありますが、NFTコンテンツを購入することになった場合は、運営元がどちらの方法で管理しているのか、また自身の価値観（コンテンツを重視するのかコストを重視するのか）によって選択をする必要があります。

C．メタバース

近年は仮想世界の分野に関する情報が日々飛び交い、またこれにまつわる言葉がいくつも生まれ、注目を集め続けています。まずはよく聞くVR、AR、MR、XR、そしてメタバースといった言葉について整理しておきましょう。

　VR（Virtual Reality：仮想現実）は、専用ゴーグル等を着用することで現実にはない CG で作られた空間が映し出され、コントローラーを使用すれば表示されている物に触れて操作できる場合もあり、あたかも自分がその空間にいるかのような体験ができる技術です。AR（Augmented Reality：拡張現実）は、スマホやタブレットや専用グラス等を通して、現実世界と CG で作られた画像を重ね合わせて見ることができる技術です。MR（Mixed Reality：複合現実）は、AR で表示された画像を VR のように直感的に操作できる技術で、名前の通り AR と VR を複合した技術です。そして XR（eXtended Reality ／ Cross Reality）はクロスリアリティといい、現実世界と仮想世界を融合する画像処理技術全般を指し、先に説明した VR、AR、MR などの総称です。

　XR には VR、AR、MR 以外にも、現実世界の一部を隠蔽や消去して存在しないように見せる DR（Diminished Reality：隠消現実感／減損現実）や、現実世界の一部を過去の映像や架空の映像に差し替える SR（Substitutional Reality：代替現実）、といった技術もあります。

表 2-6　XR 技術の比較

名称		VR（仮想現実） Virtual Reality	MR（複合現実） Mixed Reality	AR（拡張現実） Augmented Reality
体験する空間		仮想	現実＋仮想	拡張された現実
没入度		高	中	低
現実のもの		見えない	見える	見える
事例	to C	ゲーム、エンタメ	－	位置情報ゲーム、写真加工アプリ
	to B	施設見学	業務効率化	業務効率化
デバイス		ヘッドマウントディスプレイ、ゴーグル		スマートフォン、タブレット、ゴーグル

　メタバースという言葉は「超越した（meta）」と「世界（universe）」を組み合わせた造語で、仮想世界を指す言葉として認知されています。SF 作品の小説や映画、またはゲームでよく出てくる世界観で、ゴーグルや空間ディスプレイなど、先ほど説明した XR 技術によって現実のものになろうとしています。XR 技術の説明を見てみるとそれ自体がメタバースと言えるのではないか、という気持ちになるかもしれませんがそういうわけではありません。メタバースはこれらの技術に支えられたものの中で、以下のような要件を満たしていることが望ましいようです。

① **空間性**
　広がりのある三次元空間

② **自己同一性**
　どう見られたいか、どう在りたいかを表現した自分の分身（アバター）を独自に作れる

③ **大規模同時接続性**
　多くのユーザが同時にコミュニケーションをとれる

④ **創造性**

　サービス側から提供されるコンテンツだけではなく、ユーザが自由にコンテンツを持ち込む、または創造できる

⑤ **経済性**

　ユーザ側とサービス側が互いにコンテンツやサービスを生み出し、現実と同じように金銭を交換し、経済活動ができる

⑥ **アクセス性**

　目的に応じて最適なアクセス手段を選ぶことができ、現実世界と仮想世界が繋がることができる

⑦ **没入性**

　XR 技術で用意されたメタバース空間にアクセスすれば、現実世界と同等のコミュニケーションができる

⑧ **永続性**

　ユーザ側やサービス側による一時停止やリセットが存在せず、メタバース空間が機能し続けることができる

⑨ **オープン性**

　複数のプラットフォームが相互に接続し、垣根を越えることができる

　永続性やオープン性についてメタバースに求められるのは、インターネットと同様にプラットフォームとしての役割で、誰もがいつでも自由に使える環境が望ましいとされています。もし特定の会社にメタバース上のユーザの行動や閲覧などの履歴情報が集まったり、ルールの決定権が握られたりすると、国家以上の権力になってメタバース上が支配されてしまう危険性が指摘されています。現在のインターネットがもしどこか一社に管理されていたとしたら、インターネット上を流れる情報はすべてその会社に集まってしまうので、その会社によって様々な情報操作をされてしまう可能性がある、と例えればわかりやすいでしょうか。

　メタバースと似たようなものにデジタルツインがありますが、これは現実世界の環境を仮想世界に再現することで、現実世界で行うことが難しいシミュレーションや分析を仮想世界上で行い、その結果を現実世界にフィードバックするものです。たとえば建築分野では、仮想世界に建築物をシミュレートして様々な実験を行うことで、コスト削減や開発期間の短縮に貢献しています。

　このようなメタバースですがその萌芽は古く、1986 年にアメリカで "Habitat" というゲームが、今で言うところの MMORPG（Massively Multiplayer Online Role-Playing Game：大規模多人数同時参加型オンライン RPG）としてリリースされました。そして 2003 年にリンデンラボ（LindenLab）社がセカンドライフ（SECOND LIFE）というサービスを開始し、当初はその内容が話題になりました。ゲームや音楽などのエンターテインメントはもちろんのこと、教育やディスカッションなど様々なカテゴリがあり、実際のお金が動く経済活動ではアバターが着るファッションやグッズ、そして経済活動を行うために必要なセカンドライフ内の土地がやり取りされています。

　当時はネットビジネスが注目されていたこともあり、経済活動ができるということで様々な企業も参入し、2007 年には 110 万人のアクティブユーザがいたと言われていますが、セカンドライフにアクセスするために求められたコンピュータの性能や通信速度という技術水準が当時ではかなり高かったり、経済活動を行うためにセカンドライフ内で使用する通貨を購入する必要があったりと、いろいろな手間がかかりました。またこの時期に無料で使える SNS のサービスが始まったことでユーザがそちらへ流れてしまい、アクティブユーザ数が減少していた時期もありました。しかし約 20 年の間で技術水準も上がったり、メタバースが注目されたりということが追い風になったのか、2020 年には 90 万人まで回復しているようです。

　そしてセカンドライフからユーザが流れたとされる SNS の中で、世界ユーザ数トップのFacebook 社が 2021 年に社名を Meta に変更しました、これは Facebook 社がメタバース事業に注力する象徴的な出来事として注目されています。

　メタバースを活用した各業界の取り組みの例としては、小売業界はバーチャルマーケット、建設や不動産業界では住宅展示場やモデルルームの内見、製造業界ではデジタルツインを使用した製造工程の管理、医療業界では手術支援ロボの操作や患者のメンタルケア、などがあります。これらの取り組みは、新しい技術を全面に押し出すことで一般の人への周知に一役買っています。ハードウェア面では、2024 年 2 月、Apple 社は AR に対応したゴーグル型端末を発売しました。コントローラーを使わずに目や指の動きだけで操作できることから、エンターテインメント分野だけではなく、教育、医療、製造、建設といった分野での活用も期待されています。そのようなゴーグル等を装着して体験するメタバース空間では、生身の人間が現実世界と同様に体を動かして様々な活動ができることが求められています。しかし私たちが歩くと室内であれば壁や机、屋外であっても様々な障害物があるので、ゴーグルをつけた状態で歩くことは危険です。そこでウォルト・ディズニー・イマジニアリング社は、その場に留まった状態で全方向に歩ける床を開発したことが注目を集めています。これが安価になり各家庭に普及すれば、家庭用ゲームのプレイスタイルに変革が起こるかもしれません。

3-3. 技術の融合による利点と弊害

　ここまで、キャッシュレス決済、ブロックチェーン技術（暗号資産、NFT）、メタバース、の技術的な部分について説明をしてきましたが、これらはすでに融合しつつあり、それによる利点や弊害も少しずつ出てきています。このセクションではそういった部分を紹介していくとともに、価値あるデジタルデータをどう守っていくか考えてみましょう。

A. 利点

（1）キャッシュレス決済、金融包摂

　世界では預金や融資といった金融サービスを受けられない人が多くいます。世界銀行の調査によると、15 歳以上で金融機関の口座を持っていない人が世界で約 26%、アフリカの中でもヨーロッパに接していないサブサハラ・アフリカ地域に限定すると約 60% もいるそうです。しかし

銀行口座を持っていても適切な金融サービス（融資など）を受けられない人たちは、この調査結果の割合以上いるようです。こういう人たちに「すべての人々が、経済活動のチャンスを捉えるため、また経済的に不安定な状況を軽減するために必要とされる金融サービスにアクセスでき、またそれを利用できる状況」を提供する考え方を金融包摂といい、世界銀行が定義し促進しています。

　この金融包摂を促進するための技術的課題を解決するのが FinTech で、銀行口座を持っていなくてもスマホを持っていれば銀行口座の代わりに資金決済ができるようにするサービスを提供している企業もあります。具体的にはスマートフォンに給与口座を開設することで、この口座と提携する ATM から現金を引き出せたり、公共料金の支払いや積立預金もできたり、と普通の銀行口座と変わらない使い方ができるので、今まで金融サービスを受けられなかった人々の間で広まっています。

（2）メタバースと障碍者の自立

　障碍のある人や現実を生きづらい人の社会参加の場として仮想世界が活用されています。仕事の指示などをメタバース上に構えたオフィスでやり取りすることで、業務を遂行する試みがあります。この試みでは遠隔地にある支社に勤務する障碍のある社員が本社の社員とやり取りをするのですが、メタバース上では社員同士が隣接する本社と支社の部屋を行き来することでコミュニケーションを体感できるようになっています。

　このような取り組みが進んでいくと、身体や精神に障碍のある人が家で仕事をできるようになり、外出によるデメリットから解放されます。将来的には仕事による給料を電子マネーでもらい、メタバース上でキャッシュレス決済をして物品の購入をするなど、障碍のある人が自立して生活基盤を築くことができる可能性は十分にあるのではないでしょうか

　これまで「そんなことできない」と思ってしまう、普通に考えれば無理だと思うことでも、「できるかもしれない」「できるためにはどうするか」を考える人がいることで様々な研究や開発がされ、現在の私たちの生活が便利になっています。メタバース空間と現実世界が融合していくと今は現実世界でしかできないと思われていることも、もしかするとメタバース空間で可能になる未来があるかもしれません。

Ｂ．弊害

（1）暗号資産、犯罪、追跡可能性

　犯罪者が薬物など違法なものの販売や詐欺などの犯罪で金銭を得る際に、暗号資産を悪用しています。ブロックチェーンの性質として記録はすべて残っているため犯罪の捜査には有用であると言えますが、その記録を曖昧にするために小分けにして送金したり、本人確認が厳重でない販売所を経由させたり、などの方法でマネーロンダリング（資金洗浄）を行っているようです。暗号資産を扱う場合は知らず知らずのうちにこのようなマネーロンダリングに加担させられる可能性があるので、信頼性に乏しい販売所や取引所を使用しないこと、マイナーな暗号資産は購入しないこと、などの対策が必要となります。

　また犯罪でなくてもこのような資産移動は、従来の銀行振込などで資金を移動する場合と同じく

データとして記録が残ると追跡が可能になるため、プライバシー問題にもつながります。と言うと大袈裟かもしれませんが、犯罪に加担していなければ特に気にすることはないかもしれません。それを気にしてしまうと銀行も使用できなくなり、追跡可能性のない現金で当事者と取引するしかなくなってしまいます（それでも契約書等を交わす場合は記録が残りますが・・・）。

（2）仮想世界と現実世界の区別

　仮想世界が私たち人間に与える影響について様々な議論がありますが、そのうちの1つに「仮想世界に入り浸ってしまうことで精神に対する影響はないのか」という懸念があります。これは仮想世界と現実世界の区別が（ユーザの認識上で、あるいは技術的に）つかなくなり、仮想世界（特にメタバース上）で起こる嫌がらせや事件があまりにもリアルすぎて、鬱病、パニック障害、PTSD（心的外傷後ストレス障害）などを発症する事例もあります。そうなると、現実世界でも仮想世界でも生活が困難になってしまうかもしれません。しかし、これはSNSでの誹謗中傷で精神的ダメージを受けている人が多い現状と同様のことがメタバース上でも起こりうることを示しています。このような被害を受けた人が立件（告訴）する場合においても、SNSでの誹謗中傷の場合は発信者情報開示のための手続きが短縮されたり、サービスを提供する業者側に対策強化を求めたり、などの法改正が行われているのでメタバース上での被害に関しても同様の法改正が順次行われていくと考えられます。今後、仮想世界で経済活動もできるようになると生活基盤にもなりうるため、その場で活動ができなくなることは死活問題になるでしょう。

C．価値あるデジタルデータを守るために

　ここまで、私たちの従来の価値観がICTによって変化して（させられて？）いき、その変化をもたらす技術、および変化に伴う諸問題の一部について触れました。デジタルデータに価値を認めてそれらを扱う現代では、こうしたデータをどう守るのが最適かを考える必要があります。

　自分のデータにアクセスするための代表的な認証方法として所有物認証、知識認証、生体認証の3要素があり、普段私たちがサービスを使用する際には、これらの要素を組み合わせた認証方法がとられています。

表 2-7　認証の 3 要素

認証の3要素	具体例	脆弱性
所有物認証 (What you have)	カード類、電子証明書、USBトークン、など	・盗難、紛失 ・故障、破損
知識認証 (What you know)	ID、パスワード、秘密の質問、など	・記憶は盗まれないが忘れてしまう可能性 ・パスワードの使い回し
生体認証 (What you are)	指紋、虹彩、網膜、掌紋、静脈、顔、など	・SNSにアップした写真から読み取られる ・破られた場合にリセットができない

　上記以外にも、場所や行動を認証の要素とする方法もあります。サービスであればログインするにあたり普段と異なる端末を使用したり、クレジットカードで普段とは異なる買い物をしたり、という場合に、それを検知して警告を出す仕組みもあります。普段は面倒だと思われてしまうこともありますが、これらの仕組みは自身のデータや資産を守るためには知っておく必要があります。

　そして、データや資産を守ることも重要ですが、先述のように私たちの精神に影響を及ぼす可能性もあるため、たとえばメタバース上でそのような被害に遭うようであればゴーグルを外す、ログアウトするなどし、自身の健康、精神衛生を考えてその場を離れる勇気をもつことが必要ではないでしょうか。

　現在は私たちの価値観がICTによって変化している過渡期かもしれません。しかし、「貨幣」と「電子マネー」、「現実世界」と「仮想世界」というように、実物や現実とは別の物や世界があるかのように扱ったり考えたりしがちですが、俯瞰して見ると仮想世界も含めてICTによって作られたものはすべて現実世界上で起こっていることです。生活の中で技術によって作られたものを操作していても、それが私たちの資産であり、その先には私たちと同じ「人」がいることを忘れてはいけません。

　3.1節でも書きましたが、今後も様々なものが変化し続け、これに伴って新たな技術や諸問題も発生し続けるでしょう。私たちは、これらの変化を一早く把握し、理解することが求められます。そして、それらをどう扱えば生活が豊かになるのか、どの部分に注意すべきなのかを考え、適切な対策を講じる必要があります。そういった思考を巡らす際に単純な好き嫌いの感情や結論ありきによる考えは物事を見誤る原因となります。現実に起こっていることを受け入れ、論理的に考えることが重要です。

3章

法律的な問題

3章で取り上げるテーマ

1. サイバー犯罪
コンピュータを悪用した情報化社会に特有の犯罪

2. 個人情報の保護
個人情報とは何か、どう保護するべきか

3. 知的財産権
著作権に代表される形のない財産とその保護について

1. サイバー犯罪

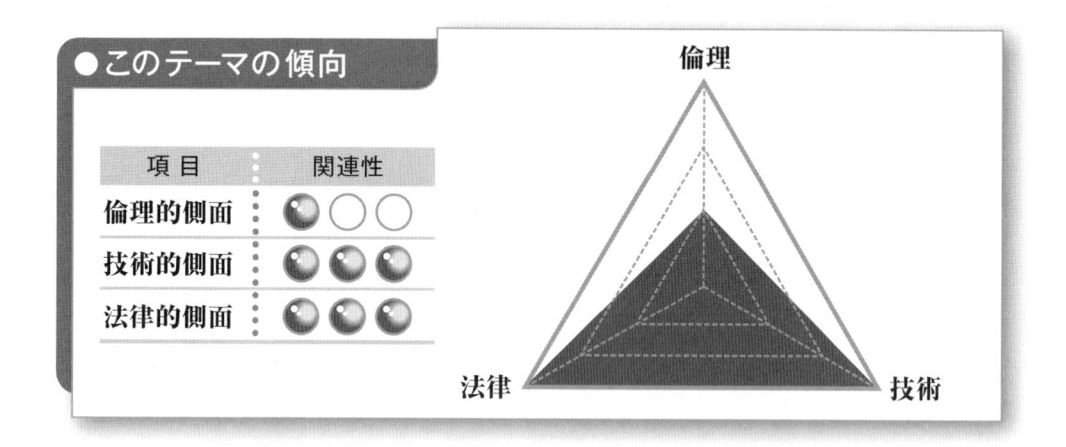

1-1. サイバー犯罪とは

　インターネットやスマートフォン、SNS が普及したことで様々な新しいサービスやビジネス、コミュニケーション手段が登場しました。新しい技術によりもたらされた様々な変革は情報化社会の光の部分ですが、一方で光の部分の発達と同様に社会の闇の部分にも技術革新の影響は及びました。コンピュータやネットワーク、各種の情報機器や SNS といった ICT を悪用した犯罪、すなわちサイバー犯罪です。サイバー犯罪という言葉は現実社会（リアルワールド）の対になるコンピュータネットワーク上の電脳世界（サイバーワールド）における犯罪を意味する言葉ですが、今日ではサイバー犯罪はすでにネット上だけの問題ではなく、現実社会にも深刻な影響を及ぼしています。

　コンピュータを悪用した犯罪の名称は、「コンピュータ犯罪」「ハイテク犯罪」「ネットワーク犯罪」「サイバー犯罪」など文献によって様々な表記が行われていますが、これらは基本的には同じ事象を指す言葉であると同時にそれぞれが微妙なニュアンスの違いを持つ言葉でもあります。

　コンピュータ犯罪は、どちらかと言えばコンピュータそのものを対象とした犯罪であって、インターネットなどのネットワークが普及する以前に用いられていた用語です。それに対してネットワーク犯罪はコンピュータそのものよりもインターネットを用いるようなオンラインでのコミュニケーションやサービスを悪用した犯罪に対して用いられることが多いようです。ハイテク犯罪は、コンピュータや情報処理システムを悪用した高度技術を用いた犯罪という意味合いで用いられる用語で、サイバー犯罪とほぼ同義の言葉として用いられます。サイバー犯罪という用語自体は 2000 年頃から用いられるようになったものですが、実際に用いられる場合に意味する内容はハイテク犯罪とほぼ同義であると考えても差し支えはないでしょう。ただし、ハイテク犯罪が現実社会での情報技術の悪用を念頭においた用語であるのに対して、サイバー犯罪はネットワーク上で完結する犯罪についても視野に入れている点、サイバーテロなどの犯罪と呼ぶには大きすぎる悪事もその用語のなかに含む点で多少ニュアンスが異なります。

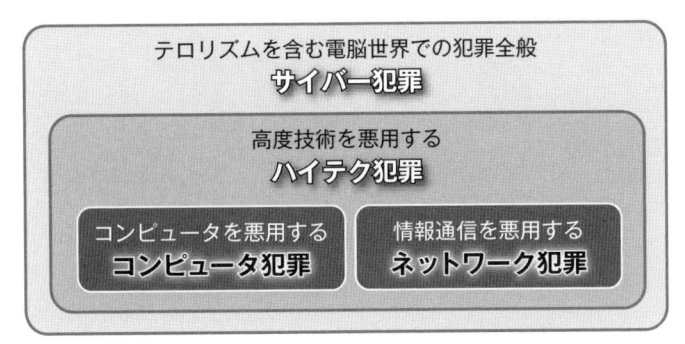

図 3-1　コンピュータを悪用した犯罪の名称

　警視庁などがコンピュータやネットワークを用いた犯罪に対する公式発表を行う際にはサイバー犯罪という用語が用いられますので、世間一般には情報技術を悪用した犯罪の一般的な名称はサイバー犯罪であると捉えられています。もっとも、警察組織においてもサイバー犯罪を公式用語としながら、いまだにハイテク犯罪という名称を用いている部署が存在しますので両者は厳密に区別されているわけではないようです。また、今日ではコンピュータネットワークが犯罪の主な舞台となっていることや、コンピュータ犯罪やネットワーク犯罪という犯罪のフィールドを限定するような言葉が用いられることは少ないようです。

　なお本書では、インターネットなどの一般利用が可能なコンピュータネットワークが登場する以前の犯罪をコンピュータ犯罪、近年発生しているインターネットを主な舞台とした犯罪をサイバー犯罪と区別して呼称します。

1-2.　コンピュータ犯罪史と情報化社会

　コンピュータを悪用した犯罪が報告されはじめたのは、商業用のコンピュータが登場して間もない1960年代頃でした。それまではコンピュータは主に軍事用であるか、もしくは研究用のものばかりでしたから、諜報活動の対象となることはあっても、一般的な意味での犯罪の対象とはなりえなかったのです。ところが、一部の先進的な企業が業務処理、特に金銭の処理にコンピュータを用いるようになったことで状況に変化が訪れました。

　コンピュータ犯罪が発生しはじめた当初はその件数も少なく、またコンピュータ自体が一般社会にはあまりなじみのない機械だったため、あくまでも物珍しいニュースとして面白おかしく報じられる程度の扱いであったようです。しかし，社会全体が情報化社会として発達するにつれ、コンピュータを悪用した犯罪が小さなものから大きなものまで、身近な社会問題として連日のように報じられるようになりました。また、犯罪の内容自体にも多くの変化がありました。

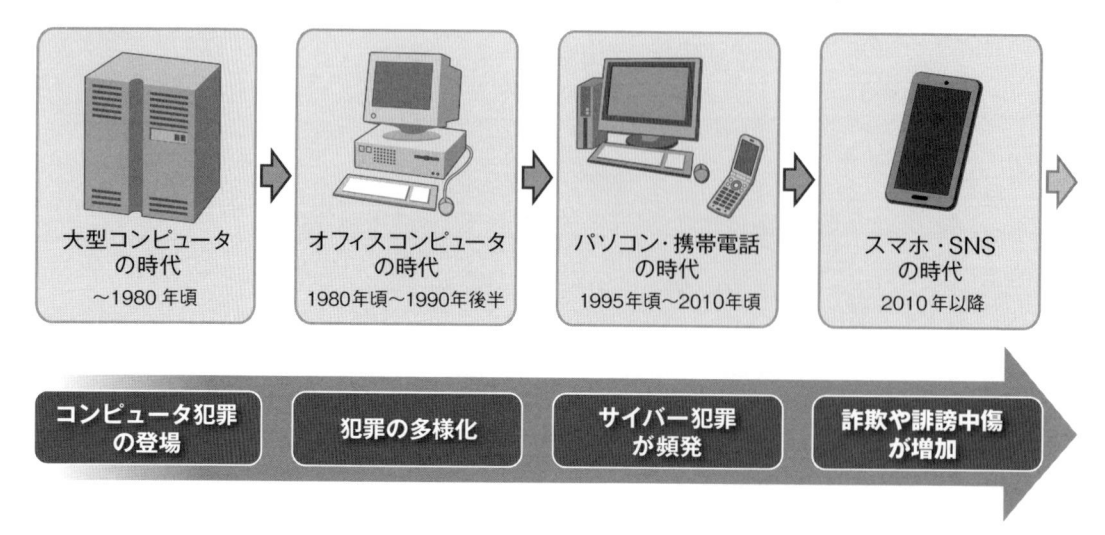

図 3-2　情報化社会の発達とコンピュータを用いた犯罪

　図 3-2 は 1 章で紹介した情報処理社会の発達に図にコンピュータ犯罪の流れを付け加えたものです。この図に従い、コンピュータ犯罪がどのような変化を経てサイバー犯罪と呼ばれるに至ったのか、探ることにしましょう。

A.　コンピュータ犯罪の登場

　最初期のコンピュータ犯罪として知られているものは、コンピュータプログラムを悪用した巧みな横領です。正確な資料が存在していないため、具体的な発生年や発生場所にはいくつかの説がありますが、なかでも比較的良く知られている 1960 年代末にニューヨークで発生したとされる、銀行員による犯罪を例に初期のコンピュータ犯罪についての紹介を行います。

　この銀行員は銀行で利用されるコンピュータで金利計算を行うプログラムの開発を担当していました。当時、金利の計算は小数点以下の利息が出た場合は端数を四捨五入することで計算していたのですが、この行員はプログラムを改変し、端数を切り捨てして計算するように変更しました。さらに、顧客リストの最後尾に自分が作った架空名義の口座を設定し、他の顧客の利息から切り捨てられた端数をすべてその口座へ振り込むような細工を行いました（図 3-3）。

　通常、横領という犯罪が発覚するのは収支報告書を作成する段階や、あるいは会計監査を行う段階です。たとえば存在しない取引をでっち上げて銀行の資金を架空口座に移すような手口であれば収支が一致しないため、簡単に犯行は発覚していたでしょうし、また特定の顧客の口座から預金を奪うようなことをすれば顧客が残高照会を行った時点で不正が発覚します。しかしこの手口の場合、架空口座に振り込まれている金額は本来銀行が利息として顧客に支払うべき金額の一部ですから収支は一致し、また個々の顧客についても小数点以下の端数をかすめ取られたとしても気づくことはありません。

通常の処理

口座	利息	四捨五入
顧客 A	103.5	104
顧客 B	247.2	247
顧客 C	197.9	198
顧客 D	201.3	201
顧客 E	541.3	541
顧客 F	49.9	50

利息合計		1341

サラミ型犯罪発生

口座	利息	切り捨て	端数
顧客 A	103.5	103	0.5
顧客 B	247.2	247	0.2
顧客 C	197.9	197	0.9
顧客 D	201.3	201	0.3
顧客 E	541.3	541	0.3
顧客 F	49.9	49	0.9
犯人	—	3	←

利息合計		1341

図 3-3　サラミ型犯罪の手口

　このように不特定多数の相手から少しずつ横領するような犯罪をサラミ型犯罪と呼びます。この名称は、サラミソーセージを 1 本まるまる盗んだ場合はすぐに盗まれたことが判明しますが、薄くスライスされたサラミを 1、2 枚盗んだところでなかなか気づかれない、というところから名づけられています。まさにこの犯罪は薄くスライスされたサラミを少しずつ盗み取るようなものでした。

● 1本まるごと盗むと見つかるけれど・・・

　このようなサラミ型犯罪はコンピュータ犯罪に特有の手口ではありません。時間をかければ手作業でも可能な犯罪ですが、なにぶん 1 件あたりの横領金額が小さいので手作業でやると割に合わない、まさにコンピュータで省力化することで現実的なものとなる犯罪であるといえるでしょう。

　一見するとサラミ型犯罪で横領できる金額はごく小さいもののように思えますが、実際にはどの程度の横領被害が出るのでしょうか。仮に現代の日本のメガバンクでこのサラミ型犯罪が起こったと仮定して、その被害金額を簡単に試算すると、図 3-4 のようになります。

口座1件あたりの平均被害額	0.45円
メガバンクの口座数	約4,000万～5,300万口座
利息計算ごとの被害額	約1,800万～2,385万円
ただし銀行の金利計算は年2回のため実際の被害額は…	
推定被害額	**約3,600万～4,770万円／年**

図 3-4　サラミ型犯罪の被害額試算結果

　1口座あたりの平均被害額は1円未満を切り捨てた額になりますから、平均で0.45円になります。これをメガバンクの口座数でかければ被害金額の概数が求められます。メガバンク各行は正確な口座数を公開していませんが、平成のメガバンク合併時のデータから推測するとおおむね4,000万件から5,300万件の間であると思われます。その件数から求められる被害金額は1,800万円～2,385万円という数字になりますが、日本の銀行は年に2回の利息計算を行いますから、1年あたりに換算するとその2倍、約3,600万円～4,770万円の被害が出ることになります。

　一見すると巨額横領のようには見えないかもしれませんが、サラミ型での犯罪は発覚する確率が低いため、場合によっては数年にわたって横領を続けることができるかもしれません。したがって、このようなコンピュータプログラムがシステム内に仕込まれていたとしたら、銀行は知らず知らずのうちに非常に大きな損害を受けることになるでしょう。

　ちなみに事例で紹介した銀行員の横領が発覚する契機となったのは収支報告書や会計監査ではなく、銀行員がカジノで豪遊していたことを不審に思った捜査員の直感であったと伝えられていますし、事件のあらましが報道された結果、各地の銀行で同様の細工が発見されたという話も残されています。これはコンピュータが一部の技術者にしか扱えない聖域となっていただけでなく、コンピュータプログラムを監査する仕組みが不十分であったことに起因するものであると考えられます。

　その他にもこの時期には古典的とも言えるようなコンピュータ犯罪がいくつか発生しています。1971年2月に日本国内で発生した最古のコンピュータ犯罪ともいわれる「リーダーズダイジェスト事件」は、日経ビジネス誌の購読者リストをコンピュータで管理していた計算センターの職員による犯罪でした。職員は職場にあった磁気テープに日経ビジネス誌の顧客名簿をコピーして持ち出し、同業他社であるリーダーズダイジェスト社にその名簿を転売してしまいました。名簿の転売は今日の法律では個人情報保護法に違反する犯罪行為ですが、コンピュータが普及しはじめた当時の法律では、実体のないデジタルデータを盗んだ罪を取り締まることはできませんでした。そのため、職員は職場にあった時価6,000円の磁気テープを持ち出した窃盗罪で逮捕、起訴されることになりましたが、日経ビジネス誌が受けた被害からみれば微罪といっても良いほどの扱いになってしまいました。

　このほかにも様々な企業においてコンピュータを悪用した犯罪が行われましたが、それらに共通する特徴は以下のようなものであったと考えられています。

専門的な知識や技術の悪用
- プログラムの改ざんやハッキングなど、高度な技術と専門知識を駆使した犯罪が多い

組織内部の人間（専門家）による犯行
- 組織の内部でコンピュータに関連する業務に従事している者による犯罪

被害を受けるのは個人ではなく、企業や組織
- コンピュータを利用もしくは管理している企業や組織が被害を受けるケースがほとんどである

　当時、コンピュータを扱えるのは一部の専門家や技術者だけでした。ですから、特殊な技能を要するコンピュータ犯罪を行えるのはそもそもコンピュータを扱える専門家であり、専門性がきわめて高い犯罪であったということができます。また、コンピュータ犯罪が多発したことでコンピュータを扱う専門家や技術者に対する規律が必要であるという認識が広がり、コンピュータ倫理が誕生しました。

B. 犯罪の多様化

　オフィスコンピュータの時代に発生したコンピュータ犯罪のなかで、最も有名なものは「三和銀行オンライン横領事件」ではないでしょうか。この事件は1981年3月に発生したもので、三和銀行（現 三菱東京UFJ銀行）を舞台にしたオンライン端末の不正操作による巨額横領事件でした。

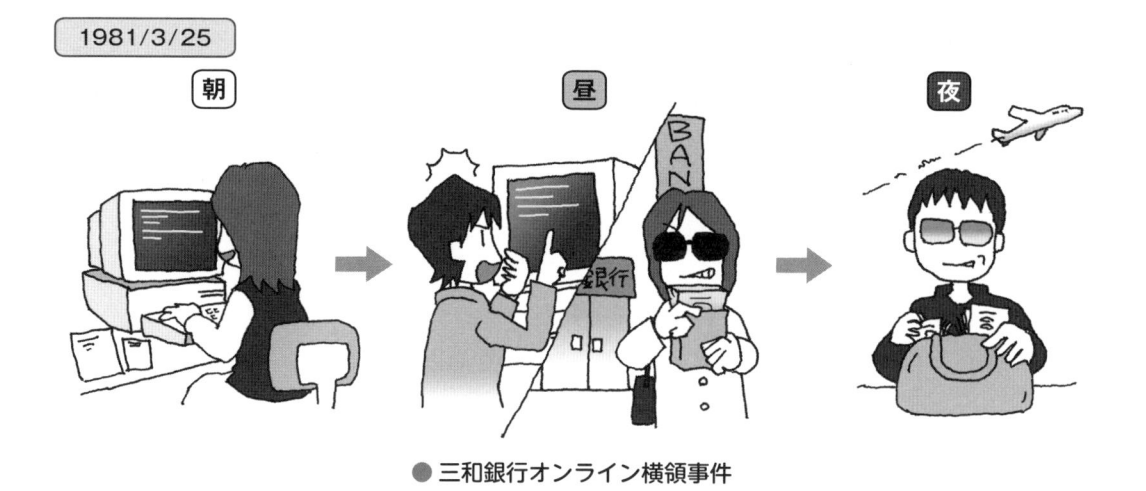

1981/3/25

朝　　　昼　　　夜

● 三和銀行オンライン横領事件

　1億円以上の巨額横領事件を起こしたのは大阪府内の三和銀行支店に勤務する女性行員でした。愛人にそそのかされた彼女はチェックがゆるい繁忙期を狙い、出勤直後に支店内の自分の端末を不正に操作、架空口座を作成した上でその口座に1億8千万円もの架空送金を行いました。その後、女性行員は即座に早退し、そのまま送金先であった都内へ向かいます。都内で共犯者である愛人

と合流した彼女は次々と送金された資金を引き出し、昼過ぎには羽田空港からマニラへと国外逃亡しました。しかし、逃亡した彼女は現金をほとんど手にしておらず、実際に横領した金の大部分を手に入れたのは国内に残った共犯者の男でした。

この事件は、ドラマのような展開からワイドショーなどで繰り返し取り上げられた非常に知名度が高い事件ですが、同時にコンピュータ普及期でもあるこの時期に発生していたコンピュータ犯罪の典型的な特徴を持つ事例でもありました。

なお、同時期にはこの事件の他にも、誘拐事件の身代金支払いに当時普及しはじめたところであったキャッシュディスペンサー（預け入れ機能を持たないATM）が用いられた事件や、銀行のクレジットカードを偽造し、他人名義の銀行預金から多額の現金を繰り返し引き出す事件など、コンピュータシステムを悪用した事件が多数発生しています。

組織における役職や立場の悪用
- 職務上、機密情報や資金に触れることが可能な立場にいる者が誘惑に負けて犯罪に走るケースが多い

単純な手口
- 専門的な技術が必要な巧妙な準備や細工ではなく、日常的に業務で使用しているシステムを悪用している

コンピュータ犯罪の社会的な認知
- ニュース等で大きく取り上げられ、コンピュータ犯罪そのものが世間に認知されるように

この当時に多発したコンピュータ犯罪の多くは技術者によるものでなく、コンピュータや情報処理システムの利用者である企業の担当者によるものでした。たとえば横領罪の場合であれば、日常的に利用している送金や出金、伝票管理のシステムを不正に利用することで犯罪が行われるケースがほとんどです。しかし、これらの機能はもともと業務に必要なために用意されている機能ですから、不正利用があったからといってシステムを止めてしまうわけにはいきません。また、不正を防止するために技術的な対処をとることも困難だったため、システムを利用する担当者に対して犯罪行為を行わないよう教育を行う形でしか対応ができないという状況でした。

C. 頻発するサイバー犯罪

インターネットやスマートフォンが普及したことで、コンピュータを悪用した犯罪にも大きな変化が起こりました。それまでのコンピュータ犯罪はコンピュータの特殊性から技術や知識、あるいは立場を悪用した、特定の人間にしかできなかった犯罪でした。しかし、コンピュータだけでなくスマートフォンの登場によりこれまではコンピュータとは縁遠かった一般の人にとってもICTは身近なものになりました。そしてそれは同時にコンピュータを用いた犯罪もまた身近なものになったのです。

　コンピュータへの侵入や不正使用、横領といった昔から存在するような犯罪も引き続き発生していますし、インターネットやスマートフォンを悪用した詐欺、著作権侵害、誹謗中傷、個人情報の漏洩といった様々な新しい犯罪が誕生しています。さらには最近ではサイバー犯罪に AI が用いられることが予想されており、今後一層巧妙かつ悪質な犯罪が発生することが危惧されています。

表 3-1　代表的なサイバー犯罪

種類	特徴
不正アクセス	不正な手段を用いて他人のコンピュータに侵入する犯罪
電磁的記録犯罪	コンピュータ上のデータに対する破壊や改さんなどに関連する犯罪
ワンクリック詐欺	契約が成立しているように錯誤させ金銭の支払いを求める犯罪
フィッシング詐欺	偽サイトへ誘導し、ログイン情報やクレジット情報を盗む犯罪
振り込め詐欺	警官や肉親を騙って金銭の振り込みを要求する犯罪
オークション詐欺	オークションで納品や支払いを行わずに金品を取り込む詐欺
児童ポルノ	未成年者を被写体としたポルノの所有や配布に関する犯罪
児童売春	援助交際などの未成年を対象とした違法な交友
著作権法違反	著作物の無断利用や無料配布などに関する犯罪
出会い系関連	規制法を守らない出会い系サイト経営者に適用される犯罪

　具体的なサイバー犯罪の種別や内容については次項、および（事例　法律－1）に記載していますので、ここではそれぞれのサイバー犯罪の特徴について簡単に説明を行います。なお、著作権法違反については 3 章 3 節で詳しく取り上げるため、ここでは説明を割愛します。

　まず不正アクセスについては、2 章のセキュリティリスクの項目で詳しく説明を行っていますが、ハッキングやクラッキング、スパイウェアなどのマルウェア、あるいはソーシャルエンジニアリングといった手段によって他人の ID とパスワードを盗み出し、不正にコンピュータシステムにアクセスする犯罪です。一見すると、きわめて高度な技術が必要なようにも思えますが、過去の不正アクセス禁止法違反での逮捕事例ではコンピュータの知識がほとんどない中学生も含まれていました。確かにハッキングやマルウェアの作成には技術や知識が必要ですが、すでに作成されたマルウェアを利用して ID やパスワードを盗み出すことは、さほど難しいことではありませんし、また言葉巧みに他人から ID やパスワードを聞き出す手口にはコンピュータの知識はまったく必要ありません。そのため、不正アクセスは初期のコンピュータ犯罪と比較すると非常に敷居の低い犯罪に変化したと考えることができるでしょう。

● 不正アクセスと電磁的記録犯罪

　電磁的記録犯罪とはコンピュータ上に記録されたデータを不正に閲覧・改ざん・窃盗・破壊するなどの犯罪で、通常は不正アクセスとあわせて行われることが多いものです。対象となるデータには企業が保管する資産価値のある情報だけでなく、顧客名簿やクレジットカード情報などの個人情報、果てはゲーム内通貨やアイテムといったものまで、様々な情報がその犯罪の対象となっています（具体的な被害例は事例　法律 -2 を参照して下さい）。

　詐欺に関してはスマートフォンや SNS を用いた詐欺の手口が複数社会問題となっていますが、なかでも被害件数が多いのがワンクリック詐欺、フィッシング詐欺、振り込め詐欺、オークション詐欺であると考えられます。

● いろいろな詐欺

　ワンクリック詐欺とは Web ページや DM に記載されたリンクを一度クリックしただけで、さも契約が完了したかのように画面に表示し、金銭の支払いを求めるものです。実際には契約を結ぶためには相手の同意が必要ですから、一度クリックしただけでは法的な拘束力はいっさい発生しないのですが、画面に自分の IP アドレスやブラウザ情報、スマートフォンの端末機種などが表示されると、つい恐ろしくなって代金を支払ってしまうケースが多発しています。

　フィッシング詐欺はポータルサイトや通販ショップなどの著名なネットワーク上のサービスや銀行を騙ったメールや DM が発端になることの多い詐欺です。送信されたメールには確認のためログオンが必要であるというメッセージとともにリンクが記されていて、このリンクをクリックすると該当するサービスや店舗の Web ページが表示されます。しかし、ここで表示されているページは犯罪者が作った偽のページなので、偽ページで ID やパスワードを入力すると犯罪者にその情報が盗まれてしまうことになります。盗まれた情報の多くは不正アクセスなどの他の犯罪に用いられるため、ID やパスワード異常の被害を受けてしまうことが多い犯罪です。

　振り込め詐欺は主に高齢者を対象とした卑劣な犯罪です。警察官や親族を騙って電話をかけ、トラブルに巻き込まれた等の作り話をした上で現金を振り込ませるという手口が基本的なものです。落ち着いて考えれば不審な点は多いのですが、相手を動揺させ、急がせることで判断力を奪うことから、毎年多くの被害が発生しています。また、年々その手口は巧妙化しており、近年では何人もの役者を使ってよりリアルな演出を行ったものや、海外に振り込め詐欺専用の電話センターを設置する大がかりな組織的詐欺なども摘発されています。

　オークション詐欺はネットワーク上でかなり早い段階から問題視されていた犯罪行為です。オークションで落札した商品代金を入金したのに商品が届かない「落札者が被害者」となる場合と、オークションに出品した商品を発送したのに代金が支払われない「出品者が被害者」となるケースの両方が存在しています。これらの事例はいずれも一方的に金品を取り込むことから、取り込み詐欺とも呼ばれています。オークション詐欺は、互いに顔も名前も知らない初対面の相手との取引が難しいことを表す事例でもあります。このような詐欺を防止するためにオークション運営企業では利用者の評価づけを行う仕組みを導入し、取引を行う意志のない利用者を排除するように努力をしています。しかし、この評価づけが逆に犯罪者に悪用されてしまう場合もあります。そのような犯罪者は最初に安価な商品を大量に取引して高評価を得ておき、ある程度信用が溜まった時点で大がかりなオークション詐欺を実行するという計画的な犯行を行います。これは評価システムが逆手に取られているため、利用者が事前に詐欺師を見分けることは非常に困難です。また近年では個人間取引の手段としてフリマアプリが良く用いられますが、もちろんフリマアプリでも同じような犯罪が多発しています。フリマアプリでの詐欺行為には商品の箱を撮影した画像を商品画像として出品し、購入者に中身が入っていると錯誤させた上で空箱を高値で売りつけるというケースもありました。

　児童ポルノや児童買春については未成年者が被害者となる悪質な犯罪行為です。児童ポルノに関しては掲示板や SNS などで違法な画像を交換したことにより摘発された事例が多く報告されています。児童買春についてはマッチングアプリや SNS だけでなくスマホゲーム内でのメッセージ交換などを利用した援助交際に関する犯罪が摘発される事例が多いようです。

　いずれの場合も被害者が 18 歳未満の未成年者であることから、法律によって適切に規制され

ることが求められる犯罪であることは言うまでもありません。ただし児童ポルノの単純所持を法律で禁じた場合、子供の頃の自分が半裸で写っているようなスナップ写真でも違法とされてしまう危険性があるなど、規制の運用については慎重を期する必要がある点も指摘されています。

出会い系サイト規制法に関する法律は、いわゆる出会い系サイトと呼ばれるインターネットを通じた異性紹介事業を営む企業に対して、次のような内容を遵守することを求めています。

まず1つ目は18歳未満の未成年者がサービスを利用できないことをサイトのわかりやすい場所に明示すること。2つ目は利用者が未成年者ではないことを確認することを義務づけることで、会員登録者には免許証のコピーを提出させる、あるいはクレジットカードで利用料金の支払いを求めることで年齢確認を実施するよう義務づけています。

これらはいずれも出会い系サイトを通じて未成年者が児童買春などの被害を受けることを防止するためのもので、実施していない場合はサイト運営者が出会い系サイト規制法違反の罪に問われることになります。また出会い系サイト規制法には利用者が未成年者に対して交際を求める書き込みを行うことや、金銭の授受を伴う売春行為を提案することも禁じています。

なお今日では出会い系サイトそのものは下火ですが、マッチングアプリとして事業が継続されており、プラットフォームが異なるだけで事業内容はほぼ同一であるため同法の規制対象であることに変わりはありません。また近年ではマッチングアプリがサイバー犯罪への入り口となるケースもあるようで、マッチングした相手に提示された儲け話から詐欺被害にあったり、闇バイトのような違法行為に巻き込まれたりする事例も複数報告されています。

犯罪者の層が広がる
- 専門知識を悪用した高度な犯罪が発生すると同時に、一般人や未成年者の手による稚拙な犯罪も増加

犯罪の多様化
- ハッキングやクラッキングによるものから知的所有権の侵害、詐欺、児童買春など様々な分野の犯罪が電子的に行われるように

以上のように、今日ではインターネットやスマートフォンを悪用した様々な種類の犯罪が行われています。これらのサイバー犯罪の共通点は、情報処理技術を利用しているということだけで、それぞれがまったく異なる種類の犯罪であることがわかります。

サイバー犯罪の特徴としてはコンピュータそのものに対する犯罪よりも、現実社会で行われていた犯罪にインターネットやスマートフォンが道具として用いられたケースのほうが多いこと、またコンピュータやネットワークの知識を悪用した高度な犯罪が引き続いて発生していると同時に、個人が行う稚拙な犯罪も数多く発生していることなどが挙げられます。

さらには、コンピュータネットワークの発達によってコンピュータシステムを容易に遠隔操作できるようになったため、犯行の場に犯人が姿を現すことが少ないのもサイバー犯罪の特徴であると言えるでしょう。そのため、犯人が直接コンピュータと接する機会のあるコンピュータ犯罪と比較するとサイバー犯罪は発覚しにくく、また物的証拠が残りにくい傾向にあるようです。

1-3. 新たなサイバー犯罪

　インターネットの登場によってサイバー犯罪が多様化したように、スマートフォンや SNS の普及により新たな、そして巧妙なサイバー犯罪の手口が生まれています。この節では主に 2010 年以降に見受けられるようになった前節の分類には含まれないサイバー犯罪について説明を行います。

　昨今大きな社会問題となっている闇バイトもその 1 つです。SNS を通じて募集される「儲かるバイト」の多くは闇バイトであると言われています。募集に応じると暗号化された特殊な SNS へ招待され、詐欺や窃盗、強盗などの違法行為を行う実行役に仕立て上げられるというものです。こういった闇バイトの元締めは大がかりな組織犯罪であることが多く、実行役として集められたバイト達は基本的に使い捨てであるだけでなく約束された報酬すら支払われないケースも散見されます。また一度でも闇バイトと接点を持ってしまうと個人情報をもとに執拗な勧誘、脅迫が行われているという事例も報告されており、興味本位で闇バイトに関わること自体が人生の破滅をもたらす危険性を孕んでいます。

　お金配りは SNS で行われているイベントの 1 つで、元々はネット通販で成功した事業家が趣味として始めた行為ですが、これを真似てお金を配ると言って人を集める自称インフルエンサーや実業家が多数現れました。これらのイベントに応募した場合に巻き込まれる可能性のあるサイバー犯罪には 2 通りあります。

　まず 1 つは送金用にと個人情報を送信させながら実際には送金せず、個人情報だけを搾取する犯罪です。搾取された情報には氏名や連絡先だけでなく口座情報などが紐付けられている上に「欲に駆られてうかつな行動をする」「だまされやすい」という付加情報も加えられることで別の詐欺のターゲット、すなわちだましやすいカモとしてリストに登録されてしまう危険性があります。

　次に実際振り込みが行われる場合ですが、実はこちらの方がより危険度がより高く、お金をもらったことで加害者になってしまう可能性が生じる事例です。実際に発生したある事例では 10 万円の振り込みを行うと言われて口座情報を送信したところ、100 万円が振り込まれ、しばらく後に「間違って送金したので差額を返して欲しい。近くに来ているので ATM で引き出して現金で返して」とメッセージが届きます。この場合、指示されるままに ATM でお金を引き出して返却しようとすると、警察に逮捕されることになりかねません。

　なぜそのようなことになるのかというと、お金を配りますと言っている人間は振り込め詐欺を行っている犯罪者で、実際に送金しているのは詐欺に遭った被害者だからです。送金されたお金

の一部を受け取った上で、引き出したお金を詐欺師に渡してしまえば、自分自身はまったく認知してないにもかかわらず、いわゆる「出し子」と呼ばれる振り込め詐欺の共犯者となってしまうのです。この場合、送金された現金を引き出した時点で共犯と見なされますので、このようなケースに遭遇した場合はお金には一切手を付けず、速やかに警察に相談する必要があります。個人情報の搾取は比較的想像しやすい犯罪だと言えますが、出し子に仕立て上げられてしまうケースは普通であれば想像できない巧みな手法です。こういった事例に対する知識の有無が自身の身を守ることになるのは言うまでもありません。

　若者が加害者側になりやすい事例としては SNS 等で発信する情報が他人に対する誹謗中傷になってしまうパターンです。SNS での情報発信は個人的なつぶやきであったとしても全世界にその情報が発信されますし、批判する相手の投稿に直接コメントしたり引用したりする場合は誹謗中傷と受け取られる可能性が高まるため、SNS で情報発信を行う際には常に公序良俗を意識する必要があります。また、特殊な事例としては芸能人や著名人のような一般人よりも強い発信力を持つインフルエンサーであれば、本人が直接コメントしたわけでなくとも誹謗中傷コメントに「いいね」を押して賛同の意を示しただけで誹謗中傷と見なされるケースも発生しています。

　ロマンス詐欺は以前から存在する恋愛感情を悪用した古典的な詐欺の手法で、芸能人や外国籍の架空の人物を名乗ってやりとりを行い金銭を搾取するというものです。電子メールや SNS の普及により被害が拡大する傾向がありましたが、AI の登場によりこれまでよりも巧妙な手法が用いられることが危惧されています。これまでのロマンス詐欺はメッセージの文面や画像のみでのやりとりによって被害者をだます手法がとられていましたが、AI を用いたディープフェイクによって動画や音声を使ったなりすましが可能になり、騙す側のリアリティが高まってしまうほか、本来であればロマンス詐欺は一定期間相手とのやりとりを行い続ける必要があるため労力を要する詐欺行為でしたが、生成系 AI によって相手との会話を自動で行わせることも可能となるため犯罪者側にとって非常に有利な状況になりつつあります。特にディープフェイクによるなりすましは容易に見分けることが困難なレベルに達していますので「偶然の出会い」「奇跡的な出会い」のようなシチュエーションには最大限の注意を払うとともに、相手がお金を無心し始めた時点で詐欺を疑う等の警戒が必要になるでしょう。

　詐欺については近年普及し始めているシェアリングエコノミーサービスを悪用した犯罪も発生しています。高級時計をターゲットにした取り込み詐欺の事例では時計を第三者にシェアすることで収益が得られると謳い、多数の高級時計を搾取し勝手に売却するという事件も起きています。この詐欺の首謀者は各種のメディアに積極的に出演することで自分たちのサービスが信用のおけるものであると PR していましたが、実際はサービス開始直後から搾取を行う完全な詐欺目的な事案でした。

　また直接的な犯罪ではありませんが、SNS や動画配信アプリを通じたネットワークビジネスや新興宗教の勧誘に関するトラブルも数多く発生するようになりました。これらは特に 2019 年からのコロナ禍によって人間関係が希薄になった時期に多く報告されており、感染症対策で通学が禁止される中で人恋しさから SNS で他人と繋がろうとした結果トラブルに巻き込まれてしまう大学生が後を絶ちませんでした。勧誘の手法としては勧誘目的を隠して接近し、仲良くなってから正体を現すケースが多く、ネットワークビジネスは政治や経済の話題、新興宗教は東洋文化やヨガ、スピリチュアル等の話題に興味を持つ若者をターゲットにしているようです。

1-4. サイバー犯罪の傾向

　サイバー犯罪には多くの種類の犯罪が含まれているだけでなく、それぞれの犯罪には直接的な類似性が見られない別種のものであることは前項で説明したとおりです。そのためサイバー犯罪の傾向を知るためには、サイバー犯罪に含まれる行為をひとまとめのものとして見るのではなく、いくつかのグループに分類することが必要になります。そのため、取り締まりを行う警察庁では、サイバー犯罪を以下の3つのグループに分類しています。

コンピュータ、電磁的記録対象犯罪
- コンピュータシステムそのものの悪用や、デジタル化されたデータに対する犯罪

ネットワーク利用犯罪
- 犯行にコンピュータネットワークを利用した犯罪、もしくは犯行の実施にネットワークの利用が不可欠であったもの

不正アクセス行為の禁止などに関する法律違反
- IDやパスワードを無断使用してコンピュータを不正に利用する、もしくは不正利用の手段を他人に提供する行為

　これらの分類のうち、「コンピュータ、電磁的記録対象犯罪」については過去のコンピュータ犯罪と同じような特徴を持った犯罪といえるでしょう。もちろん、コンピュータそのものやデータを記憶するための媒体が進歩したことによって犯罪の手口が新しくなるなどの変化もありますが、コンピュータシステムを悪用したり、データを盗み出したり書き換えたりする犯罪の内容はコンピュータ犯罪と同様です。

　「不正アクセス行為の禁止などに関する法律違反」についても同様で、IDやパスワードを不正に利用する行為自体に変化はありませんが、犯罪者層や手口には少なからず変化が見られます。コンピュータ犯罪の時代では不正アクセスを行うことができるのは、高度な知識や技術をもった一部の限られた人間でしたが、サイバー犯罪ではインターネットなどで配布されたキーロガーなどの不正アクセス用ツールを入手した一般人による犯行も数多く検挙されています。また、もともとは企業内の利用者など一部の限定された対象だけに発行されていたIDやパスワードが一般利用者の用いるサービスに対しても発行されるようになったため、簡単なソーシャルエンジニアリングによってIDやパスワードが盗まれてしまうケースも多く発生しています。

　「ネットワーク利用犯罪」はコンピュータ犯罪の時代には存在しなかったタイプで、サイバー犯罪独自の新しい犯罪ということができます。コンピュータ犯罪の時代に存在したネットワーク犯罪はコンピュータネットワークを利用した業務システムに対する攻撃が中心でしたが、ネットワーク利用犯罪ではコンピュータネットワークそのものに対する犯罪というよりも、インターネットやスマートフォンが犯罪に利用されたケースを総じてネットワーク利用犯罪と呼んでいます。またこの犯罪は増加する傾向が強く、ネットワーク利用犯罪がサイバー犯罪検数のなかでも多数を占めています（表3-2）。

表 3-2　サイバー犯罪の検挙状況（警察庁広報資料より）

	平成28年	29年	30年	令和元年	2年
合計（件）	8,324	9,014	9,040	9,519	9,875
不正アクセス禁止法違反	502	648	564	816	609
コンピュータ、電磁的記録対象犯罪	374	355	394	436	563
児童買春・児童ポルノ禁止法違反	2,002	2,225	2,057	2,281	2,015
詐欺	828	1,084	972	977	1,297
著作権法違反	586	398	691	451	363
上記以外の犯罪	4,032	4,304	4,407	4,558	5,028

　サイバー犯罪の検挙数に関する最新の警察庁統計データによると、令和2年度に検挙された前サイバー犯罪のうち、不正アクセス禁止法違反によるものは609件（6.2%）、コンピュータ、電磁的記録対象犯罪に分類されるものは563件（5.7%）となっています。児童ポルノ・買春に関連するものが2,015件（20.4%）と検挙数が最も多く、次いで詐欺の1,297件（13.1%）となっています。最も多いその他のグループについては表記の犯罪に分類できないような脅迫、名誉毀損、覚醒剤取締法違反、薬機法違反、売春防止法違反といった犯罪が含まれています。件数に多少の変動はありますが期間中の検挙件数比率については大きな変動は見られませんが、今日の社会で問題視されているサイバー犯罪の多発はネットワーク利用犯罪の多発であること、またスマートフォンやSNSの普及による児童買春の増加が顕著であることがわかります。

　このようなネットワーク利用犯罪の特徴を現実世界での犯罪と比較すると、次のようにまとめることができます。

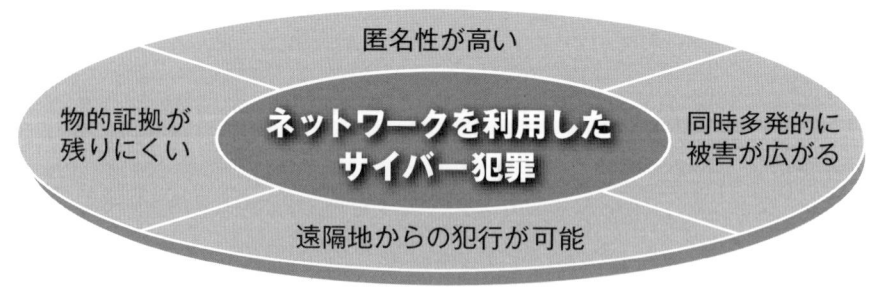

図 3-5　ネットワーク利用犯罪の特徴

　なお、ネットワーク回線を経由しての犯罪は、現実世界での犯罪とは異なり対面して行われるわけではないので、一見すると犯罪者を特定されにくく匿名性が高いように思えます。確かに多くの場合、個人ではネットワーク利用犯罪者を特定することは困難ですから、ある意味ではそれは正しいといえるでしょう。また、直接犯行現場に赴く必要がないので、犯行後にスマートフォンやパソコンを破棄してしまえば物的な証拠が残りにくいという、犯罪者にとっては利点となるような面についても同様であると考えられます。

　しかし実際には、インターネット事業者や携帯電話会社といったネットワーク運営に携わる組織の協力を得ることができれば、利用履歴から比較的簡単に犯人を特定することができますし、またそのような利用記録はたとえ犯人がスマートフォンやコンピュータを破壊しても管理組織側

にデータが残るため、犯罪の動かぬ証拠となる場合も多いです。仮にそのような利用履歴などからの特定を防ぐために、ネットカフェのような匿名で利用できる環境から犯罪を行った場合や、飲食店などで公開されている公衆 Wi-Fi スポットを店外から利用して犯行を行った場合であっても、結果的には警察の捜査によって犯人が特定され逮捕されています。そのため、ネットワーク利用犯罪の匿名性は偽りの匿名性であるといえるかもしれません。

1-5. サイバー犯罪から身を守るためには

　サイバー犯罪から身を守るためには、大きく分けると 2 つのことに注意する必要があります。1 つ目は被害者にならないための注意事項、2 つ目は自分が加害者にならないための注意事項です。被害者にならないための注意事項は、インターネットやスマートフォンを利用する際に注意すべき心構えのようなものであるといえるでしょう。

> **「自分だけは安全」と思い込まない**
> - 詐欺や不正アクセスの危険はネットワークを利用している限り、常に身近にあることを意識しましょう

> **社会問題として取り上げられる事件に注目する**
> - 詐欺や不正アクセス、コンピュータウイルスなどは同時多発的に被害が発生するので、ニュースなどで報じられる社会問題に注目しましょう

> **ＩＤやパスワード、個人情報の保護を意識する**
> - 重要な情報を適切に意識することを心がけ、不注意によって犯罪に巻き込まれないよう用心しましょう

　ネットワーク利用犯罪の多くは特定の相手を狙った犯罪ではなく、たまたま犯罪者の行動範囲内にいた危機管理意識の低い利用者が運悪く犠牲になるケースがほとんどです。したがって、どのような犯罪が行われているのかを知り、危険性のあるサイトやサービスには近づかないことを心がけるだけでもネットワーク利用犯罪に巻き込まれる危険性は大きく低下します。また ID やパスワード、メールアドレス、クレジットカード番号など、第三者に知られてしまうと不利益を被る情報については、それぞれの情報の重要性や、情報の漏洩がどのような危険をもたらすのかを知っていれば、おのずと情報を保護する意識が芽生えることでしょう。

　結局のところ、ネットワーク利用犯罪やサイバー犯罪の被害にあわないためには、自分だけは安全だという根拠のない自信を持たないことが最も大切です。

　他方、自分が加害者にならないための注意事項としては、次のようなものが挙げられます。総じてネットワーク利用犯罪で逮捕された被疑者のなかには、自分の行為が犯罪であることを知らなかったり、あるいは違法であると知っていても自分は逮捕されないと思い込んでいたりするようなケースも多いので、何が犯罪行為であるかを熟知しておくことがネットワーク利用犯罪との

かかわりを避ける最大の秘訣であるといえるかもしれません。

　また、個人の運営する Web サイトなどで法律上、違法行為を助長するような内容とともに、違法行為が解釈次第で違法ではないかのように記述されている場合もあります。そのような記述は不正確な知識による誤った情報であるだけでなく、違法行為の助長は立派な犯罪になりますので、「××の Web サイトに違法ではないと書いてあった」と釈明しても何の助けにもならないことも知っておくべきでしょう。

「この程度なら大丈夫」と思い込まない

- 本人にとっては軽い冗談やいたずら程度のつもりでも、社会的には大きな犯罪と見なされる場合が多いことを知っておく

法律に対する正しい知識を持つ

- 違法行為をしないためにも何が違法で、何が合法であるのかを正しく知ることが必要。伝聞での不正確な知識は逆効果

「知らなかった」では済まないことを知っておく

- 未成年者の言い訳で良くある「違法とは知らなかった」は犯罪行為の言い訳としてはまったく効果がありません

　いずれにせよ、被害者、加害者といったサイバー犯罪の当事者にならないようするためには、常に身を守るために必要な正しい知識を得られるよう心がけることが大切だといえるでしょう。

2. 個人情報の保護

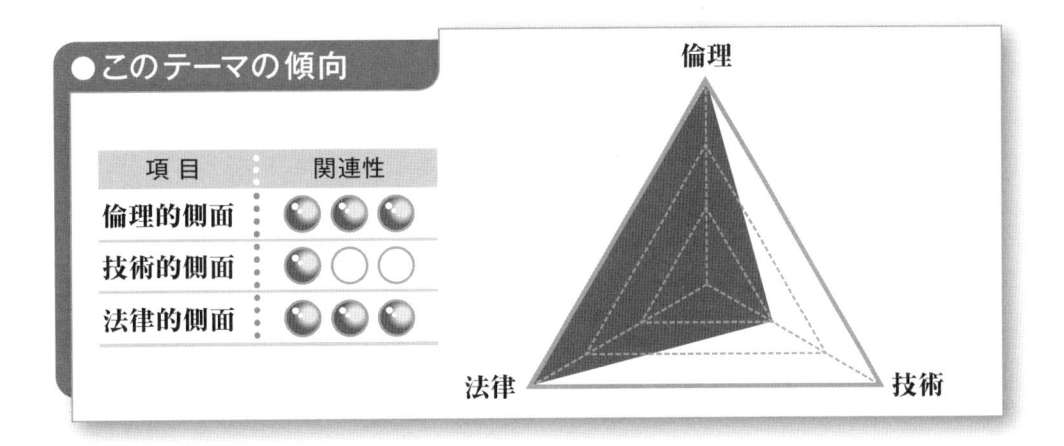

●このテーマの傾向

項　目	関連性
倫理的側面	●●●
技術的側面	●○○
法律的側面	●●●

2-1. 個人情報とは何か

A. 個人情報の定義

　2005年に個人情報の保護に関する法律、通称「個人情報保護法」が施行されてから20年近くの年数が経ち、個人情報が保護しなければならない大切なものであるという意識は広く一般的なものになりました。

　ですが、個人情報とは何か、なぜ保護しなければいけないのか、そもそも誰が保護しなければいけないのかという知識があいまいなまま、ただ闇雲に個人情報は守らないといけないと考える人も未だ多いようです。その結果、法的には公開しても問題のない情報の公開が拒まれたり、あるいは学校内でのクラス名簿が作れなくなってしまったりするなど、予期せぬ問題が生じているのも事実です（個人情報の過保護に関しては事例：法律-6を参照して下さい）。

●個人情報とは・・・？

　そのような事態を改善するためには、個人情報保護法で定義されている個人情報とはどのようなものなのか、そして、なぜ個人情報を保護しなければいけないのか、どのようにすれば個人情報を保護することができるのかについて、正確な知識をもつことが必要になります。

　まず、最も重要なのは個人情報とは何かという定義でしょう。個人情報保護法では個人情報を次のように定義しています。

> 　「個人情報」とは、生存する個人に関する情報であって、当該情報に含まれる氏名、生年月日その他の記述等により特定の個人を識別することができるもの（他の情報と容易に照合することができ、それにより特定の個人を識別することができることとなるものを含む。）をいう。

　この定義に記された内容は、3つのキーワードに集約することができます。すなわち「生存する個人に関する情報であること」「特定の個人を識別することができるもの」「他の情報と容易に照合することができるもの」の3点です。

生存する個人に関する情報
- すでに死亡している個人に関する情報は保護の対象ではない
- ただし遺族に関する情報は生存している個人に関する情報となる
- 法人は個人ではないので企業そのものの情報は保護対象外

特定の個人を識別することができる情報
- 氏名を含む情報は個人情報となる
- 住所や生年月日、電話番号、性別などは個人情報の代表格

他の情報と容易に照合することができる情報
- 単体では個人情報ではなくても他のデータと組み合わせると個人情報になるものも存在する
- 学籍番号と成績のみが印字された成績表は単体では単なる数字の羅列だが、学生名簿と容易に照合可能な場合は個人情報となる

　個人情報保護法での定義だけでなく他の定義について知ることで、より深く個人情報について知ることができるかもしれません。ここではJISが規定している「個人情報保護マネジメントシステム−要求事項（JIS Q 15001）」から、個人情報の定義を紹介します。JIS Q 15001では次のように定義しています。

> 　個人に関する情報であって、当該情報に含まれる氏名、生年月日その他の記述、又は個人別につけられた番号、記号その他の符号、画像若しくは音声によって当該個人を識別できるもの(当該情報だけでは識別できないが、他の情報と容易に照合することができ、それによって当該個人を識別できるものを含む)

　この定義は個人情報を保護・管理するための組織作りや、管理のための情報処理システムを構築することを意識しているものなので、個人情報保護法の定義よりも、さらに具体的に個人情報についての定義づけを行っているといえるでしょう。JIS の定義と個人情報保護法での定義との違いは 2 つあります。1 つ目は生存する個人の情報に関するものという限定がないこと、2 つ目は文字による情報だけでなく画像や音声、記号といったその他の表現方法によるものであっても個人情報とみなすという点です。

　情報システムに記録されるデータであることは、そのデータが長期間に渡って保存されることを意味します。しかし、コンピュータ上のデータに対して記載されている個人が生存しているか死亡しているかという判定が行われることは少なく、そもそも個人のステータスとして生死情報を記録しているシステム自体がきわめてまれです。そのため個人情報を管理する情報処理システム上では生者と死者を区別せず、すべてを個人情報として扱うスタンスであることが伺えます。

会員番号　　　　　　　　顔写真　　　　　　　　　音声

動画　　　　　　　　DNA データ　　　　　　GPS 位置情報

● **文字情報以外の個人情報**

　文字以外の情報の取り扱いについては、書面での管理を意識している個人情報保護法とは異なり、各種マルチメディアデータを取り扱える情報処理システム独自の配慮がなされていることがわかります。個人が識別できるような写真や映像、個人の声を録音したような音声など生体認証にまつわるデータについては氏名や住所といった文字データと同じか、あるいはそれ以上に個人を特定することができるデータといえますから、それらの取り扱いについても注意が必要であることは言うまでもありません。また、一般の企業や団体ではあまり取り扱いのないデータですが、DNA 鑑定の結果や歯の治療跡などのような、科学的に個人を特定することができるデータについても同様です。

　また海外、とくに欧米諸国においては日本国内よりも個人情報の保護に対する意識が強いため、PII（Personally identifiable information）と呼ばれる海外での個人情報には日本での定義による個人情報に加えて経歴や思想、信条、宗教、GPS による現在の位置情報といった様々な情報が保護すべきものとして挙げられています。

　これらの文字情報以外の個人情報や越境データに関する取り扱いは2023年に改正された個人情報保護法でより明示的な定義と取り扱いに関する規制が行われました。この改正箇所については後ほど改めて解説を行います。

B. 個人情報に含まれる情報

　では、個人情報保護法で保護が義務づけられている個人情報とはどのようなものか、具体的に見てみましょう。まず、個人情報の筆頭として挙げられるものは、基本4情報と呼ばれる次のような情報です。

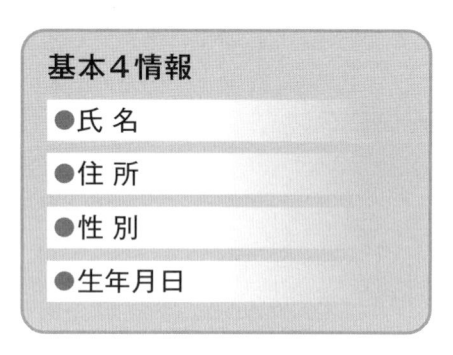

　これらは、複数を組み合わせることでほぼ確実に個人を特定することができる重要な役割を果たす情報ですが、同時に様々な場面で公開することを求められる情報でもあります。その理由は、基本4情報を用いることで個人を簡単に識別することができるためです。本人確認を行う際に用いられます。手作業による個人確認や会員登録といった場面で用いられることはもちろん、コンピュータシステムを用いた個人確認にも用いられるところからも、様々な場面で使用される頻度の高い情報であることがわかります。基本4情報は手軽に個人を識別できるからこそ最も重要であり、また慎重に管理することが求められる情報であるといえるでしょう。

表 3-3　個人情報の例

種類	代表的な例
基本的な情報	氏名、住所、性別、生年月日、電話番号、血液型、国籍　など
所属に関する情報	勤務先名、勤務先住所、所属部署、内線番号、メールアドレス、学校名、学校の住所、所属学部、学籍番号　など
家庭に関する情報	家族構成、婚姻歴、離婚歴、扶養状況、住居環境　など
財政的な情報	年収、貯蓄額、借入金額、資産状況、取引銀行　など
社会生活に関する情報	職歴、学歴、賞罰、所有資格、趣味、宗教、病歴　など
その他の情報	顔写真、声紋、指紋、DNA情報　など

　基本4情報以外にも多くの情報が個人情報として扱われます。表3-3のような情報はいずれも取り扱いに注意が必要であり、情報を管理する組織や団体が不用意にこれらの情報を外部に流出された場合、個人情報保護法違反に問われてしまいます。

　個人情報として定義されているもののなかには、場合によって個人情報とみなされないものも含まれています。

倫理商事
情報 太郎
jyouhou@rinri_syouji.co.jp

個人情報となるメールアドレス

abc フリーメールへようこそ！
メール ☆ スター
mail(^_^)star@abc.ne.jp

個人情報ではないメールアドレス

● メールアドレスは個人情報？

　たとえばメールアドレスの場合、所属する組織が発行したアドレスであって、アドレス中に個人を識別できるような記号、社員番号や学籍番号、氏名が用いられているのであれば個人情報であると見なされます。ですが、逆に誰でも匿名で取得できるフリーメールのアドレスで個人を識別できるような情報が含まれていないものについては個人と結びつけることができないため、個人情報ではないと見なされる場合があります。もっともメールアドレスのような対象の個人との連絡が可能になる情報については、個人情報ではないとみなされた場合であっても適切に管理を行う必要があることは言うまでもありません。

　以上のような情報の特徴を集約すると、個人情報とはすなわち、個人を識別することができる情報であり、個人とコンタクトを取ることができる情報であったり、居場所を知ることができる情報であったり、また、その個人と結びつけることができるあらゆる情報が個人情報であるということができるでしょう。また逆に、個人と結びつけることができない情報については個人情報ではないということもできます。たとえば記名式のアンケート用紙に記された回答は個人情報ですが、そのアンケートを集計した結果については個人と結びつけることができないため個人情報とはなりません。試験の結果についても、学籍番号や氏名が記載されていない得点のみの順位表などについては個人情報にはあたらない情報であるといえるでしょう。

　住所や電話番号であっても、それが法人のものであれば個人情報には該当しないとされます。法人とは人間以外の存在ではあるものの、法律的に人間と同じような権利が認められている存在で、日本では企業などの営利法人や財団法人などの非営利法人が存在しています。これらは法的には人間に近い扱いを受けますが、人ではありませんから個人情報保護法の保護対象外となります。すなわち企業名や企業の所在地、電話番号等の情報については保護を行う対象とは見なされないことになります。ただし個人情報保護法では法人の情報は保護しないとはいえ、法人に所属している従業員などの組織構成員の個人の情報については、当然、保護対象となりますので注意が必要です。

　また個人情報保護法の改正に伴い上記のほかに番号や記号、符号等で個人を識別可能なデータ

である「個人識別符号」も新たに保護の対象に加えられました。個人識別符号の例は生体認証等に用いられる指紋や声紋、静脈や網膜パターンなどのバイオメトリクス情報のほか、顔認証データや歩行時の姿勢等個人を識別可能な様々な情報が含まれます。また国民すべてに割り当てられているマイナンバーは言うまでもなく、運転免許証番号やパスポート番号、基礎年金番号などの容易に個人を特定できる番号についても保護の対象となっています。

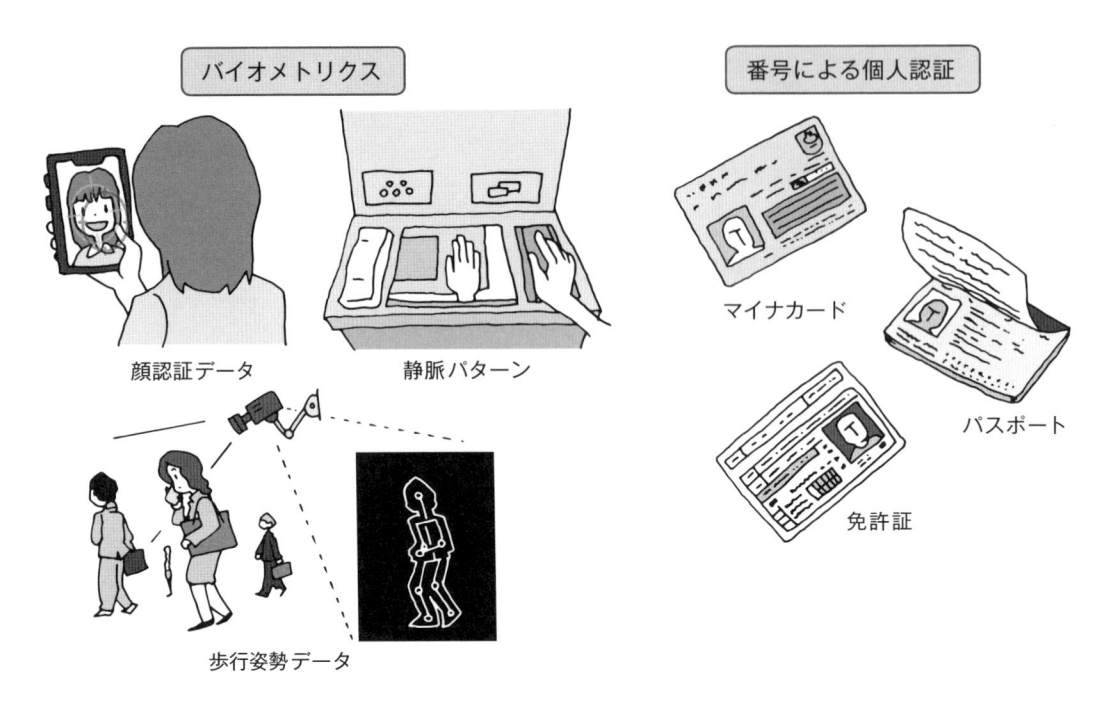

バイオメトリクス
顔認証データ
静脈パターン
歩行姿勢データ

番号による個人認証
マイナカード
パスポート
免許証

C. プライバシー情報と個人情報

個人情報とプライバシー情報という言葉は、一般的にはほぼ同じ言葉として認識されることも多いのですが、実際には個人情報とプライバシー情報は異なる趣旨の情報です。個人情報の定義や具体的な内容はすでに説明したとおりですが、プライバシー情報には次のような特徴が挙げられます。

> 1. 個人の私生活に関連する情報
>
> 2. まだ一般的に知られていない情報
>
> 3. 一般人（私人）であれば公開を望まない内容の情報

上記の3項目すべてを満たすような情報をプライバシー情報と呼びます。もともとプライバシーを尊重することは、出版や報道による私生活の曝露を防止するためのもので、古典的な表現ではプライバシーに関する権利は「放置される権利」とも呼ばれています。したがって、他人に知られていない、そして知られたくない事実を公開されない権利がプライバシー権であり、そこで守られる情報がプライバシー情報であるといえるでしょう。

　個人情報とプライバシー情報の違いについては、具体的な例をもとに考えるとわかりやすいかもしれません。たとえば、個人宅に掲げられている表札に記載されている氏名や住所は個人情報の基本情報に含まれますが、「一般に知られている情報」であるため、プライバシー情報には該当しません。また、病気で通院中の場合、どのような病気で通院しているかは個人情報に含まれる内容であるとともに、一般的に知られておらず、また私生活に関連する公開されたくはない情報であるため、プライバシー情報であると認識されます。

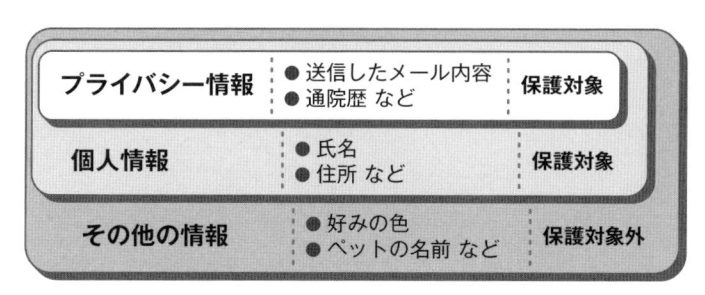

図 3-6　個人情報とプライバシー情報

　ここで注意すべきことは、プライバシー情報にはすでに公開されているかどうかや公開を望むかどうかといった認定の条件が設けられているのに対して、個人情報は公開を希望するかしないか、あるいは、すでに公開されているかいないにかかわらず、すべてが個人情報保護法の保護対象であるということです。すなわち個人が公開されたくない情報だけを保護するのではなく、すでに公開されている情報であっても個人情報であると判断される情報については保護を行う必要があることになります（プライバシー保護に関しては　事例：法律 -4 も参照して下さい）。

　なおプライバシー情報を保護される権利、すなわちプライバシー権はすべての人が持つわけではありません。公人と呼ばれる、政治家や公務員、企業の経営者などの権力や影響力の強い職業に就く人については、公共の利益を守る観点から部分でプライバシー権が制限されることもあります。そのため公人については公務中の動静や資産情報、学歴、職歴だけでなく過去の犯罪履歴といった、本来であれば公開を希望しない情報についても出版や報道といった手段によって世間に報じられることがあります。

2-2.　個人情報の流出

　個人情報は個人を特定するための情報であるとともに、企業にとっては収益に直結する経済的な価値がある重要な情報でもあります。たとえば企業が新しい商品を顧客に販売したい場合、通常であれば不特定多数に向けた広告宣伝を行い、多額の費用をかけて商品の周知を図らなければいけません。ですが、もし同じような商品を販売している企業が管理している顧客リストを入手することができれば、自社の製品に興味を持つ可能性の高い見込み客に対して重点的な広告宣伝を行うことでより効率よく商品の販売が可能になります。また、他社の顧客リストでなくとも、氏名や連絡先、年齢や性別、嗜好や病歴といった様々な情報を入手することができれば、相手にあわせた有効な営業活動が可能となることは言うまでもありません。そのため、企業はあらゆる手段で個人情報を取得しようと試みます。

アンケートへの回答 　会員登録 　懸賞への応募

● 合法的な個人情報の収集

　個人情報の合法的な取得方法のなかでも代表的なものはアンケートや懸賞の応募といった、自発的な提供によるものでしょう。アンケートに関しては商品やサービスそのものの改善のための調査という面が強い場合はあまり顧客情報の収集には役立ちませんが、多くの場合、懸賞は景品と引き換えに顧客情報を収集することを目的に実施されているといっても過言ではありません。そのため、うかつに懸賞に応募してしまうと景品が当選したかどうかにはかかわらず、途端にダイレクトメールが送付されるなどの営業活動を受けることになります。もっともアンケートにしても懸賞にしても、応募条件に「収集した個人情報は商品情報の提供に利用する」と明記されていれば合意に基づく合法な個人情報収集となりますから、法律上はこのような営業活動もまた合法になります。また、個人情報を収集した企業には集めた個人情報を厳密に保護する義務が生じますから、通常はこれらの手段によって取得された情報は安全に管理されることが期待されます。

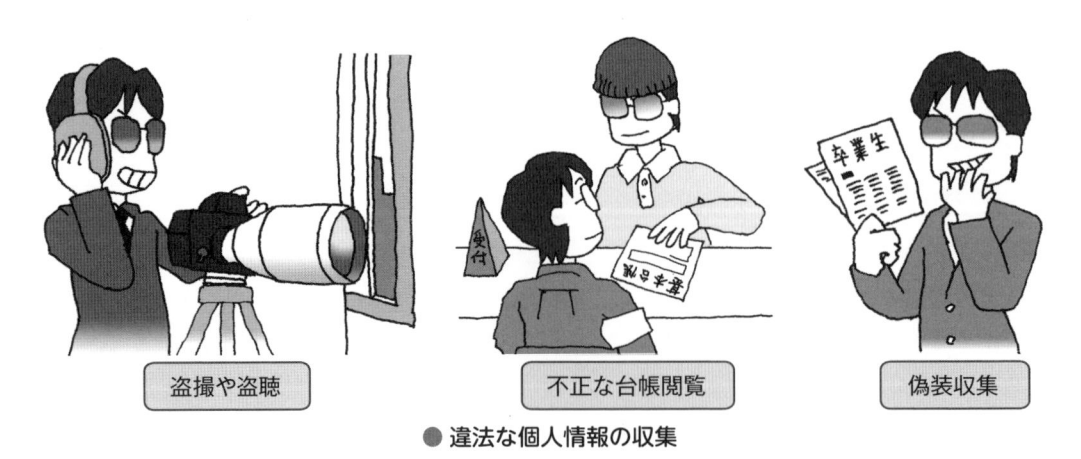

盗撮や盗聴 　不正な台帳閲覧 　偽装収集

● 違法な個人情報の収集

　一方で、違法に個人情報が取得されるケースも多く発生しています。最も多いのは不正な手段で入手した個人情報を売買する違法な名簿販売によるものです。個人情報保護法では個人情報を収集する際には利用目的を明らかにした上で収集することが義務づけられていますが、個人情報保護の意識が一般に広がりつつある今日では第三者へ転売されることが明記された調査票に自分

の情報を正直に書く可能性はきわめて低いと考えられます。そのため、違法な名簿販売を企む業者は大学の同窓会名簿や卒業アルバムの作成を装ったり、あるいは目的を隠した懸賞を実施したりすることで不正に個人情報の取得を試みます。

　また、個人情報保護法が施行されるまでは、市役所などで名簿業者が住民基本台帳を閲覧し、個人情報を取得することが良く行われていました。法律の改正によって今日では営業目的での閲覧は禁じられるようになりましたが、現在でも一部の悪徳名簿業者や振り込め詐欺グループなどが閲覧目的を偽って高齢者の住民基本台帳を不正に閲覧する問題が発生しています。

　もっともこのような手段は、取得できる個人情報の数も少なく、また明確に違法であるため、近年では少なくなりましたが、代わりに企業の管理するデジタル化された顧客名簿などが内部からの持ち出しや不正アクセスによる流出が問題となるケースが複数発生しています。悪質な事例だと企業や団体、自治体が管理する顧客データを内部の社員・職員や下請け、出入り業者等の関係者が無断で持ち出して名簿業者に販売する事例がいくつも発生しています。いくら外部からの不正アクセスを防げたとしても、正規のアクセス権限を持つ内部の人間による持ち出しは防ぐことができません。

　いずれにせよ、不正な手段で流通している名簿については違法な名簿業者の間で転売が繰り返されるため、一度流出してしまえばその名簿に記載されている情報を削除することは不可能になってしまいます。そのため個人情報を管理する企業には厳密な取り扱いが求められることは当然として、企業に個人情報を提供する個人に対しても不審な相手には自分の情報を託さないように注意することが求められます。

　では、実際に個人情報が流出した場合、どのような被害を受けることになるのでしょうか。

架空請求のはがき

Webでのプライバシー侵害

クレジット情報の無断使用

流出した名簿による脅迫

● 個人情報が流出した場合の被害

　流出した情報に記載されていた個人に対する被害として考えられるのは「架空請求などの詐欺」や「Web でのプライバシー侵害」、あるいは「クレジット情報の無断使用」といったものでしょう。流出した名簿が違法な名簿業者の手に渡った場合、怪しげなダイレクトメールが送付されるだけではなく、架空請求や振り込め詐欺の標的となってしまう危険性が高まります。また不正アクセスやフィッシングサイトなどを介して流出した場合はその情報が Web 上に記載されるなどしてプライバシーを侵害されることもあるでしょう。さらには、流出した情報にクレジットカード番号などの直接金融資産に関連する情報が含まれていた場合、金銭的な被害を受けてしまう可能性がきわめて高くなります。

　また、このような情報を流出させてしまった企業にも被害は及びます。個人情報保護法違反としては法的な責任を追求されることは言うまでもありませんが、場合によっては情報を流出させた犯罪者から「流出した名簿による脅迫」を受ける危険性も考えられるでしょう。さらには、個人情報の管理が徹底されていない企業として社会的な信用を失うだけでなく、流出したリストに記載されている被害者への賠償責任が生じるなど、社会的、金銭的に大きな被害を受けることになってしまいます（個人情報流出については、事例：法律 -5 も参照して下さい）。

　このように個人情報が流出した場合、流出した情報に記載されている個人は言うまでもなく、流出させてしまった企業にも多大な害を与えるため、個人情報の厳密な保護が求められるのです。

2-3.　個人情報の保護

　個人情報の流出により大きな被害が生じること、そして個人情報を保護しなければいけないことは改めて説明するまでもないほど、今日の社会では常識になりつつあるといえるかもしれません。しかし、実際には誰がどのように個人情報を保護するのか、正しい知識を知っている人は多くありません。たとえば、大学のサークルでメンバーの名簿を作る際や、ゼミの連絡網を作る際などに「個人情報保護法があるから名簿を作ってはいけないのでは？」という声が聞こえてくることもあります。確かに個人情報を保護することは大事なのですが、名簿や連絡網がなければいざというときに困ることは目に見えています。では、このような場合に名簿を作ることは法律に違反するのでしょうか？

　実はこの問いに対する答えは、個人情報保護法を正しく知ることで簡単に得ることができます。個人情報保護法では個人情報を保護する義務を「個人情報取扱事業者」である人や組織に限定しています。すなわち、個人情報取扱事業者でなければ個人情報保護法に定められた保護義務や、違反の際の罰則が適用されないことになります。そして、個人情報保護法では個人情報取扱事業者について個人情報データベース等を事業の用に供している者と定めた上で個人情報データベースを次のように定義しています。

① 特定の個人情報を、電子計算機を用いて検索できるように体系的に構成したもの
② 個人情報を一定の規則に従って整理することにより、特定の個人情報を容易に検索できるように体系的に構成したものであって、目次・索引その他検索を容易にするためのものを有するもの

ただし以下の条件をすべて満たすものについては個人情報データベースに該当しません
   (a) 不特定かつ多数の者に販売することを目的として発行されたものであって、かつ、その発行が個人情報保護法または同法に基づく命令の規定に違反して行われたものでないこと
   (b) 不特定かつ多数の者により随時に購入することができ、またはできたものであること
   (c) 生存する個人に関する他の情報を加えることなくその本来の用途に供しているものであること

すなわち、顧客情報や従業員情報などの個人情報をデータベースとして用いる事業者についてはそのすべてが個人情報取扱事業者であると定義されています。個人情報保護法の施行当初は個人情報の取り扱い件数5000件以下であれば個人情報取扱業者ではないという条項がありましたが2015年の法令改正によりいわゆる5000件要件は撤廃され、事業として個人情報データベースを利用する場合は取扱件数を問わず個人情報保護法に定められた保護の要件を満たす安全管理措置を行う必要が生じるようになりました。撤廃の背景には個人情報保護の必要性が高まったことだけでなく、諸外国と個人情報保護の基準を合わせることでグローバリズムに対応するという側面があります。

先のような大学の中でサークルやゼミの名簿を作成することは業務に用いるものではありませんから法律上まったく問題がありませんし、仮に保護が不十分であった場合でも法的に何らかの罰則が適用されることはありません。とはいえ、もちろん個人情報取扱事業者ではない個人であってもプライバシーの観点から、道義的責任として個人情報の保護に尽力することは求められるでしょう。

一方、企業については顧客情報や社員情報といった様々な個人情報を管理していますから、規模の小さな個人商店であっても顧客情報を取り扱う以上は個人情報取扱事業者と見なされることになります。また、同じように個人情報を取り扱う組織であっても、国の機関や地方自治体に関連する組織、行政法人といった公の性質をもつ組織や、報道機関や学術研究機関、宗教団体等その他公共性があると見なされる組織に対しては個人情報保護の義務づけが一部免除されます。個人情報保護法は民間企業全般に対して、実質上は個人情報を守ることを求める法律であると考えることができるしょう。

なお、個人情報保護法で定められている個人情報取り扱い事業者が守るべきルールは、以下のようになっています。

取得・利用…勝手に使わない
- 利用目的を特定してその範囲内で利用する
- 利用目的を通知または公表する

保管・管理…なくさない、漏らさない
- 漏洩などが生じないように安全に管理する
- 従業者・委託先にも安全管理を徹底する

提供…勝手に人に渡さない
- 第三者に提供する場合は予め本人の同意を得る
- 第三者に提供した／提供を受けた場合は一定事項を記録する

開示請求への対応
- 本人から開示などの請求があった場合は対応する
- 苦情に適切・迅速に対応する

　上記の内容から、個人情報保護法は事業者による個人情報の管理を厳密に求めていることがわかりますが、一方で第三者による個人情報の利用をいっさい禁じるものではなく、個人情報を正しく管理・運用することを目的として制定されたものであることがわかります。したがって、正しい個人情報の保護とは個人情報の提供を求められた場合にどのような場合であっても提供や利用を拒むのではなく、事業者が適切に個人情報を管理、運用しているかどうかを確認した上で情報を託すことが本来の趣旨であるということができるでしょう。

　また、このような個人情報保護法で定められたルールを守っているかどうかを見極めることは一個人にとっても重要であるといえます。なぜなら、一個人の立場で自分の個人情報を適切に保護するためには、個人情報を託す事業者が適切な運用を行っているかどうかを確認する以外に有効な手段がないからです。もっとも事業者が個人情報保護法を正しく守っているかどうかを外部から確認することは困難です。そのため、財団法人 日本情報処理開発協会では一定の条件を満たす事業者に対して審査の上でプライバシーマーク（図 3-7）と呼ばれる商標の付与を行っています。事業者がパンフレットや Web ページにこのマークを表示しているということは、その業者が個人情報を適切に取り扱っている証明となります。また、仮にプライバシーマークの表示を許可されている事業者が個人情報を流出させてしまった場合は、流出の程度に応じて一時的にマークの使用許可を取り消される制裁措置が行われることによって、マーク自体の信頼性を維持する取り組みが行われています。

　このように個人情報を託す事業者を見極めること以外にも、どのような個人情報を発信し、どのような情報を発信しないかということや、発信した情報がどのように使われるかということを意識することも重要です。たとえばコミュニケーション手段として日常的に

図 3-7　プライバシーマーク

用いられているSNSや動画投稿サイトなどのソーシャルサービスにおいては個人情報だけでなく、交友関係や趣味などのプライベートな情報を数多く発信することでコミュニケーションを行います。運営事業者である企業は個人情報保護法に基づきこれらの情報を適切に管理する義務を負いますからデータの管理は厳密に行われていますが、実際には利用者が自分自身の個人情報を積極的に発信しているため、その管理には限界があることも事実です。

また、SNSは気心の知れた相手とのコミュニケーションの場であることから、プライベートな空間であると誤解している人も多いですが、実際には会員であれば誰にでも閲覧が可能な公共の場所であるといえます。このような場では本来公開すべきではない情報を公開したために余計なトラブルに巻き込まれる事例も多く発生していますので、発信すべき情報とそうでない情報を自分自身で見極めるセンスを磨くことも個人情報の保護には必要といえるでしょう。

2-4. 法改正で新たに追加された事項

2003年に制定された個人情報保護法は2015年、2022年の二度にわたり改正が行われました。2015年の改正ではすでに述べたように個人情報取扱事業者の認定に関わる5000件の件数要件が撤廃され、情報漏洩に対する罰則が新設されるなどの管理の厳格化が行われると同時に、集積された情報をビックデータとして扱いやすくするために、復元不可能な匿名加工を施すことで第三者に譲渡可能とすることで個人情報を活用しやすくするための規制緩和が行われました。2022年の改正ではグローバル化やAIなどの発展に伴い、より個人情報を適切に扱えるような環境作りを目的に以下のような項目で改正が行われました。

まず1つ目は国境を越えた情報流通である越境データの増大に伴う新たなリスクに伴う対応です。改正前の個人情報保護法では本人の同意があれば基準に適合する体制を整備した事業者であり日本と同党の水準の管理大祭がある国であれば外国籍の第三者に個人情報の保護が許可されていました。しかし実際には日本国内のサービスを謳いながら実際は海外に置かれたサーバで個人情報が管理されていたり、海外から情報が閲覧可能になっていたりするケースが発生して問題となりました。そのため改正後は外国籍の事業者に対する情報提供について、本人の同意を得る際に追加で移転先の所属国名、当該国での個人情報保護制度に関する説明、移転先の事業者が講じる個人情報保護の措置についての説明を行う義務が課せられることになりました。このことにより、個人情報提供者が事業者に個人情報を託すことの是非についての判断に役立つ情報が提示される仕組みになりました。

2つ目は法令違反の際の罰則強化です。故意や事故などケースは様々ですが個人情報漏洩事案の増加に対応すべく、管理の厳格化を求めるため措置命令違反や報告義務違反、不正流用等の罰則が強化されました。特に法人に対する罰則は措置命令違反が改正前の30万円以下の罰金から1億円以下の罰金へ、個人情報データベースの不正利用については50万円以下の罰金から同じく1億円以下の罰金へと大幅に引き上げられています。

一方で規制緩和に関する項目としては、AIやビックデータでの個人情報利用を目的とした新たな取り組みも行われています。2022年の改正では新しく「仮名加工情報」と「個人関連情報」と呼ばれるデータ種別が追加されました。「仮名加工情報」は個人情報を加工し他の情報と組み合

わせなければ個人が特定できないように、復元不能な処理が施された情報です。このような仮名加工情報は個人を特定することが困難であるため、収集時の利用目的外での利用が容易であったり、漏洩時の報告義務が免除されたりするなど個人情報よりも扱いやすくなり、ビッグデータなどとして利用しやすくなっています。「個人関連情報」はその名の通り個人に関連する情報ですが、個人を特定する情報ではないため個人情報、仮名加工情報のいずれにも該当しないものです。たとえば店舗の利用履歴や商品の購買履歴、公共交通機関の乗降記録、GPS による単独の位置情報などが該当します。いずれもビッグデータとして利用価値のある情報ですが、直接的な個人情報ではないためこれまでは扱いが不明確な状況でしたが今回の改正で明確に定義が行われました。またこれとともに、個人情報取扱事業者が収集された情報を第三者に提供する場合、提供先が個人関連情報を個人データとして取り扱う可能性がある場合は提供元が本人の確認を得ているかを確認する義務が新たに設けられました。

　個人情報の改正は個人情報の保護を強化することと同時に、より個人情報を適正に利用しやすくすることを目的としたもので、技術革新や社会状況の変化をふまえ 3 年ごとの見直しが行われることになっています。

3. 知的財産権

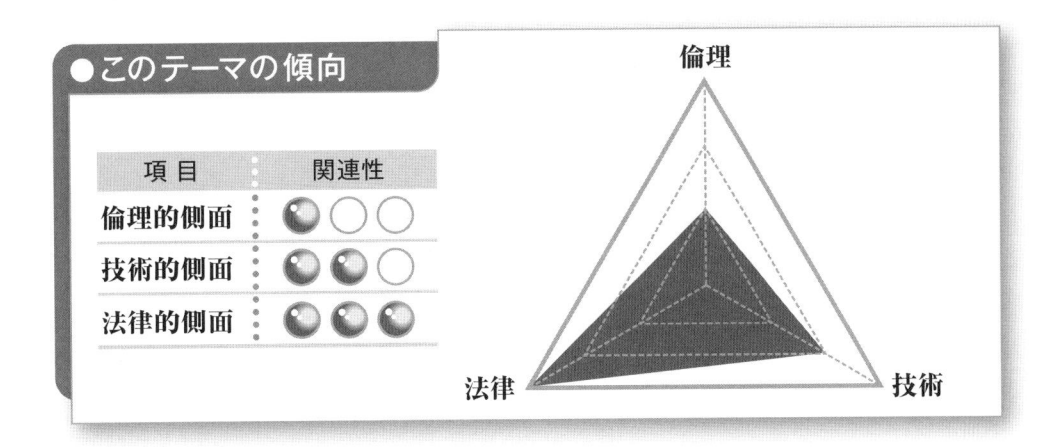

●このテーマの傾向

項目	関連性
倫理的側面	◑ ○ ○
技術的側面	◑ ◑ ○
法律的側面	◑ ◑ ◑

3-1. 知的財産権とは

　今日では様々なコンテンツがデジタル化され、コンピュータ上で管理されるようになりました。コンピュータプログラムは言うまでもなく、書籍や写真、楽曲、動画など、これまで使用されていた紙やCDなどの物理媒体を介さずにオンラインでコンテンツが流通することが当たり前になり、コンテンツのデジタル化、オンラインによる配信が進むことで新しい商品やサービスが数多く誕生しました。しかしこのような発達の影で、デジタル化による新たな問題も誕生しています。なかでもコンテンツのデジタル化に対する最大の問題はなんといっても不正コピーや海賊版のような著作権侵害に関するものでしょう。

　海賊版などの知的財産権に関する問題は情報化社会に固有のものではありませんが、コンテンツのデジタル化によって権利者の受ける被害が大きくなっただけでなく、一般の利用者にとっても非常に身近な問題となっています。そのため、不用意な行為によって他人の知的財産権を侵害しないためにも、法的な部分を含めた知的財産権に対する正しい知識が必要だといえるでしょう。

　そもそも知的財産権とはどのようなものなのでしょうか。一般的な定義では知的財産権とは「知的な労力の結果を保護するために与えられる権利」であり、物理的な実体を持たない財産であるとされていて、その特徴からは知的所有権や無体財産権と呼ばれることもあります。このような財産は形を持たないだけでなく、アイデアや表現手法、商品の製法のように一度公開されてしまえば誰にでも簡単に模倣できるものも多いことから、最初にそれを生み出した功績を称えるとともにその利益を保護する必要があることから知的財産権のような権利が認められることになりました。なお知的財産という正規の名称以外にも略語としてコンテンツ産業で用いられる略称としてIP（Intellectual Property）、ビジネス用語としては知財という略称が用いられることもあります。

　知的財産権に含まれる権利は大別すると、著作権に代表されるような知的な創作物の保護に関する権利、商標権や意匠権のような営業上の識別記号や標識を保護するための権利、さらには特許権や実用新案権のような技術的・営業的な発明やノウハウといった競争上有益となる情報を保護する

権利の3つに分けることができます。これらの分類のうち、営業上の標識と技術的・営業的ノウハウに関しては産業財産権とも呼ばれます。これらの権利のおおまかな内訳は図3-8のようになっており、知的財産権の主要部分を占めるものは著作権および産業財産権になります。その他の権利については図3-8の分類に含まれない、営業上の利権をもたらす情報、たとえば肖像権のようなものやブランド牛肉などの産地表示情報、品種改良された農作物等の植物を保護することを目的とした育成者権、インターネットのドメイン名、権利取得をしていない企業秘密などが含まれます。

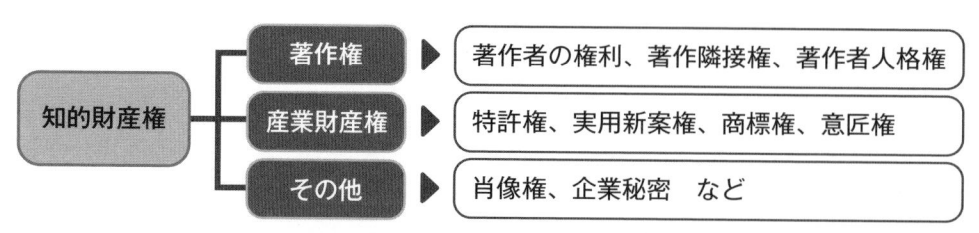

図3-8　知的財産権に含まれる権利

　知的財産権によって保護される知的財産の定義については、その範囲が広いので包括的な定義を行うことは難しいのですが、知的財産基本法では次のように定義されています。なお保護対象の詳細については、著作権および産業財産権の項でそれぞれの保護対象を改めて解説を行います。

　「知的財産」とは、発明、考案、植物の新品種、意匠、著作物その他の人間の創造的活動により生み出されるもの（発見又は解明がされた自然の法則又は現象であって、産業上の利用可能性があるものを含む）、商標、商号その他事業活動に用いられる商品又は役務を表示するもの及び営業秘密その他の事業活動に有用な技術上又は営業上の情報をいう。

3-2.　産業財産権とは

　知的財産権のうち、主に企業が研究・開発を行った成果を保護する、産業財産権は特許庁が管理している権利の総称です。日本では以下の4つの権利が産業財産権であるとされています。

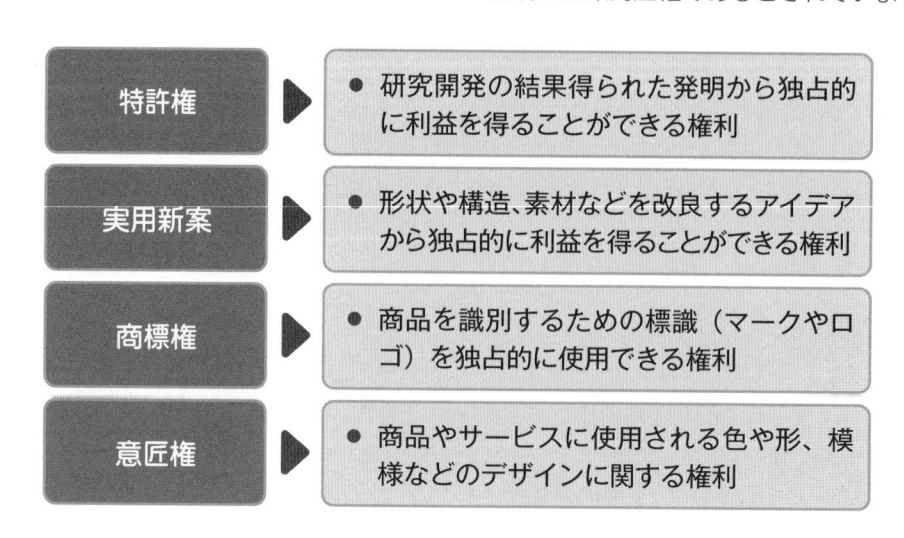

　このような産業財産権は研究開発の結果として得られた新しい技術や、従来にないデザインや商品名称といった他の企業に簡単に模倣されてしまう可能性が高い、形のない財産を守ることを主な目的にしています。また、企業にとっては権利の保護だけでなく、研究開発の結果から適正な報酬が得られることも重要ですから、保護された権利を利用した独占的な利益の確保を認めることも産業財産権の大きな役割です。さらに、商標権を厳密に守ることは偽物の流通を禁止することにつながりますから、正規の商品やサービスの品質を保証するといった効果も得られますし、本物と類似品を区別するための目印を消費者に提供することにもつながります。以上のような点から産業財産権は企業の財産保護だけでなく、産業そのものの振興を目的とした、国にとっても重要な権利保護であるということがわかります。

　特許権は研究開発によって得られた技術や知識が新しい商品の開発に有効である場合に、その技術から得られる収益の独占を出願から最長 20 年間にわたって認める権利です。特許権を取得し、特許として登録された技術や知識はその詳細や製法が公開されることになりますが、その反面、他人がこれを利用した製品を製造するためには特許使用料の支払いが必要となるため、特許権を取得した企業の利益が保護されることになります。ただし、特許権の取得には厳しい審査をクリアする必要があるうえ、費用と時間が必要となるので商品としてのライフサイクルが短いものに対して特許権を取得することは効果的ではありません。特許権の例としては、市街地などで見かける大型ディスプレイに利用されている青色発光ダイオードに関するものが良く知られています。今日では街頭でカラフルな大型ディスプレイが当たり前に使われていますが、以前は発光ダイオードでは青色の光を作ることが困難であったことから、長らく赤と緑のみの表示を行う広告が用いられていました。1992 年に青色に発光するダイオードが開発され街頭ディスプレイは一気にフルカラー化しましたが、その裏では特許を取得した企業と、その企業で実際に青色発光ダイオードの開発を行った研究者の間で特許による利益の配分を巡った訴訟が起こることになりました。この裁判においては、青色発光ダイオードがもたらした特許権料は 200 億円とも評されていますが、その金額から特許権が企業にもたらす利益の大きさをうかがい知ることができます。

　また近年では、商品の製法だけでなく、ビジネスの方法そのものに対するビジネスモデル特許と呼ばれる種類の特許も認められるようになりました。ただし新しいビジネス手法がすべてビジネス特許として認められるのではなく、ICT を用いてビジネス手法の実践を行うコンピュータシステムや装置に対する発明に対して特許権が与えられることになります。ビジネスモデル特許の具体的な例としては、Amazon.com が取得した「1 クリック方式」に関する特許がよく知られています。この特許は利用者の発注情報と過去の購買情報や決済情報とをデータベースで連携させ、商品画面に表示されたボタンを 1 度クリックするだけで注文が完了するというものです。

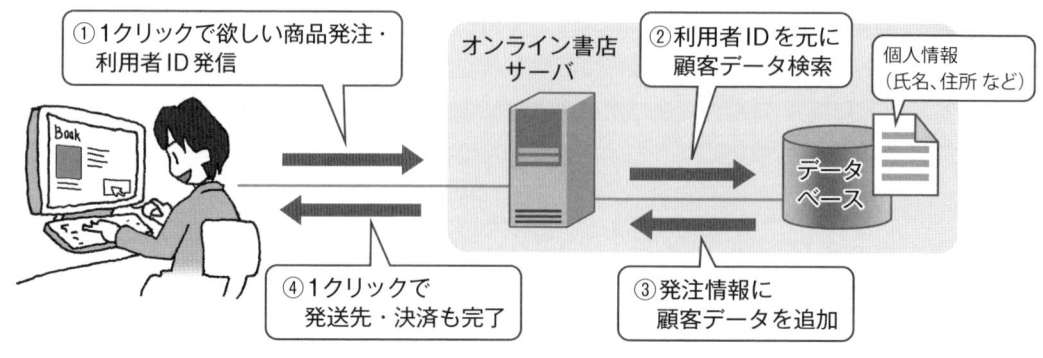

①1クリックで欲しい商品発注・利用者ID発信

オンライン書店サーバ

②利用者IDを元に顧客データ検索

個人情報（氏名、住所 など）

データベース

④1クリックで発送先・決済も完了

③発注情報に顧客データを追加

図3-9　ビジネスモデル特許の例（1クリック方式）

　この手法は一見すると非常に単純なものに見えますが、Amazon.com がこのシステムを導入するまではどのオンラインショップにも存在しない仕組みでした。そのため Amazon 社はこの仕組みの特許を取得し、後に同様の手法でオンラインショップを運営する他者から特許利用料を徴収する権利得たほか、1クリック注文を行えない競合サイトへの商業的な優位性を得ることになり、結果として1クリック特許は 1997 年の申請から 2017 年の特許失効までの間に 24 億ドルもの利益を Amazon 社にもたらしたと推測されています。

　実用新案権は特許権ほど画期的な発明ではないものの、製品の性能や構造を改善する効果のあるアイデアや改良方法に対して利益の独占を出願から最長 10 年間にわたって認める権利です。特許権と比べると審査基準がゆるやかで申請から権利取得までの期間も短いため、ライフサイクルの短い商品の権利を保護する仕組みとしてよく用いられます。

転写式の付箋

箸の滑り止め

（箸の先端に波状の凹凸がついているもの）

蓄光ボタン

（うっすら光るボタン）

● **実用新案権の例**

　いずれの場合も、大がかりな研究開発の結果として得られた成果というよりも、既存の製品を利用している際に思いついた改良アイデアに近いもので、一見するとそう重要ではないように思えるかもしれません。ですが、これらのアイデアに基づいて作られた製品は既存の製品よりも快適・便利であるため売上げの向上が期待できますから、企業にとっては決して軽視できない影響力を持つ権利ということになります。

　商標権は研究開発の成果ではなく、企業が築き上げたブランドや商品を識別するための名称な

どに対する保護を行うための権利です。商標権は出願から 10 年間の保護期間がありますが、継続して登録内容を更新することが可能です。商標権によって保護される対象は、企業が商品やサービスに対して設定した名称を示す、文字や記号、図形、色の組合せを指します。商標権によって保護されている商標には、® 記号が表示され、登録商標であることが示されます。なお、類似のものに TM（トレードマーク）表記がありますが、こちらは法的に認められた商標ではなく、各自が自由に使用している識別のための標識になります。商品やサービスの名称が著名になればなるほど、模倣した商品やサービスが多く登場することになりますが、商標登録を行い保護されていることを示すことで企業は自社のブランドを守ることができますし、また消費者の側は類似した別商品を誤って購入することが少なくなるため、双方にとって利益のある仕組みであるといえるでしょう。

　また、登録商標は紙や映像といった媒体で表現可能なものだけでなく、音声によるものや立体物による商標も登録可能となっています。サウンドロゴやジングルと呼ばれる音声による商標は主にテレビやラジオでの CM などに用いられるものです。CM の前後に商品やサービスを印象づけるように挿入された楽曲や歌、効果音、メッセージなどがこれに該当します。サウンドロゴは長らく商標とは認められていませんでしたが、近年では他のサービスや商品と差別化を行う手法のひとつであるとの認識から商標として認められるようになりました。

図 3-10　立体商標の例
［写真提供：（左）日本コカ・コーラ（株），（右）（株）ヤクルト本社］

　立体商標もまた文字に依存しない登録証商標の一種で、サービスや企業ブランドを代表するような特殊な形状の看板や人形、商品パッケージなどに認められている商標権です。これらは原則的に商品を識別するための文字情報を併記することが求められますが、近年になって文字や色彩、記号といった情報を含まない、純粋に商品の形状そのものを登録商標として認める例も誕生しています。このような商品の形状のみによる立体商標として日本国内で最初期に認められたものは図 3-10 のコカコーラの瓶（コンツァーボトル）とヤクルトの容器等が有名です。

　また件数は多くありませんが色彩のみの組み合わせによる商標権設定が認められているケースも存在します。たとえばコンビニチェーンであるファミリーマートの看板に使用されているカラーパターン「緑、白、青色の配色で上から順に緑が 33、白が 58%、青が 9% という比率」で構成されていますが、この色彩と配色バランスを再現すると多くの人がファミリーマートを想起することから、配色のパターンそのものがファミリーマートによって独占的に仕様できる色彩商標として登録されています。

　なお、登録商標には不登録事由と呼ばれる、使用してはいけない表現が存在します。一般的なものの名称そのものや国の名前や国旗、国家試験や国の役職など公的なものと誤認させるようなもの、他人の氏名やニックネーム、登録済みの登録商標と誤認する可能性のあるものなどが該当します。権利意識の低い一部の外国では日本で有名になった人物の名前や名所旧跡などの地名等

を勝手に商標登録している事例もあるようですが、一般的にはこのような事例は国際的にも認められるものではありません。

　意匠権は商品やサービスの色や形状、デザインといった外観上の特徴を保護する権利で、最長で申請から20年間保護されます。消費者の好みが多様化している近年では商品を選ぶ際に、価格や機能よりもデザインが重視される場合も多いため、企業の収益を適正に保護するためには意匠権のような外見上の特徴を保護する必要性が強まりました。意匠権が設定されるデザインには先進性があり、他の類似商品にはない創造的かつ特徴的なデザインが取り入れられていることや多くの人の美的感覚を刺激するような形状や色、模様をもつことが求められます。

　もっとも意匠権は申請すればすべてのデザインが権利を得ることができるわけではなく、その認可には多くの条件が設定されています。たとえば意匠権は工業製品に対して設定される権利ですから、量産することを前提としていない美術工芸品などについては保護の対象外となります。ただし美術品は後述する著作権によって保護されていますので保護されないのではなく異なる法律で保護が行われるという扱いです。また、同一のデザインや類似のデザインがすでに登録されている場合は意匠権が認められませんので、先進的なデザインによって意匠権を獲得した商品の後継機種や改良機種の場合、類似商品として申請が却下される場合もあります。

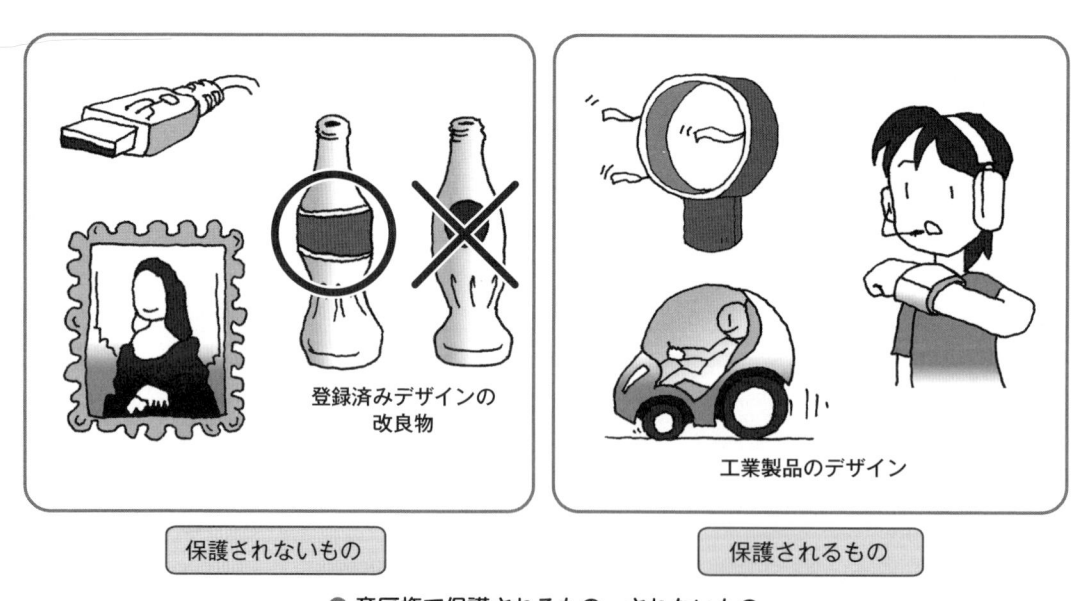

登録済みデザインの改良物

工業製品のデザイン

保護されないもの

保護されるもの

● 意匠権で保護されるもの、されないもの

　以上のような産業財産権は、いずれも国に対して出願・申請を行い、申請が受理され登録が行われた時点で初めて権利の効力が発生します。ただし産業財産権は申請すればすべてが受理されるわけではありませんし、なかには特許権のように出願から受理され権利が確定するまでに数年単位での時間を要するものも存在します。そのため、企業にとっては獲得できた産業財産権は本当の意味で財産となる権利といえるでしょう。ですから、その財産を侵害するような第三者には法的な対抗措置をとることも多いため、各企業では自社の権利を守るとともに他社の権利を侵害しないよう、管理を厳密に行っています。

3-3. 著作権とは

　著作権とは著作物を複製して販売したり、著作物の使用者から使用料金を徴収したりすることによって金銭的な利益を得ることができる権利の集合体です。一般的には著作物を保護する法律であると思われていることも多いですが、実際には著作物そのものの保護よりも著作物から得られる収益の保護に重点が置かれた法律であるということができます。著作権が提唱されたのは17世紀頃のイギリスが最初であるといわれています。当時、印刷技術が誕生したことで小説という新しい文化が誕生しましたが、同時に小説の出版を巡って今日でいうところの海賊版の問題も多発していました。そのため、作家と契約している正規の出版社に対して与えられた独占的な出版の権利が著作権の原型となっていると考えられています。

　著作権によって保護される著作物とは、次のような性質を持つものであるとされています。

> ● 思想または感情を創作的に表現したものであること
> ● 文芸、学術、美術または音楽の範囲に属するものであること

　この定義からわかるように著作物とは単なるデータは対象外であること、実現化していないアイデアは対象外であること、他の作品の単純な模倣は除外であること、そして工業製品は除外であることになります。実際にどのような創作物が著作物と認められるのかは時代によって多少の変化はありますが、通常は美術、音楽、文学作品、学術論文や研究書、絵画、彫刻、建築、詩、小説などが対象であると認められています。また著作権の概念が登場した以降に誕生した新しい表現手法である、写真、映画、アニメ、コンピュータプログラム、ゲームなども著作物として認められています。

彫刻	美術品	小説	建築物	音楽

写真	コンピュータプログラム	映画	猿の自撮り

● 著作物と認められるもの

ただし、著作権が保護する著作物の範囲については各国間で多少の相違があります。世界の多くの国々はベルヌ条約（正式には文学的および美術的著作物の保護に関するベルヌ条約）や万国著作権条約といった著作権保護のための国際条約に加盟していますが、実際には各国間で保護対象や保護期間（日本であれば著作者の死後 70 年まで、最長の国では死後 99 年まで、など）、著作権侵害が親告罪であるか非親告罪であるかなどの法解釈には相違があり世界共通での保護基準が設けられているわけではありません。

なお著作権法では、図 3-11 のような 3 つの権利を著作権として定めています。

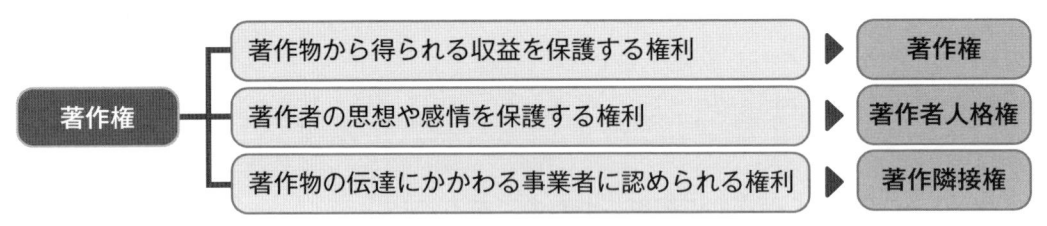

図 3-11　著作権を構成する権利

著作権は知的な創作活動によって生み出された著作物の利用を著作権者のみに与え、その利用から得られる収益を適正に確保することを目的とする複数の権利の集合体（表 3-4）で、著作財産権とも呼ばれます。著作権に含まれる権利には、著作物を印刷したり、録音・録画するなどして複製物を作成したりできる権利である複製権や、著作物を公の場で上演・上映するなどして公開できる上演権・上映権、あるいは著作物の現物や複製物を他人に対して譲り渡す、もしくは貸し与えることができる譲渡権や貸与権などが存在します。これらの権利は直接的に著作物を利用して、販売やレンタルといったかたちで収益を得るために必要な権利です。

また、著作物から間接的に収益を得るための権利としては著作物を翻訳するかどうかを決定できる翻訳権、小説をドラマ化したり映画化したりするように著作物を他の表現媒体へ翻案するかどうかを決定できる翻案権などが存在します。これらの権利は著作物を他の言語や他の媒体へ転換することで著作物の商業的な広がりを高めることにつながります。

公衆送信権はもともとテレビやラジオといった媒体を用いて著作物を放送する際に必要となる権利でしたが、インターネットの普及に伴い Web でのコンテンツ配信にも適用されるようになった権利です。インターネット上で問題視される違法コンテンツの配信は公衆送信権の侵害、すなわち不特定多数に対して著作物を送信する権利を持たない人間が著作物を送信したと見なされます。

表 3-4　著作権を構成する代表的な権利

権利名	内容
複製権	著作物を印刷・録画するなどして複製を制作する権利
上映権、上演権、演奏権	著作物を公の場で上映、上演、演奏する権利
譲渡権	著作物の現物や複製物を他人に譲り渡す権利
貸与権	著作物を他人に貸し与える権利
翻訳権、翻案権	著作物の翻訳や映画化、ドラマ化などを行う権利
公衆送信権	著作物を不特定多数に向けて送信する権利

　このような著作権は、本来であれば著作物を創造した著作者に与えられる権利ですが、この権利については他人に譲渡することが可能です。実際に、今日では著作者がこのような著作権を直接保持していることはきわめてまれで、一般的には出版社やレコード会社、映画配給会社、放送局といった著作物を複製し、販売し、上演・公開して収益を回収することができる団体に権利を譲渡する業態が採用されます。この業態が用いられる主な理由としては、著作者は芸術的な創作活動に集中し、生み出された著作物から収益を得るビジネスの部分、印刷やCDのプレス、販売、配給などといった作業に関しては専門の企業を通じて行うほうが全体的な効率が高いためです。著作者は著作権を手放し、その複製や販売を企業に委託する見返りとして、著作物が販売・もしくは利用された数量に見あった印税収入を受け取ることで著作物からの収益を確保しています。なお大前提として著作権は人間にのみ認められた権利であるため、人間以外の存在、たとえば動物が偶然生成したコンテンツなどに対して著作権は設定されません。一方で人ではない企業が著作権を保持できるのは、法人と呼ばれる法的に人間と同等と認められる存在であるためです。

　ところで、著作権のなかでも複製権は著作物から収益を得るための最も基本的な権利ですから、著作権者としては第三者に著作物の複製を許可することは基本的にありません。しかし、著作物の複製には次のような場合、著作権者の権利を侵害しないという前提条件付きで例外的にその複製が認められる場合があります。

▶ 個人利用のための私的複製

▶ 図書館における学術利用での複製

▶ 報道、研究、批評などのための引用

　第1の例外は、個人が私的利用のために行う複製です。たとえば、購入したCDの音源をスマートフォンに取り込み持ち歩いて視聴する場合などに適用されます。本来、著作権法の複製権では著作権者以外には複製物の作成を認めていませんから、厳密に著作権法を適用すればこの行為は違法であると判断されます。しかし、個人の利便性を損なわないために、このような場合は私的複製であると見なされ、例外的に複製が認められることになります。ただし私的複製については拡大解釈を行うと著作権侵害が拡大してしまうため、この例外の運用についてはきわめて厳密に判断を行わなければいけません。

例外的使用が認められない場合　　　　　例外的使用が認められる場合

● 例外的な使用の範囲

　たとえば、購入した音源を自分のプライベートな Web ページの BGM として公開した場合は私的複製の範囲には含まれませんし、また公衆送信権の侵害であると判断されます。また他人に CD を借りて複製を作る場合であれば、同居の親族であれば私的複製の範囲に含まれますが、別居している親族や同居していても親族でない場合については私的複製の範囲を超えていると判断される場合もあるようです。また認められるのは複製のみですから、譲渡や配布、上演などは私的複製の範囲には含まれないことにも注意が必要です。またコンテンツによっては私的複製が禁じられているものもあります。それはコンテンツに複製防止の対策が施されている場合で、この防止措置を解除して複製を行うことは例え私的複製であったとしても著作権法に違反する行為となります。ただし法規定は個人に対しての適用を想定したものではなく、主に複製を製造する機器やソフトウェアの開発者に対する規制です。したがって一般的に流通している機材やソフトウェアで複製を行えるものについては違法となるケースは少ないと考えて良いでしょう。

　第 2、および第 3 の例外については、いずれも非営利目的での著作物の利用に該当する場合です。学術的な研究利用や公共性の高い利用、学校等の教育機関で用いられる場合は著作物を公共財として利用することが認められる場合があります。ただしいずれの場合も公共性や学術上、便宜上の理由で認められた例外であることに注意する必要がありますから、これらの場合であっても、著作権者の権利を侵害するような行為をしてはいけないことは言うまでもありません。特に新型コロナウイルスによるパンデミックの渦中では急遽オンラインでの授業を行う必要が生じたため、教育現場での著作物利用に対する権利管理を限定的に緩和する通達が文化庁から行われ、通常では著作権法違反となるようなコンテンツの取り扱いであっても権利者の許諾のもとで容認されていた事例もあります。しかしこれらはあくまでも緊急的な措置であり、2024 年時点ではすでに緩和措置が終了している点には注意が必要です。

　著作権の保護期間は国により多少の違いはあります。大多数の国が加盟している国際条約であるベルヌ条約では、最低でも「著作者が生存している期間」および「著作者の死後 50 年間」の

間は保護をするように求めています。著作権の発生については、権利の取得に申請と認可が必要な産業財産権とは異なり、著作権は著作物を作成し、公表した時点で自然発生的に著作権が認められます。なお日本国内では長らく著作権の保護期間は50年とされていましたが、著作権法の改正により2018年以降は保護期間が欧米と同じ保護期間である70年に延長されています。

　なお、著作権の保護期間が経過したことで著作権が消滅した著作物や、著作者が著作権を放棄した著作物については公有財産（パブリックドメイン）と呼ばれる、著作権が設定されていない状態へと移行します。パブリックドメインとなった著作物は自由に複製、配布、上演が可能となるので格安DVDソフトのようなパブリックドメインとなった映画を専門的に取り扱うビジネスも存在しています。また、日本では著作権の放棄は認められていませんので、著作権を行使しないという宣言を行うことは可能ですが、法律上は著作者が生存している期間に著作物をパブリックドメインとすることは困難です。

　著作権（著作財産権）が著作物から得られる利益の保護を目的とした権利であるのに対して、著作者人格権は著作者の名誉やプライドといった人格を保護するための権利です。著作者本人の人格を守る権利であるという性格上、著作権（著作財産権）とは異なり、他人に譲渡することはできません。また、著作者人格権は著作者個人に対して与えられる権利ですから、著作者が死亡した時点で権利が消滅する特徴を持ちます。

表3-5　著作者人格権に含まれる権利

権利名	内容
氏名表示権	著作物に氏名を表示するかどうかを決定する権利
同一性保持権	著作物を無断で他人に改変されない権利
公表権	著作物を公表するかどうかを決定する権利

　氏名表示権は、著作物に著作者の氏名を表示するかどうかを決める権利です。これは自分が著作者であることを表明する権利であると同時に、出版や映画化などの翻案が行われた際に著作者として不本意な出来映えであった場合、自分の著作物ではないと氏名表示を拒否することができる権利でもあります。また、表示する著作者名は必ずしも実名である必要はありませんから、ペンネームのような本名ではない名前であっても氏名表示権の対象となります。

　同一性保持権は、著作物を他人によって無断で改変されることを防ぐための権利です。知的創作物である著作物の多くは作者のアイデンティティに密接に関連しているものですから、それを無断で改変されることは著作者にとって大きな精神的苦痛を受けることになりかねません。そのため、このような苦痛から著作者を守るためには、他人の手によって著作物を改変されないという保証が必要となるため、同一性保持権が作られました。ただし、同一性の保持については著作権の翻案権と一部競合する部分がありますから、翻案権が第三者に渡っている場合に同一性保持権と翻案権のどちらが優先されるべきであるか議論の余地があります。またパロディ作品などで著作物が原形を留めないほど改変されているケースでは、改変された作品が別の作品と認識されるため、同一性保持権が認められない場合もあります。

　公表権は、著作者が自分の知的創造物を、いつ、どこで、どのような形で公表するのかを決定

することができる権利です。私的創造物は公表されてはじめて著作権を得る著作物となりますから、どのようなタイミングで公表を行うかを決定する権利は著作者にとって重要な権利であるといえるでしょう。そのため、たとえすでに世間に知られているような著作物であっても著作者が公式に公表していなければ法的な扱いとしては未発表ということになります。なお、公表権は著作物を公表した時点で消滅し、公表の取り消しを行うことはできません。

　著作隣接権は、著作物を伝達する事業に携わる人や組織に与えられる財産権の一種です。著作隣接権の具体的な対象としては、音楽を演奏する演奏家やオーケストラをイメージするとわかりやすいでしょう。演奏家は自分自身で作曲を行うわけではなく、作曲家が創作した楽譜を用いて演奏を行いますが、この場合、楽曲の著作権は作曲家にあり、演奏家はその著作権を利用して演奏を行う利用者になります。演奏家は音楽を奏でますが、その演奏自体は知的創作活動ではなく、著作物の伝達活動でしかありません。しかし実際には同じ楽譜であっても演奏者の個性や表現手法によって聞き手が受ける印象は異なりますから、演奏するという行為もまた知的創作活動の一種であるという観点から著作隣接権が作られました。

● 著作権と著作隣接権

　また演奏した楽曲が音源として販売された場合、作曲家だけでなく実際に演奏を行った演奏家にも収益が還元されるべきなのは間違いありませんから、著作隣接権によってこれらの収益を保護することが行われています。

　なお、実際に著作隣接権を保持するのは演奏家やレコード会社、放送事業者などが主となります。また著作隣接権には元の著作者と同じような著作権（著作財産権）と著作者人格権が設定されていますが、具体的な権利の内容については著作権、著作者人格権とほぼ同一の内容ですので、ここでは説明を割愛します。

3-4. 知的財産権に関する問題

　知的財産権についての知識を深めるためには、知的財産権に関する問題を知ることも必要です。知的財産権は古くから存在していた概念ですが、20世紀末頃から特にその存在がクローズアップ

される機会が多くなりました。一般的に知的財産権に関するニュースが報じられるのは、知的財産権が侵害されるなど何らかの問題が生じた場合がほとんどですが、近年になってこれらの問題が報じられる頻度が高くなっています。これは社会全体が情報化し、コンピュータやインターネット、スマートフォンといったデジタル機器が普及したことと無関係ではありません。このような情報化社会における知的財産権に関する問題は、日本のような先端技術や娯楽メディアを国の主力産業としている国家にとって、国の経済にも大きな影響を与える深刻な問題ということができるでしょう。

産業財産権に関する問題の例
- 海賊版商品や偽ブランド商品の横行
- 新技術を巡る特許権侵害に関する訴訟

著作権に関する問題の例
- デジタルコピーの登場による私的複製の見直し
- インターネット上での著作権侵害の横行
- 著作物保護期間の見直し

　産業財産権に関する問題の筆頭として挙げられるのは、やはり海賊版商品や偽ブランド商品に関するものでしょう。特許や実用新案として登録されている技術を無断で使用し、商品そのものを模倣する海賊版商品は正規の商品販売に悪影響を与える重大な犯罪ですし、また、粗悪な商品に有名ブランド名を盗用する偽ブランド商品は正規商品の販売に悪影響を与えるだけでなく、製品のブランド自体を貶めるような非常に悪質な行為であるといえるでしょう。そのため被害を受けた企業だけでなく、司法や行政がこれらの海賊版商品や偽ブランド商品を取り締まるべく活動を行っていますが、違法な製品の多くが海外で製造、流通しているため日本国内の活動だけでは根絶は困難です（具体例については事例：法律-7 を参照して下さい）。

　また、産業財産権のなかでも特に大きな経済的価値を持つ特許権では、しばしばその特許の有効性を巡る争いが起こっています。多くの場合、このような訴訟では双方の主張が真っ向から対立するため裁判が長期化する傾向にありますが、特許権自体が有効期限のある権利であるため無益な訴訟によって特許の有効性が低くなることは憂慮すべき事態であると言えるでしょう。

　著作権に関する問題のなかで、一般の利用者に最も身近なものはデジタルコピーによる私的複製に関するものでしょう。もともと私的複製が認められていた背景には、カセットテープやビデオテープを使ったアナログなダビングを行うと著作物が劣化していくことを前提としていた面があります。ですが、デジタルコピーが登場したことでその前提が成立せず、品質を劣化させずに無限にコピーが製造できるようになり、私的複製による複製物が著作権者の複製権を脅かしかねない事態になってしまいました。そのため、デジタル媒体を用いた録音や録画の際には著作権者に対して一定の補償金を支払う私的録音録画補償金制度が導入やデジタル録画された映像をコピーできる回数を機械的に制限する仕組み、DRM(Digital Rights Management) のようにコンテンツの再生を特定に機器やプレイヤーに限定することでデジタルコピーによる著作権侵害を防

ぐ仕組みが用いられていますが、根本的な問題の解決には至っていません。

　特に各種の著作物がインターネット上で無断配信される事件が多数発生し、社会問題となっています。かつてはファイル共有ソフトを用いた不正コンテンツ配信が問題とされましたが、法改正や取り締まりによりファイル共有ソフトを用いた違法行為は激減しました。一方でリーチサイトと呼ばれる違法コンテンツそのものを自分のサイトにおかず、海外サーバへのリンクのみを配信するサイトが問題となったり、動画配信サービスを用いて発売前のマンガを配信する事例等も発生したりするなどして著作権者に対して多大な損害を与えています。そのため、著作権を保有する企業や団体は業界団体である ACCS（社団法人コンピュータソフトウェア著作権協会）を立ち上げ、デジタルコンテンツの著作権保護や保護のための啓発活動を行っていますが、インターネット上では依然として違法な著作権侵害コンテンツが流通しています。これらの被害を防止するため、著作権法には何度か改正が行われています。かつては違法コンテンツの取り扱いはアップロードのみが処罰対象とされていましたが、段階的に改正が行われ有償著作物についてはダウンロードについても違法とされるようになったほか、リーチサイトのような違法ダウンロードを誘発するリンクの公開についても著作権侵害と認められるようになりました。またマンガのあらすじを詳細に紹介するサイト、いわゆるネタバレサイトが著作権侵害で摘発された事例もあり、コンテンツの保護体制が強化されています。

　さらには、著作権法によって著作物が保護される期間についても議論が行われています。かつて日本の著作権法では一般的な著作物が保護される期間は著作者の死亡から 50 年間と定められていましたが、欧米では 75 年間が主流でした。複数の国が参加する TPP（環太平洋パートナーシップ協定）では権利保護を公平に行うことが求められ、TPP 加盟国で足並みをそろえるために著作権の延長が必要とされた結果、日本国内でも著作権法の保護期間が 70 年へと延長されることになりました。ただし保護期間の延長は著作物の利用を促進する観点や、後進の育成といった観点から簡単に延長するべきではないという意見も根強く、延長による創作活動の萎縮を懸念する声もあがっています。

　情報倫理において知的財産権が問題とされるのは、多くの場合、インターネットなどを通じた著作権侵害に関連するものであるといえます。インターネットでは様々なコンテンツを自由自在に扱うことができる反面、それぞれのコンテンツには著作者、著作権者が存在し、著作権が設定されていることをつい忘れがちになってしまうこともあるかもしれません。ですが、著作物を無断で複製、配布するような違法行為を行わないことは当然として、著作物を利用する際には著作者に対する敬意をもって、適正な対価を支払うことも必要です。これらの行為は法律にかなうことであるだけでなく、著作者がさらなる新しい著作物を生み出す原動力になることでもあります。気に入ったコンテンツであるからこそ、対価の支払いを含めた著作物の適正な扱いをすることが、コンテンツや著作者に対する礼儀、リスペクトであるといえるでしょう。

3-5. AIと著作権

　この節では 2022 年頃から一般利用が進んだ生成系 AI と著作権についての解説を行います。まず生成系 AI とはインターネット上の膨大なデータをもとに学習を行ったデータを用いて新たなコ

ンテンツを生み出すことができるコンピュータシステムです。生成可能なコンテンツは多岐にわたりますが 2024 年時点では文章や画像、音声、動画のほかプログラム等の生成が可能です。人間が入力したプロンプトと呼ばれる単語群、もしくは自然言語による文章を AI の言語モデルが解釈し、図 3-12 のように条件に沿う生成物を出力します。

プロンプト

white cat standing on two legs ,
wearing a scholar's hat ,
holding tuna.

（二本足で立つ白い猫、学者帽をかぶり、マグロを持っている）

生成

図 3-12　プロンプトによる画像の生成（DALL-E3 を使用）

　生成系 AI と著作権の間にはいくつかの問題が存在しています。まず 1 つ目は AI によって生成されたコンテンツの権利に関する問題。2 つ目は生成系 AI の開発時に用いられるデータの著作権に関する問題。3 つ目は AI によって生成されたコンテンツと既存の著作物との関係に起因する問題です。これらの問題を解説するにあたり、以下では画像生成 AI を念頭に解説を行います。なお 2024 年時点ではこれらの問題について、法整備などが十分に行われていない状況ですので、日本国内はもちろん国際的にも統一的なルールは存在していません。したがって以降の記述は文化庁による 2024 年 3 月時点の指針に沿った暫定的な内容であり、今後変更や追加が行われる可能性がある点に留意して下さい。

A. AI によって生成されたコンテンツの著作物に関する問題

　まず問題となるのは AI によって生成されたコンテンツは著作物として認められるかどうか、そして仮に著作物として認められる場合は誰の著作物になるのでしょうか。まずコンテンツを生み出す AI そのものが著作者となる可能性についてですが、そもそも前節で述べたように著作権は生存している人間にのみ与えられた権利ですからコンピュータプログラムである AI 自身は著作権を獲得することができません。ただし今後 AI 技術がさらに発展して AGI（汎用人工知能）となり、さらには意志や感情を持つようになれば法人のように人と同じ権利を持つことができるようになる可能性はあるかもしれません。しかし、少なくとも今日の AI は道具扱いでのですので AI そのものは著作権を獲得することはできません。

　では生成系 AI を用いてコンテンツを作成した人についてはどうでしょうか。AI を用いて画像を生成する人に対する呼称としては統一的な名称がありませんので、ここでは「AI 利用者」と呼称することにしますが、人間である AI 利用者は AI で生成されたコンテンツに対して著作権を主張できるのでしょうか。ここで重要となるのが著作物の定義で、先に述べたように著作物とは「思想または感情を創作的に表現したもの」であると定義されています。しかし AI は入力されたプロンプトに従い機械的に生成を行う仕組みですから条件をそろえて同じプロンプトを投入すれば誰

でも同じ結果を得ることが可能です。このような状況を踏まえると、現時点ではまだ法律による明確な定義は行われていないとはいえ AI によるコンテンツは「創造的」ではないと解釈される考え方が支配的です。

　この問題については 2023 年 3 月、アメリカ著作権局によって AI によって生成されたコンテンツは人間の関与を欠くことから著作権保護の対象とならないとの決定が行われ、ついて 2023 年 8 月の裁判においてもこの決定が支持される判決が行われています。裁判では著作物について「人間の精神の産物」でなければならないとし、AI による生成物はこの条件を満たしていないと結論づけています。このため生成系 AI によって生み出されたコンテンツは著作権が設定されないコンテンツ、すなわちパブリックドメインの扱いになると解釈されています。一方で AI が生成したコンテンツに対して AI 利用者が加工を加えた部分、たとえば画像のレタッチを行ったり台詞や文言を描き込んだり、あるいはレイアウトを変更したりした部分については AI 利用者の著作物とみなされるとしていますので、AI 生成物が著作物かどうかという線引きは難しい状況になっています。また米国の判例はプロンプトそのものに著作権を認めない方針となっていますが、米国同様に AI 開発に力を入れている中国における同種の裁判ではプロンプトにも一定の著作権を認める判例も出ていますので、最終的にどのような形で国際的な同意が形成されるかは不透明な状況です。

　また高性能な AI が生成した画像や動画、音声コンテンツは基本的に人間が作成したものと見分けが付きませんので、AI 利用者が AI 生成コンテンツを自身の手による著作物であると剽窃することが懸念されるほか、他人を貶める目的で他者を偽ったコンテンツを生成するディープフェイクの問題もすでに生じています。このため、AI が生成したコンテンツを明確に識別できる改ざん不可能な仕組みが必要となりますが、技術的には実現が困難であるため今後問題が拡大することが懸念されます。

B. AI が学習するデータの著作権

　AI を開発するためには学習用に大量のデータを必要としますが、これらのデータは基本的にインターネット上で公開されているコンテンツを利用しています。近年では権利処理が行われたデータセットのみを利用した AI も開発されていますが、依然として多くの AI は権利者の許諾なく収集したデータを用いて開発が行われています。これらの AI 学習素材とされるデータの中には、本来は有償著作物として保護されているコンテンツが海賊版として違法アップロードされたり、不正アクセスによって流出したりして AI の学習素材に含まれてしまっているケースも報告されています。またクリエイターからは自らの作品が AI に学習されることに対する危機感や嫌悪感を示しており、自らの作品の AI 学習を禁じる表明を行ってるケースもあります。

　このような現状をふまえると AI 開発時の著作物無許可学習は著作権上認められず、AI 開発が違法であるような印象を受けるかもしれません。個々のコンテンツそのものにはそれぞれの著作権者が存在していますから、一見すると無許可学習は著作権法に違反しているようにも思えます。しかしこれを人間に置き換えて考えると、たとえば画力を上達させたい人が絵の練習を行う場合、他人の著作物をトレースしたり模写したりして練習して画力を向上させますが、このような行為は違法とは見なされませんし学習の際に手本にしたコンテンツが有償著作物であるか、フリー素材であるかが問題視されることもありません。AI による学習についてもこれと同じであると解釈

され、AI が他人の著作物を用いて学習したとしても、学習そのものは違法行為にはなりません。また AI がコンテンツを生成する際に使用するモデル（学習済みデータ）にはインターネットから取得したコンテンツそのものが保存されている訳ではないため、著作権上は無許可で学習を行った場合であっても完成した AI そのものには法的な問題はないと解釈されます。

● 著作権との付き合い方は人も AI も同じ

　ただしこの扱いはインターネット上のすべてのコンテンツに一律に適用されるものではなく、現在文化庁が中心となって行われている議論では学習データが違法アップロードされた海賊版や不正アクセスによる流出コンテンツである場合、元の著作物の権利侵害を助長する可能性があるため極力利用すべきではないとする方針を示しています。また有償著作物として販売される予定のあるデータベースについては学習対象として利用できないという方針も示されています。いずれも現時点では義務化・違法化のレベルではありませんが、コンテンツの適正な利用を考えれば妥当な方針であると言えるでしょう。

　いずれにせよ AI 開発は各国が力を入れている新しい技術分野です。著作者の権利を守ることは最優先課題ではありますが、過度の著作権保護が AI 開発を萎縮させることがないように適正なデータ利用を行うためのルール作りが今後進められると考えられます。

C. AI が生成したコンテンツと既存の著作物の関係

　すでに述べた通り AI は既存コンテンツを用いて学習を行っていますが、学習データそのものが AI の中に保存されているわけではありません。ですが学習データに多様性が不足している場合、学習データに類似したコンテンツを生成してしまうこともあります。また AI にはファインチュー

ニングと呼ばれる技術があり、たとえば画像生成 AI では DreamBooth や LoRA と呼ばれる追加学習によるファインチューニングを行うことでマンガやアニメ、ゲームなどに登場する特定のキャラクターを出力したり、特定のクリエイターの作風を真似たりすることが可能になります。またイラスト生成に特化した画像生成 AI サービスの中には特定のキャラクターについて重点的に学習を行わせることで、キャラクターの名前を指定すればそのキャラクターが出力されるようにチューニングされているものも存在します。ではこのような既存コンテンツとの類似性がある AI 生成物は著作権法上どのような扱いになるのでしょうか。

　まず特定のキャラクターを模した生成コンテンツについてですが、これは最終的な生成物がオリジナルの著作物にどの程度似ているかという「類似性」、また既存の著作物を利用して生成されていることを示す「依拠性」などが著作権侵害を成立させる基準となっています。したがって意図してオリジナルのキャラクターと識別されるように生成された画像については著作権を侵害しているとみなされますし、意図せずして学習データに近い画像が出力された場合であっても類似性と依存性があれば著作権侵害とみなされる可能性があります。もっとも類似性や依存性による判断基準は生成系 AI にのみ適用される基準ではなく、人間のクリエイターが模倣を行った場合にも同じように適用されるルールです。したがって基本的に人間による二次創作や模倣と生成系 AI による類似コンテンツの出力は法的には同じ扱いになっていると考えて良いでしょう。

　次に画風や作風を模倣した生成コンテンツについては著作物の定義ですでに述べた通り、著作権が保護する対象はあくまでもすでに発表された作品であり「アイデア」は保護対象には含まれていません。著作者による「創作的な表現」については保護されますが、一方で「画風」や「作風」については著作権の保護対象には含まれていません。これは画風や作風を保護対象にしてしまうと後発の創作活動を萎縮させ、画風や作風に刺激を受けた新しい創作の目を摘んでしまう可能性が懸念されるためです。したがって追加学習によって特定のクリエイターの画風や作風を真似る、いわゆる「狙い撃ち LoRA」などと呼ばれるファインチューニングはただちに著作権法に違反しているとは言えません。もっとも著作権法では著作権者の利益を不当に侵害する場合はこの限りではないという付帯事項が設定されていますし、ファインチューニングした結果がオリジナルコンテンツの創作的な表現を真似ていた場合は違法とみなされる場合もあります。生成系 AI による無制限な作風や画風を模倣することが許される訳ではない点には注意が必要です。

　結論として少なくとも現在の日本国内においては生成系 AI の登場は著作権法を大きく変えるものではなく、あくまでも現行の著作権法の枠内で判断を行う方向で検討が進められています。これは生成系 AI がコンテンツを生成する道具のひとつに過ぎず、また創作のための新しい道具であるという認識に基づくものです。著作権は著作物と著作者の利益を守るための権利ですが、同時に著作物の適正な利用や文化の発展に寄与することこともまた著作権の重要な役割です。そのため生成系 AI に関する文化庁が示す方針は両者のバランスを重視したものであると言えるでしょう。

4章

倫理的な問題

1. ネチケット

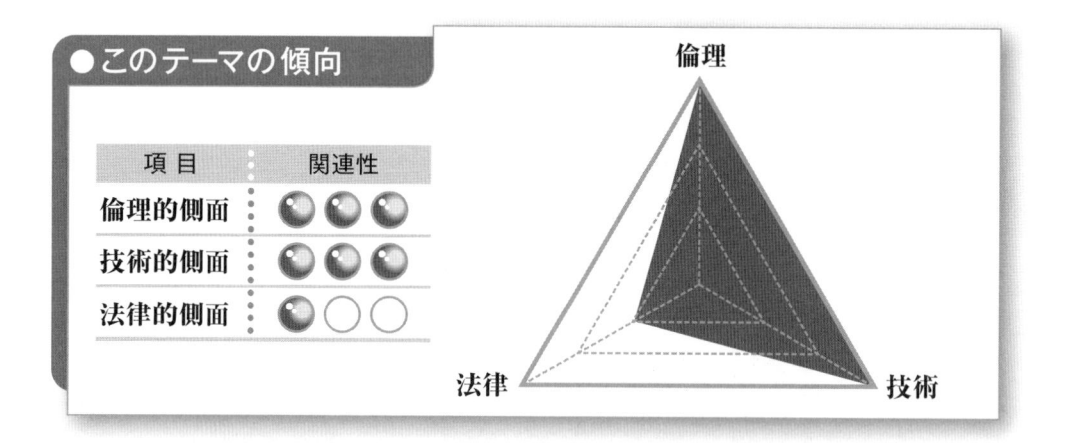

● このテーマの傾向

項目	関連性		
倫理的側面	●	●	●
技術的側面	●	●	●
法律的側面	●	○	○

(レーダーチャート：倫理・法律・技術)

1-1. ネチケットとは

　ネチケットとはインターネットをはじめとした情報通信ネットワーク上での適正な振る舞いを指す言葉で、「ネットワーク」と「エチケット」を組み合わせた造語として生み出されました。ネチケットという言葉の定義やその内容はインターネットの標準規格を定義する文章である RFC（Request For Comment：コメント求む）に記載されています。ネチケットの定義は RFC 1983「Internet User's Glossary」に「ネットワーク上での適切な振る舞いに関する" エチケット"についてのシャレ」と記載されています。ネチケットの内容については RFC 1855「Netiquette Guidelines」に記載されています（詳細は本節 3 項を参照して下さい）。

　インターネットはコンピュータやスマートフォンを使ったデータ通信の技術ですが、利用者が情報端末を操作してネット回線を通じて接続した先にあるのはデータを蓄えたサーバだけではありません。多くの場合、利用者が接続した先には自分自身と同じような人間が存在しています。画面に向かって 1 人で操作をしているとつい忘れがちになってしまうことも多いかもしれませんが、インターネットや SNS を利用しているということは、意識している、いないにかかわらず常に他人と接しているということになります。

● ネットの先にいるのは人間

　人と人とが円満に接するためには、相手のことを思いやるモラルやマナー、礼儀作法が必要になります。世界的な感染症拡大を経て非対面コミュニケーションの場はますます拡大しましたが、インターネットや SNS が面と向かって人と接するのではなく文字が主体となるコミュニケーション主体である以上、対面コミュニケーションとは少し異なるマナーが必要になる場面も増えています。そのようなネットワーク上での人と人とのコミュニケーションを円滑にするために提案されたものがネチケットです。

　ネチケットが最初に提唱されたのは 1996 年のことです。それまでインターネットに接続しているのは技術者や研究者、一部の企業でコンピュータ関連の職種に就いている人のようなインターネットやネットでの作法に詳しい人ばかりでした。しかしインターネットが広く一般社会に普及するにつれて、ネットに詳しい人たちの間では当たり前であったエチケットを知らない、守れない人たちがインターネット上に多く現れるようになりました。そして、それまではそう多くなかったインターネット上での不作法な行いによって、多くの掲示板やメーリングリストといった交流の場が荒れることになってしまいました。そこで、少しでもインターネットでのコミュニケーションを円滑にするために考え出されたのがネチケットでした。

　ネチケットには様々な決まりごとが記されています。しかし、ネチケットは法律や規則ではありませんから、ネチケットに記されていることがらを守るよう強要されるような法的な拘束力が存在するわけではありません。あくまでもインターネットに接続しているすべての利用者が気持ち良くネット上でのコミュニケーションを行えるように、善意で守ることが求められている規範でしかありません。

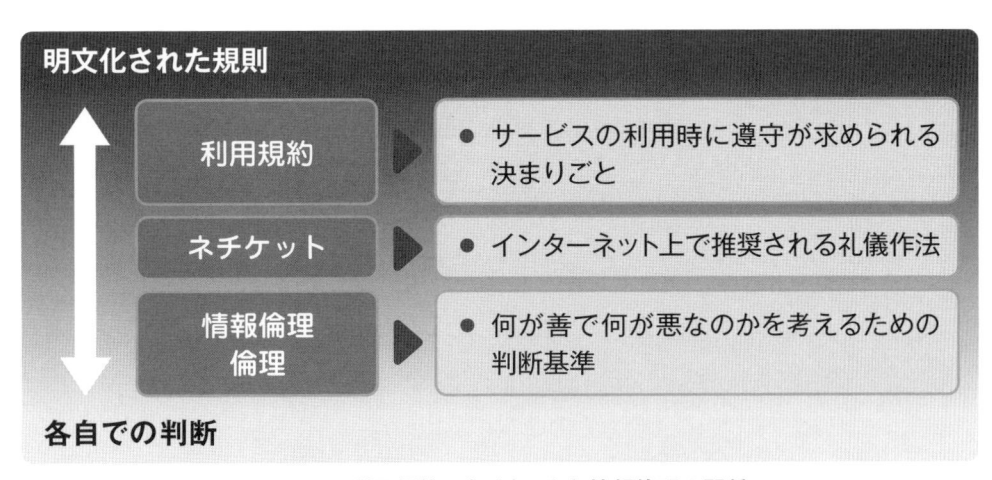

図 4-1　利用規約、ネチケットと情報倫理の関係

　インターネットを利用する際にはネチケット以外にも法律をはじめとした守るべきルールが存在しています。たとえば、ネチケットと同じように法的な拘束力のないルールとしては、ネットワークを管理する組織がその構成員に対して定めたルールである規則や、インターネット接続サービスを提供する企業がその利用者に対して定めたルールである利用規約などがあります。利用規約などはネチケットと同様に法的な拘束力を後ろ盾にした強制力のあるルールではありませんが、それでも規約を守らない場合にはサービスの利用を停止するなどの罰則が適用されることもあり

えます。そのため、利用規約はネチケットと比べると、より強く利用者に遵守が求められるルールと言えるでしょう。

また同様に、情報倫理をはじめとする倫理観もインターネットでのコミュニケーションの際に必要なマナーやモラルと関連のあることがらです。ですが倫理は明文化されたルールではなく利用者自身が自分で善悪を判断する際の基準ですから、何かの行為を行う際にそれをするべきか、しないでおくべきかという判断は利用者自身の意志に任される形となります。

ネチケットはちょうど利用規約と倫理の中間に位置するような決まり事であると言えます。ネチケットは利用規約ほど厳密に明文化されたルールではありませんし、罰則も存在しません。しかし、ネチケットにはこうするべきである、という礼儀作法が明示されていますから、倫理のように個人で行いの善悪をすべて判断するわけでもありません。

1-2. チェーンレターから見るネチケットの必要性

では、なぜネチケットが必要とされるのでしょうか。ネチケットを論じる際に取り上げられることの多い「チェーンレター」を例に、ネチケットの必要性について考えてみることにしましょう。ネチケット（RFC 1855）ではチェーンレターの扱いについて以下のように記述されています。

> - Never send chain letters via electronic mail.
> Chain letters are forbidden on the Internet.
> Your network privileges will be revoked.
> Notify your local system administrator

> 『電子メールを通じて決してチェーンレターを送ってはいけません。
> チェーンレターはインターネットでは禁じられています。
> 送信した場合、あなたのネットワーク利用権は取り消されます。
> もしチェーンレターを受信した場合はシステム管理者に通知して下さい』

マナーやモラルについての推奨される方針が記されているネチケットでは、チェーンレターの項目のような罰則を暗示させる強い禁止は例外的なものです。では、それほど強く送信が禁じられているチェーンレターとはどのようなものなのでしょうか。

チェーンレターは別名チェーンメールとも呼ばれるもので、連鎖的に不特定多数への配布を求めるメッセージの総称です。レターやメールという名前で呼ばれますが、必ずしも手紙の形式ではなく、掲示板への書き込みや SNS などへの投稿やコメント、各種の DM などといった色々な形態でチェーンレターは存在しています。その起源は非常に古く、日本国内でも昭和の時代に不幸の手紙や幸福の手紙といった郵便物が問題となったこともありましたし、一説によると、これらの不特定多数への配布を求める書簡は郵便制度が開始された頃にまでその起源を遡ることができるといわれています。

チェーンレターの最大の特徴は受け取ったメッセージを第三者に転送することを求めるもので、

ほとんどの場合は複数の人に対して転送することを求める文章が添えられており、近年の SNS を介したチェーンレターでは「# 拡散希望」というハッシュタグが添えられていることからカジュアルに情報が拡散する傾向も見受けられます。内容についてはまちまちですが、メッセージを拡散しないことで不幸になるといった古典的な脅迫めいた内容こそ近年では少なくなりましたが、メッセージの拡散が社会貢献になるかのように装ったものや危険を知らせるように装ったメッセージ、収益が得られると装ったメッセージなど多くの人が興味を持つような内容で未だにチェーンレターは拡散され続けています。

代表的なチェーンレターの事例には次のようなものがあります。

● こんなメッセージを受け取ったら・・・？

あなたは友人から、「特殊な血液型の知人が緊急手術を受けることになったが、輸血のために必要な量の血液を確保することができない。多数の協力を得るため、ネットで協力者を募集している」というメッセージを受け取りました。友人は悪ふざけをするような人物ではありませんし、メッセージには実在の病院名や連絡先も記載されていて信用できる話のように思えます。友人は、より多くの人にこの話を知ってもらうために、あなたの知人・友人にもこのメッセージを転送・共有・シェアしてほしいと考えているようです。

このようなチェーンレターにはどう対応すべきなのか説明する前に、実際にこのような場面に遭遇した時に、情報倫理の心得がないとどう対処することが多いのかを確認してみましょう。

このメッセージに対する対応はおおまかに分けると 2 つ、メッセージを転送するか、転送しないかのどちらかになります。なかには条件次第で転送するという慎重派の人もいますので、選択肢は「転送する」「条件付きで転送する」「転送しない」の 3 つのうちのいずれかから行動を選べることにします。

この事例を「これから情報倫理の講義を受講する」大学生に提示し、自分ならどちらを選ぶのか考えてもらったところ、A、B、C の 3 つのクラス単位での平均と全クラスの平均は図 4-2 のようになりました（クラスごとに履修人数にばらつきがあるので、全体平均は各クラスの数値の平均とは一致しません）。

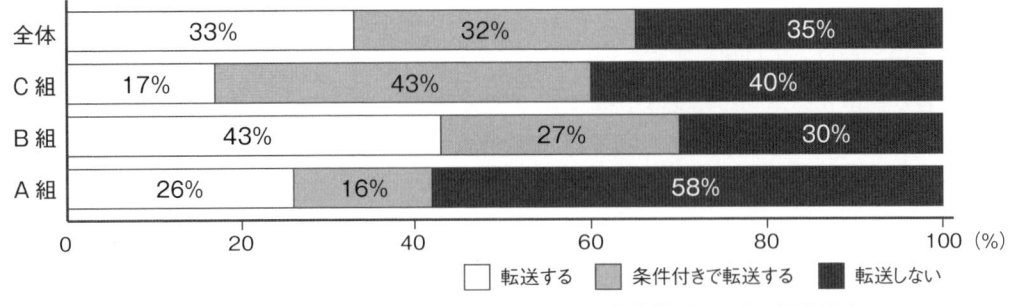

図4-2　チェーンレターを転送するかどうかー大学生274名の回答から

　調査時に他の人と相談しても良いという条件を提示していますので、完全に予備知識のない状態での回答とは言い切れませんが、それでも全体的な傾向で見ると約2／3の学生は無条件、もしくは条件さえ合えばメッセージを転送しても良いと考えていることがわかります。

　参考までに、それぞれの選択肢を選んだ学生から寄せられた回答の理由や意見を自由に記述してもらったなかから、代表的ものをいくつかピックアップしてみると次のようなものがありました。

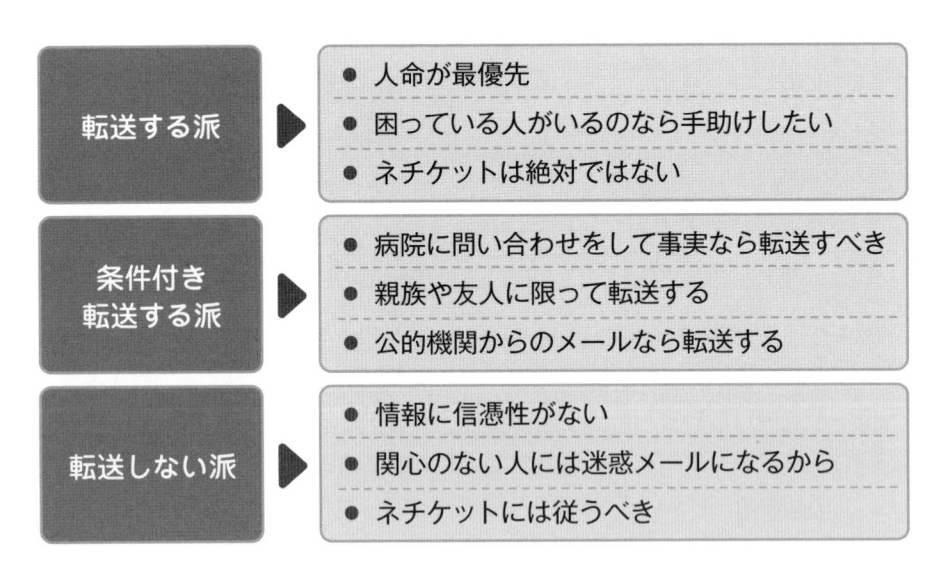

　いずれの意見もこの問題を自分の身に当てはめて真剣に回答していることがわかるものですから、おそらく彼らは実際に輸血への協力を求めるメッセージを受け取った際にはこのように考えて行動するのだろうと思われます。ですが、実はこのなかにやってはいけないこと、すなわち「不正解」がいくつか含まれていることに気づくことができるでしょうか。

　不正解な行為を知るためには、このチェーンレターが実際に世の中に出回った時の出来事を知る必要があるでしょう。輸血への協力を求めるチェーンレターは日本国内でも過去に何度か確認されていますが、なかでも最も大きな騒動となったのはインターネットが身近なものになりはじめた2000年の5月に日本中に広まった1通のメールでした。

　「AB型RH－　献血の御願い」と題されたメールには、実在の病院名と連絡先、そして、その病院に入院している妊婦が帝王切開の手術のため緊急に輸血が必要であること、そしてAB型RH－

という珍しい血液型であるため、輸血に必要な血液が不足していること、そして末尾にメールを受け取った人は他の人にメールを回してほしいことが記されていました。このメールを受信した人の多くはメールの内容を信じ、そしてメールに記された患者の身を案じて協力者を募るべくメールを転送しました。その結果、メールは爆発的に広まり、メールに記載されていた病院には業務に支障をきたすほどの多数の問い合わせの電話や、献血を申し出る電話が殺到しました。ネット上でも混乱は起こりました。このメールに対して協力を求めるメールや Web での書き込みが多数行われ、それと同時にこのメールがチェーンレターであることを指摘する批判の書き込みが行われました。また、メールを受信していないにもかかわらず、Web での書き込みを見て事態を知った人が現状を認識しないまま不確実な情報をさらに転送、転記したことで一層の混乱が生じました。

　結論からいうと、このメールに記されていた患者が入院しているという病院名、AB 型 RH −の妊婦がいること、帝王切開が必要であるが血液が足りていないことはすべて事実でした。そのため多数の献血の申し込みにより、患者は無事に手術を終えることができたのですが、それ以前に生じた混乱はあまりにも大きなものでした。また手術が完了し、病院の Web ページのこのメールに関する説明が掲載された後にも献血依頼のメールは流れ続け、もはや当事者の手の届かないところまで騒ぎは大きくなってしまったのです。

　メールの内容から、最初にメールを発信したのはこの患者の関係者で、知人へ向けた私信として発信されたものであること、そしてメールを受信した人たちの善意によって私的なお願いメールがチェーンレター化したことがわかります。つまり、誰一人として病院の業務を妨害したり、あるいはネットワークを混乱させたりする意図を持った人間がいなかったにもかかわらず、大きな混乱が生じたのです。

　善意による行為であっても結果的に大きな混乱を引き起こすことがある。このことがチェーンレターを回してはいけない最大の理由です。またこの事例からチェーンレターへの対応でとってはいけない行動がどのようなものであるかも理解できると思います。すなわち「メールを転送する」ことはもちろん、「記載された連絡先に問い合わせをする」ことも混乱を招く原因なのです。チェーンレターへの正しい対応はひとつ、「無視すること」です。

転送した
場合

問い合わせを
行った場合

メールが無限に
拡散してしまう

問い合わせ先が
大混乱に

● チェーンレターを回してしまうと

　なお輸血に関するチェーンレターは、この事例以外に 2003 年、2005 年、2008 年にも同様のメールが流れており、2009 年末には Twitter (現 X) 上でも同様の書き込みが確認されています。しかしこれらのうち、本当に患者が存在し輸血を求めていたのは先の 2000 年と 2003 年のものだけで他のチェーンレターはすべて悪質なデマによる騒ぎでした。また 2011 年の東日本大震災や 2016 年の熊本地震、2024 年の能登半島地震などの大規模災害では被災者を装った偽の救難要請や信憑性が定かではない情報、時には健康を害する恐れのある有害な嘘までもが「＃拡散希望」と銘打たれて SNS 上で拡散されてしまいました。同様に 2019 年から世界的な拡大を見せたコロナウイルスによるパンデミック時にも多くの真偽不明な情報が SNS 等を通じて拡散されました。また、そういった非常時以外にもインターネットではペットショップの倒産を騙ったものや、人気番組の企画を騙ったもの、銀行が倒産するというデマなど多くのチェーンレターが流れています（ペットに関連する事例を事例：倫理－１で紹介しています）。

　しかし、これだけ多くのチェーンレターが広がり、騒ぎになっているにもかかわらず、大学生への調査が示すとおりメールや SNS を利用している人の半数以上の人は、ためらいながらもチェーンレターを次へと回したり、あるいは記載された連絡先へ問い合わせたりしてしまいます。これまでにも多くの人がチェーンレターへの対応を失敗し、何度もチェーンレターによる混乱が引き起こされました。一度失敗したことのある人は同じ過ちを繰り返す可能性は低いと考えられますが、初めてチェーンレターに遭遇した人や大災害で混乱している人はやはり先人と同じような失敗をしてしまうことでしょう。だからこそ、ネチケットではチェーンレターは悪である、と強く警告し、失敗しないよう、混乱が起こらないように注意を促しているのです。

　また近年では SNS での情報のシェアを容易に行える引用やリポスト（リツイート）などと呼ばれるシステムによってチェーンレターが拡散されやすい素地が掲載されていると言えるでしょう。メールであれば誰にメッセージを送るか考えながら引用送信を行う必要がありますが、SNS の場合であればリポストをタップするだけで情報が不特定多数に拡散されてしまいます。さらには多くの人が拡散を行うことでタイムライン上に同じ情報が氾濫するだけでなく、特定の指向性をもつ情報が集積されることでエコーチェンバーと呼ばれる特異なコミュニティが形成され、チェーンレターに影響を受ける被害者を拡大してしまう危険性があります。SNS を介したチェーンレターの中には愉快犯的なものだけでなく、金銭目的での偽情報拡散や第三者に対する攻撃を目的とした AI によるフェイク映像、特定の主義思想による偏向的な情報発信など新しい問題も生じていますから、チェーンレターが社会に与える悪影響は一層強まっていくといえるでしょう。

　ネチケットに記載されている内容は、チェーンレター以外の項目についてもネチケットと同じような経緯によってそこに記されるようになったものばかりです。すなわち、古くからインターネットを利用していた先人たちが自分たちの失敗から学んだことを、後からインターネットに参加した人たちへと教訓として伝えたもの、それこそがネチケットの本質なのです。

1-3. ネチケットの考え方

　ネチケットに記されている内容には、どのようなものがあるのでしょうか。RFC 1855 に記載されたネチケットの項目は大きく分けると「一対一の通信（電子メールやチャットなど）」「一対

多の通信（掲示板やメーリングリストなど）」「情報サービス（WWW や FTP など）」の 3 つの項目に分類されています。各項目には通信や情報サービスにまつわる問題に関する予防方法や、機能の使用方法についての説明が事細かに記述されています。たとえば、メールに関するネチケットについては次のような内容が記載されています。

メールに関するネチケットの例

- メールは安全ではないため葉書に書かないような個人情報は記載してはいけない
- 電子メールでチェーンレターを回してはいけない
- 受信者に配慮しメールの前か後に自分が誰かがわかる情報（署名）をつけるようにすべきである
- 1 行の長さは半角 65 文字未満、行末には改行をつけるべきである
- 送信するメッセージのサイズは 50KB 以内にすべきである

　これはネチケットに記載された内容の一部を要約したものですが、この他にもマナーやエチケットに関することから技術的なことがらまで、メールを利用する際に知っておくべき様々な注意点について事細かに記載されています。

　ところで、RFC 1855 が記述されたのは 1995 年のことですから、そこに記載された記述のなかには今日の社会、あるいは技術には適合しないものも多く含まれていることも事実です。たとえば上記のメールに関する項目のなかでは最後のメッセージサイズに関する部分が最も顕著なものだと言えるでしょう。1995 年当時のネットワーク接続は電話回線によるダイヤルアップ接続が中心なので 64Kbps 程度の通信速度の利用者がほとんどでした。この通信速度で 50KB のメッセージを受信するためには 6 秒以上が必要になる計算になりますが、近年主流の光回線（10Gbbs）や 5G 通信（20Gbps）では 50KB 程度のデータ量であれは即時に受信できることになります。つまりこの項目の場合であれば 50KB という数字そのものに意味があるのではなく、受信する相手のことを考えて送信するサイズを小さくすること推奨している項目であると理解するべきです。なお今日のビジネスマナーを勘案するとセキュリティの観点からファイルをそのまま送信するのではなく信頼の置けるストレージサービスにファイルを預けた上で、ファイルの URL とパスワードを別々のメッセージで送信する方法が推奨されていますから、その点から見てもネチケットの記述自体が過去のものであることはうかがえます。このようにネチケットに記載されている項目は一字一句暗記するべきものではなく、必要に応じて内容を読み替える必要があるといえるでしょう。

　また、ネチケットに記載された各項目について詳細に説明すると、それだけで 1 冊として成立するだけの分量が必要となります。そのため、本書ではネチケットの各項目について細かく説明を行うのではなく、ネチケットの背景にある考え方を理解することでその本質について理解できるように説明を行います。

　なお、RFC 1855 全文は Web で閲覧することが可能です。もともとの RFC 文書はすべて英語で記述されていますが、1855 のように多くの人にとって役立つ大切な文書については有志によって和訳されたものが Web に掲載されています。ネチケットをより詳細に理解したい場合は是非RFC 1855 を参照して下さい（RFC1855 の一部は事例：倫理－ 3 でも紹介しています）。

ネチケットの背景にある考え方を理解するためには、ネチケットがどのような考えによって作られているかを理解する必要があります。このネチケットの基本ルールとも呼べるものは、ネチケットに関する初期の書籍であるバージニア・シャー著『ネチケット－ネットワークのエチケット－』のなかで 10 の項目で表現されています。

ネチケットの基本ルール

1. みな人間であるということを忘れない
2. オンラインでも普段の生活で守っているのと同じ行動の基準に従うこと
3. 自分がサイバースペースのどこにいるかを知っておくこと
4. 他の人の時間とバンド幅を尊重すること
5. オンラインでは、いいかげんな表現をしない
6. 専門家の知識を分かち合おう
7. 罵倒戦争（flame war）を自制しよう
8. 人のプライバシーを尊重しよう
9. 権力を乱用しないこと
10. 人の過ちには寛容に

『ネチケット －ネットワークのエチケット－』より

ルール 1 はネチケットの最も重要な部分であるといえるでしょう。ネットワークでのコミュニケーションは情報機器を操作することで行いますから、つい画面の向こう側に誰か他の人がいるという最も大切なことを忘れてしまいがちです。自分の書いたメッセージが自分のパソコンやスマートフォンの中だけに保存されるのであればどれだけきつい言葉や相手を傷つける言葉を書いても誰かに伝わることはありませんが、ネットワーク上にその言葉を発信してしまうとそのメッセージはプライベートなものではなくなってしまいます。そして、場合によってはそのメッセージを見た誰かを傷つけたり、見ず知らずの第三者に拡散されてしまったりすることになるかもしれません。

ネットワーク上にメッセージを発信する自分の書き込みが誰かを傷つけるということを常に意識していれば、ネットワーク上でのトラブルの多くは未然に防ぐことができるはずです。情報機器を介してネットワークにメッセージを発信している人たちも、本当はネットワークの先に誰かが存在することは知っているのですが、残念なことにこの最も大事なことを忘れてしまい、面と向かっては言えないような言葉をネットワークで投げかけてしまいます。そういったトラブルを防ぐためにも、常にネチケットを意識することが重要です。

ルール 2 で示されている行動の基準とは、法律であったりルールであったり、あるいは倫理観であったりといった、自分の行動に対する善悪の判断をする基準です。ネットワーク上では匿名で活動できること、相手とは直接対面しないこと、さらに多くの場合、ネットワークへの接続は一人で行うことなどから、普段の生活では決してしないようなことをしてしまうケースも少なくありません。ネット上で脅迫や詐欺などが多いのも、誰にも見られていないネット上でなら、自分のやったことだとバレないだろうという心理に基づくものだと考えられます。

● 普段しないことはネットでもしてはいけない

　ですが、ネットや SNS 上で行ったことも、日頃の生活のなかで行ったことも、その結果に対する責任は等しく降りかかってきます。匿名だからバレないだろう、と迂闊に行った行為の結果、犯罪者として逮捕されてしまう人は少なくありません。たとえネット上であっても、常に日頃の生活と同じ基準で行動しなければいけないのは言うまでもないことです。

　ルール 3 はネットワーク、特にインターネット上での自分の居場所に関することがらです。インターネットは世界中を接続したひとつの巨大ネットワークですが、そのネットワークは無数の小さなネットワークが網の目のように張り巡らされた集合体でもあります。また分散型の SNS サービスについても、人々の繋がりを集めた集合体によるものです。つまり、インターネットや分散型 SNS を利用していることはそれらを構成する小さなコミュニティを利用しているにすぎないということです。

　そして、小さなネットワークにはそれぞれの場所、コミュニティを管理している管理者が存在します。管理者がいるということは、それぞれに管理者が定めたルールがあり、小さなネットワークのなかでは何よりもそのルールが重要視されます。ネチケットは確かにインターネット全体で共通的に守ることが推奨されている規範ですが、それぞれの小さなネットワークのローカルルールのなかにはネチケットとは相反することが求められているかもしれません。そのような場合、従うべきなのはネチケットではなくローカルルールです。つまり、場所に応じてそれぞれのルールが存在することを知り、そのローカルルールに合わせることができなければ、本当の意味でネチケットを知っていることにはならないのです。

● 書き込みの前に熟読することが大切

　では、ローカルルールを知るにはどうすればよいのでしょうか。これは非常に簡単です。新入りの利用者がその場で不作法だと思われるのは、たいていは場の空気やルールを読まずに書き込みをした時です。書き込みをする前にその小さなネットワークを慎重に観察し、そこではどのようなルールが守られているのかを確かめた上で書き込みをすれば、無用のトラブルを回避することができるのです。

　ルール4については、バンド幅という言葉に説明が必要かもしれません。バンド幅、日本語では通信帯域とも呼ばれますが、これは通信に要する時間や通信回線そのものの容量を意味する言葉です。つまり、ネットワークを利用することは多くの場合、他の誰かとコミュニケーションを取ることですから、その相手の時間やデータ回線を占有してしまわないように注意を払う必要があるということです。世界は決して自分のためだけに存在しているわけではありません。自分にとっては一時を争う緊急事態でも、多くの場合、他人にとってはどうでも良いことでしかないと知っておくべきでしょう。

　もっとも、他人の時間やバンド幅は自分が思っているよりも簡単に侵害してしまうものでもあります。たとえば、少し調べればわかることを見境なく手近なSNSコミュニティや掲示板などで質問する行為は、そのメッセージを読んでいる人たちに余計な記事を読む時間を浪費させることになりますし、また「自分で調べろ」とか「それはここで聞くべき話ではない」という説教を書き込んでくれる誰かの時間とバンド幅を浪費してしまいます。書き込みの前に、本当にその質問がその場に相応しいか、調べればすぐ届くところに答えが用意されていないか、ほんの少しの確認をすることを怠ってはいけません。

　ルール5は、ネットワーク上でのコミュニケーションが文字に依存していることによるものです。対面での会話であれば前後のやりとりや、会話の際の表情で言葉にしない情報が相手に伝わることも多いのですが、文字だけでやりとりをするネット上では文字として表現されていないことを相手に伝えることはできません。

　日本には行間を読む、すなわち相手の言いたいことを正しく理解できるように想像を巡らせることが美徳であると考える習慣がありますが、相手が行間を読んでくれることを期待して不十分な文章を投げかけるのは決して好ましいことではありません。また、相手が行間を読んでくれる保証などまったくないわけですから、額面どおり受け取られても文句をいうことはできません。そのため、ネットではことさら文章の表現は慎重に行うべきです。また、不必要に刺激的な表現を使うと余計な論争を生む原因となってしまいます。書き込みの前にその内容が適切であるか、そして不足していないか、最低限そのことを確認する必要があることは言うまでもありません。

　また近年ではZOOMやTeamsのようなオンラインミーティングも頻繁に利用されるようになりました。これらのオンラインミーティングによるビデオ通話を用いることでネットワーク経由でも文字コミュニケーションより多くの情報量をリアルタイムでやりとりできるようになりました。しかしオンラインミーティングでは話者が一人だけに限定されるシーンが多いうえに身振り手振りで伝えられる非言語コミュニケーションに制限が加わるため、対面のコミュニケーションと同等の情報量を伝達することは困難だと言えるでしょう。

　ルール6はネット上で何事か質問をした後の対応についての項目です。ネット上で何事か質問をし、幸運にもその回答を得られた場合、回答者にお礼を言ってそれで終わりにしてしまうこと

はないでしょうか。確かに質問をした自分は回答を得られましたが、ひょっとしたらどこか別の場所で同じことで悩んでいる人がいるかもしれません。そういった同じ悩みの人が別の場所で質問を行い、ふたたび専門家の手を煩わせないように、得られた知識は何らかの形で他の利用者にもフィードバックできるようにしておくべきだという提案がこの項目の趣旨です。もっとも近年では Wiki や知恵袋サービスのような多くの人の知恵を集めて問題を解決する集合知のサイトが存在しますから、質問を誰かに個別に行うのではなく、集合知のサイト上で行えば自動的に専門家の知識を共有することが可能になるといえるかもしれません。

　ルール 7 は「罵倒」と記載されていて刺激的ではありますが、flame を正しいイメージに当てはめるには「議論」と訳したほうが良いかもしれません。すなわち、この項目は罵倒しあうなということではなく「論争を慎む」という意味で捉えると良いかもしれません。また、近年ニュースサイトのコメント欄や SNS が罵倒や論争の場となることを炎上と表現しますが、これはまさに flame という言葉にぴったりな和訳といえるかもしれません。

　ネット上での論争のなかには知的なものも存在しますが、なかには低レベルな罵声の浴びせあいのようなものも見受けられます。本人たちは自分たちだけで論争を行っているつもりなのかもしれませんが、ネット上の多くの場所は多くの人の目に晒される公の場です。

● 炎上は多くの人に注目されてしまう

　日常社会ではオフィス街や商業施設のなかで罵り合い、議論をするのが恥ずかしいことであるのと同じように、ネットの上でも不特定多数の目に付くような場所では不用意な論争を行うのは好ましいことではありません。また、不幸にも自分の書き込みが原因で炎上してしまった場合、自分に非があるのであれば謝るべきことは謝り、炎上を沈静化させるように働きかけることが重要です。物見高い見物客のなかには火に油を注ごうと待ち受けている不届き者が多いのもネットの特徴なのですから。

　ルール 8 で記述されている他人のプライバシーを侵害しないということは、一般社会においても当たり前のルールです。ですが、普段は他人の私生活や通信内容を覗き見しない人であっても、電子メールのような、無防備な形で放置されているデジタルなプライバシー情報にはつい興味を

示してしまうことがあるかもしれません。たとえば、友人がスマートフォンのロックを解除した
まま端末を置いて席を立った場合に好奇心を抑えることができるでしょうか。あるいはそれが単
なる友人ではなく、恋心を抱く意中の相手だった場合にはどうでしょうか。

● 気になるあの子のスマホを見たいけど・・・？

　しかし当然のことながら、たとえどれだけ見たいと思っても他人のプライバシーを侵害する行
為はしてはいけません。あいにく日本の法律ではプライバシーの侵害を罪に問うことは難しいの
ですが、もしプライバシーを侵害された相手が民事訴訟を起こした場合は訴えられた側は高い確
率で裁判に負けてしまうことになりますし、仮に訴訟にまで至らなかったとしてもその相手から
嫌われてしまうことは避けられないでしょう。そういったトラブルを引き起こさないためにも、
常に他人のプライバシーを尊重することが大事ですし、また他人にプライバシーを侵害されない
ように注意することも重要です。
　ルール9に記載されている権力の乱用については、学生である間にはあまり関係のないことに
思えるかもしれません。ネットワーク上で権力を持つのは組織内のネットワーク管理者やシステ
ムの責任者になった場合ですから、多くのネットワーク利用者の立場では、当面、もしくは一生
そんな権力を持つことはないよ、と考える人が大部分でしょう。

● 自分のWebページは自分の王国だけど

　しかし自分の Web ページやまとめサイトを持っている、あるいは SNS に自分のアカウントを所有しているのであれば、その考えは正しいとは言えません。なぜなら自分の Web サイトや SNS といった場所では、サービス提供者という大きな管理者の監督下とはいえ、個別のアカウントを管理する権限が一般の利用者にも与えられているからです。たとえば Web での書き込みや相互リンクの扱い、まとめサイトで取り上げる記事や記事に対するコメントなどのルールはそれぞれの利用者が自分の裁量範囲でどうするか決めることができる項目です。他の人との接点となるこれらの項目で、自分勝手なルールを押しつけることは権力の乱用にほかなりません。他のルールとは違い、このルールに反した行為を行ったとしても例外的に他の人に迷惑をかけることはほとんどありません。ですが、他人は自分勝手な行いをするあなたを見限って、遠ざかっていくことになるでしょう。

　ルール 10 はこれまでの項目を読んで「なんだ、そんな当たり前のこと…」と感じた人にこそ、心に深く刻み込んでほしいルールです。人は誰でも失敗をします。それが初心者であればなおのことで、上手く場に溶け込みたいと思いながらも失敗したり、場の空気を読めなかったりするものです。そんな初心者を見かけたときに腹立たしい思いをするのではなく、優しく手をさしのべてほしい、というのがこのルールが伝えたいことです。

　自分が初めて SNS や掲示板に書き込みをした時のことを思い出してみて下さい。投稿しようと考えている文書を何度も読み返しながら、おそるおそる、怒られないだろうか、返事がくるだろうか、そんなことを考えながら投稿を行ったのではないでしょうか。そして、投稿に対して好意的な返事がもらえれば喜び、否定的な返事がくれば落ち込む。そんなことを繰り返して、ネットというコミュニケーションの場になじんでいったはずです。

　確かにネチケットを守ることは大切です。ですが、ネチケットを守らない人に対して、厳しい批判や攻撃を行うことは正しいことではありません。もし相手がネチケットを知らないのであれば、ネチケットとはどのようなものであるかを教えてあげるべきです。相手が初心者なのであれば、頭ごなしに批判するのではなく、何が悪いのか、どうすべきであったのかを教えてあげて下さい。誰もが皆、最初は初心者だったのですから。

　以上のようなネットワーク上で他人と接する際に注意すべきこと、してはいけないことを場面ごとに細かく説明しているのがネチケットです。ネチケットに記載されたそれぞれの項目は非常に細かなことにまで記述されていますが、その本質はこれらの基本的なルールに集約されるといえるでしょう。

1-4.　ネチケットとどう接するか

　ところで、もしネチケットが存在しなければ、ネット上でのコミュニケーションはどうなってしまうのでしょうか。この仮説に対する回答のひとつは「共有地の悲劇」というモデルで説明すると理解しやすいかもしれません。「共有地の悲劇」とは経済学やゲーム理論といった分野で語られる法則に基づくシミュレーションモデルのひとつで、次のような例で語られます。

● 共有地の悲劇

　共同で利用される牧草地を個別の牧場主が牛の放牧場として利用しているとします。それぞれの牧場主はより多く儲けようと考えていますので、他の牧場主よりも多くの牛を牧草地帯に放とうとします。誰かが抜け駆けをしてより多くの牛を放牧すると、当然抜け駆けした人は短期的には大きな儲けを得ることができますが、他の牧場主も当然それを真似しますので、牧草地帯には許容量を超えた牛が放牧されることになってしまいます。

　その結果、牧草地帯は牛によって食い尽くされ、放牧には適さない荒れ地へ変貌してしまい最終的には牧場主たちは全員、牛を飼うことができなくなって破産してしまいます。誰も抜け駆けをせず、限られた数だけを放牧していればそのような悲劇が訪れることもなかったのに、と悔やみながら。

　このモデルは管理者のいないオープンな環境で自己中心的な行動をとる者があらわれた場合、まわりの利用者がそれに追随してしまって環境すべてが悪化することを表しています。そのため、共有地の悲劇の逸話は地球環境の問題を論じる場合にも用いられます。地球は地球上に住むすべての人の共有財産ですが、共有であるがゆえに皆が好き勝手に利用することができ、その結果として環境が悪化して取り返しのつかない状況に陥ってしまいます。そのため、環境を保全するために政府が法律によって規制を行い、皆がその法律に従うことで地球全体の環境を保たなければいけない、と。

　この「地球」という言葉を「ネットワーク」に置き換えるとどうでしょうか。インターネットも全体管理者のいないオープンな環境です。そこで活動する利用者はその行動を制限されることは少ないですが、制限がないからといって自己中心的な利用者が増えるとどうなるでしょうか。地球環境が悪化するように、そして牧草地帯が荒廃するように、ネットワークというコミュニケーションの場もまた、状態が悪化していくことは間違いありません。

　国境を越えて存在するインターネットには全体を管理する法律や、管理を行う責任者は存在しません。そのような特殊な環境下で環境の悪化を防ぐためには、個々の利用者が自分たちでルールを決めて行動することが求められます。そのための利用者が定めたルールこそがネチケットなのです。

　しかし、ネチケットにも多少の問題がないわけではありません。たとえばチェーンレターを回してはいけない、とネチケットで禁じることは簡単です。しかし規則としてチェーンレターを禁じるだけでは、チェーンレターが悪であることは知ることができても、なぜチェーンレターが悪いのか、チェーンレターを回すとどうなるのかを知ることができません。そのような乏しい知識で判断を行った結果、善意に基づくチェーンレターが流行し、多くの人が混乱したり迷惑を被ったりすることになります。善意のチェーンレターを回した多くの人たちも、チェーンレターが良くないことは知っていたはずです。ですが、ただチェーンレターが悪いということだけでは、人助けになるのならば、と判断してしまったとしても仕方ないといえるかもしれません。

　本当に必要なことはネチケットの規則を覚えることではありません。なぜネチケットが必要とされるのか、ネチケットを守らないことでどのような影響を周囲に及ぼすことになるのかについて理解し、自発的にネチケットに相応しい行動を自分で考え出せることこそが情報倫理の心得だといえますし、また情報化社会で生きるために必要とされることなのです。

　また他人に迷惑をかけないという他愛的な理由だけでなく、自分勝手な行動はやがて自分自身の身に降りかかってくることを意識した、自己防衛的な理由でもネチケットが必要であることは言うまでもありません（ネチケットを守らないことがどのような結果を招くのかについては事例：倫理－2も参照して下さい）。

2. メディアリテラシー

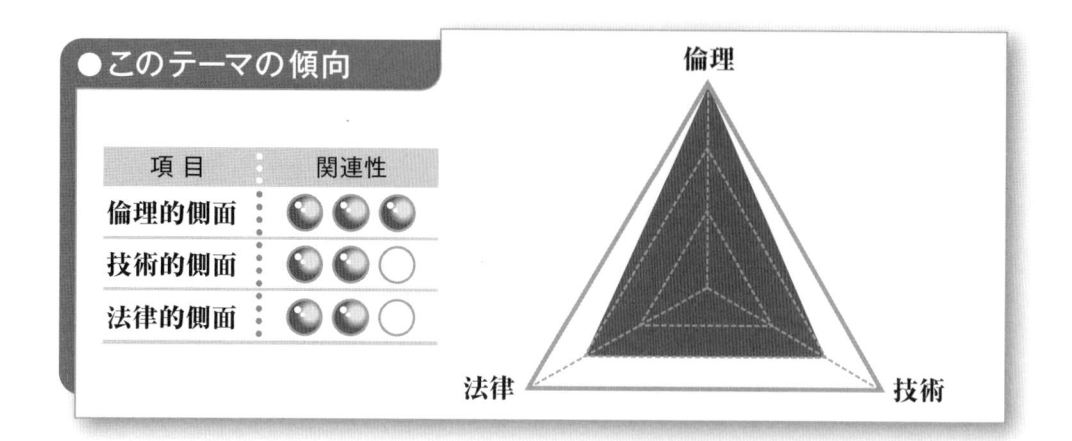

●このテーマの傾向

項　目	関連性
倫理的側面	●●●
技術的側面	●●○
法律的側面	●●○

2-1. 情報の流通

A. 情報流通の歴史

　私たちは当たり前のように紙や電子機器を使用して情報を記録し、発信や受信といった伝達をしていますが、インターネット利用以前と以後で情報がどのように記録され伝達されていたかを考えてみます。

　まず、インターネット利用以前の情報の記録や伝達についての歴史を大雑把に見てみましょう。

　人類が猿人から原人、そして旧人、新人と進化していくにつれ、脳の容積が大きくなり発語ができるようになったと言われ、この時代の遺跡からは壁画や刻線が発見されています。したがって、当時の情報の記録は壁画や刻線など非言語的なもので、情報の伝達は口頭によって、集落という限られた範囲でやり取りが行われていたと考えられます。

　紀元前4000年頃から象形や楔形などの文字が使われるようになり、それらを記録する媒体として石板や粘土板、時代が進むとパピルスや羊皮紙になりました。この頃は集落から国ができ、記録媒体が持ち運べるようになったことで、情報を広範囲に伝達できるようになりました。

　また8世紀には唐（現在の中国）で木版印刷、15世紀にヨーロッパで活版印刷、と印刷技術の向上によって情報を量産できるようになり、19世紀後半には電波による通信技術が確立すると、モールス信号、電話、20世紀にはラジオ、テレビとその活用法が広がっていきました。そして記録媒体の進化により、情報は文字のみならず音声や映像としてレコードやテープなどに記録できるようになり、それらを広くスピーディーに伝達できるようになりました。しかし社会の中でそれができるのは、新聞社、出版社、テレビ局やラジオ局、といったマスコミと言われる存在で、一握りの発信者から社会全体の受信者に向けた一方通行の情報伝達と言っても過言ではない状態でした。

　次に、インターネット利用以後はどのようになっているのでしょう。

　1940年代前半にはコンピュータの発明があり、情報の記録は電子媒体へと進化しました。通

信技術はインターネットの原型となるコンピュータネットワーク網（ARPANET）が軍事目的で構築され、それが研究目的、商用目的と段階を経て、平成時代に入るとコンピュータやインターネットが一般に普及しました。これにより社会全体が互いにスピーディーな情報伝達ができるようになり、マスコミだけでなく個人から全世界に向けた情報発信が可能になりました。

とはいえ、当初は情報発信といっても、企業が経営活動の一環としてホームページや EC サイトを公開したり、一般ユーザの中でもプログラミング言語を駆使できる一握りの人たちがホームページで趣味などの情報発信をしたり、という形でした。誰でも書き込める掲示板サイトも多くありましたが、書き込んでいる人は 5% 程度で、大多数は見ていただけという説もあり、いずれにせよ一部の発信者と大多数の受信者という構図があったようです。

平成時代後半になると、プログラミング言語を使えなくても情報発信ができる SNS サービスが始まり、日記や写真などをアップする情報発信に約 70% のユーザが参加したというデータもあります。さらに動画サイトの YouTube がアメリカで 2005 年に、日本でも 2007 年にサービスを開始し、またこれらのサービスを手元で使える iPhone がアメリカで同じ年に、日本でも翌年の 2008 年に発売されました。iPhone の登場は動画を撮るための機材を揃える手間が省け、一般ユーザも気軽に動画コンテンツを作って投稿できるようになりました。そしてそれらのコンテンツに対して見た人がコメントを付けるなど、発信者と受信者で双方向のコミュニケーションができるソーシャルメディアが普及していくようになりました。

このように、現在誰もがインターネット上で自由にコミュニケーションや情報発信ができるのは、様々なサービスを運用できる技術やアプリが開発されるなどのソフトウェア面、それらソフトウェアを処理するコンピュータやサーバの性能向上やスマートフォンの登場といったハードウェア面、処理したデータの伝送速度や伝送容量の向上といったネットワーク面、といった環境が各時代で整っていったからだと考えられます。技術の発展により、各時代で様々なサービスが提供されてきましたが、今後もさらに発展していくことは想像に難くないので、これからも新しいサービスが次々と出てくるでしょう。

B．SNS

SNS とは Social Networking Service の略で、ソーシャルメディアのひとつです。ユーザが文字や写真や動画などで情報を発信したり、発信された情報を収集や共有したり、ユーザをフォローして繋がりを作ったり、などの機能を提供してくれるサービスで、先述のとおり 2000 年代から様々なサービスが開始され、私たちの生活に欠かせないものになっています。現在日本で使われている主要な SNS は、X（旧 Twitter）は短文、Instagram は写真、Facebook は日記、YouTube は動画、Discord や LINE はメッセージアプリ、と各サービスで特徴があるので、情報収集に徹したり、自分のアイデンティティを表現して情報発信したり、など目的に応じて複数の SNS でアカウントを使い分けることも珍しくありません。また SNS は個人だけがアカウントを持っているわけではありません、企業や地方自治体や政党などの組織もアカウントを持ち、広報に活用しています。

そして SNS が普及したことにより人と連絡を取る方法も変わりました。SNS が普及する前は、電話番号やメールアドレスを知らないと通話したりメッセージを送ったりできませんでしたが、

SNS の普及により SNS で繋がっていれば連絡がとれるようになりました。つまり SNS アカウントは個人のアイデンティティであると同時に、連絡先としての機能も果たしています。

　皆さんも、SNS 上でフォローしている人、あるいはフォローしてくれている人が複数いると思います。このユーザ間の繋がりのことをソーシャルグラフといいます。ソーシャルグラフは検索エンジンや EC サイトなどの Web サービスと同様に、各ユーザが接触した情報（友人関係や検索結果や購入履歴など）として記録されています。これらの情報を基に、各 Web サービスは一人一人に合った検索結果や広告を提供します。これを「パーソナライズ」といい、各ユーザが見たいと思われる情報を優先的に表示してくれるので、目的の情報に辿り着くまでの時間短縮になります。しかしこの機能は、最適化されすぎるとユーザの価値観に合わない情報が出て来にくくなる、このような状態を「フィルターバブル」といいます。また同様に、SNS 上で価値観の似たユーザ同士でフォローし、似た意見がやりとりされることを「エコーチェンバー現象」といいます。いずれも価値観の固定化につながり、広い視野で物事を見ることが難しくなってしまうので、情報源はいろんなところに持っておくように心がけましょう。

C．コミュニケーションの方法と特徴

　私たちが他人とコミュニケーションをとるには、対面、音声通話、文字、と大きく 3 つの方法で行っているのではないでしょうか。それぞれの特徴を、情報量、時間、場所、という 3 つの観点で考えてみましょう。

　対面の場合は、時間と場所を合わせて互いに顔を見るので、会話においても言葉そのものだけでなく表情や声色などで相手が何を伝えたいのかを総合的に判断できます。1 対 1 のコミュニケーションでもそうですし、大学の授業であれば 1 対多になりますが、先生のジェスチャーなども判断材料になると思います。

　これが音声だけの通話になると、時間は合わせる必要がありますが、互いの居場所は自由です。しかし、表情の情報が欠落するので、声色と言葉で相手の伝えたいことを判断しないといけません。1 対 1 の通話はもちろん、グループ通話の場合でも相手の表情が見えない分、その情報は頭の中で補完しているのではないでしょうか。このように対面と音声通話の場合は時間を合わせてリアルタイムでやりとりすることが必須なので、もし互いに言葉の行き違いで誤解が生じたとしても、すぐに言い直したり議論したりすることで誤解を解くのが早くなる場合もあるでしょう。

　一方、メールやメッセージアプリや SNS で文字だけのやりとりになると、コミュニケーションをとるための場所と時間が互いに自由ですから、自分のタイミングで送信し、また受信したメッセージも自分のタイミングで見ることができます。そしてメッセージは文字だけなので相手の表情や声色といった情報がなく、その部分は受信者がどう受け止めるかに委ねることになりますが、送信者の意図しない受け止め方をされて誤解が生じる可能性もあります。その場合、互いにリアルタイムでメッセージをやりとりしたり、音声通話や対面のコミュニケーションに切り替えられたりすれば誤解を解くのが早くなるかもしれませんが、そうでない場合は人間関係が修復不可能になってしまうかもしれません。特に SNS 上だけの繋がりであれば、そういった誤解からフォロー解除という形で絶縁になることもあるのではないでしょうか。

　各 SNS で行われているコミュニケーションは主に動画や写真や文字を使ったもので、表 4- 1 に挙げた特徴を参照すると、情報量について動画は対面と同様、写真は表情のみ、文字は言語のみ、と考えられます。しかし時間と場所については自由で、リアルタイムでやりとりされることはほぼないと思われます。情報量が多くても、誤解が生じた場合にリアルタイムで解く術がないのであれば、先述のような誤解が生まれやすくなるのかもしれません。

　コミュニケーションにおける情報量については、「メラビアンの法則」がヒントになるかもしれません。アメリカの心理学者アルバート・メラビアンは、人と人の感情を伴うコミュニケーションにおいては、視覚情報が 55％、聴覚情報が 38％、言語情報が 7％ で影響を与えるとしています。感情を伴わない情報の伝達であれば文字通りに受け止めてもらえるかもしれませんが、好き嫌いなどの感情が情報の中に含まれるのであれば、文字だけで伝えると 93％ もの部分を受信者に委ねてしまうから誤解が生じやすくなるのかもしれません。

　自分が意図しない受け止め方をされないためにも、文字によるコミュニケーションでは自分が書いた文章で正確に意図が伝わるのか、誤解されない表現なのか、特に SNS は 1 対多のコミュニケーションであり万人に読まれることを意識する、など細心の注意を払って発信する必要があります。

表 4-1　コミュニケーションの特徴

		対面	音声通話	文字
情報量		表情、声色、言語	声色、言語	言語
		多い　←――――――→　少ない		
時間と場所	時間	合わせる	合わせる	自由
	場所	合わせる	自由	自由
		不自由　←――――――→　自由		

2-2.　炎上

A．SNS における炎上とは

　投稿者は個人あるいは企業や組織のアカウントで、その投稿内容を良くないと思う人が批判や誹謗中傷を書き込みます。ここでいう書き込みとは、投稿者に直接リプライや DM を送ることだけではなく、単純に SNS に書き込む行為を含みます。つまり炎上とは、「SNS に投稿された内容および投稿者について、批判や誹謗中傷のコメントが多く書き込まれている状態」といえます。

　SNS での炎上の流れは、問題となる書き込みが発見されるとネット上で拡散されて批判が集まり、それがまとめサイトやニュースサイトなどのミドルメディアで取り上げられるとさらに多くのネットユーザに知られることになり、それをマスメディアが報道することで一般人にも知れ渡る、という形です。

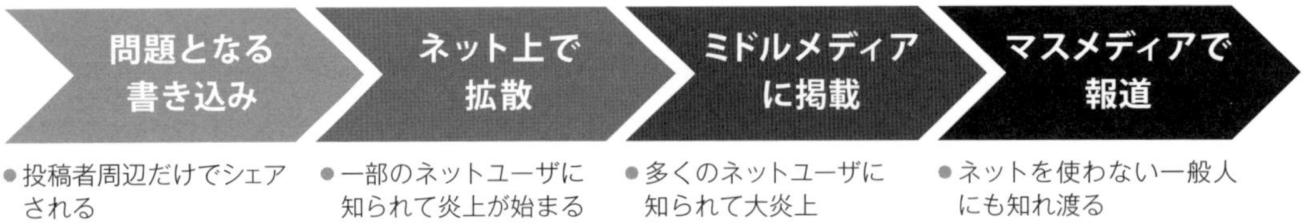

図 4-3　炎上の流れ

Instagram のストーリーズ機能は、投稿から 24 時間で自動的に消えるため気軽に短い動画を投稿する人が多いですが、そこで問題のある動画を投稿した例で考えてみましょう。投稿者の A さんが「面白い動画だから見てほしいし、すぐに消えるからいいか」という軽い気持ちでストーリーズ機能を使って投稿したところ、それを見た投稿者周辺の B さんが投稿内容を保存して X（旧 Twitter）など他の SNS で拡散しました。するとそこで炎上が始まり、ミドルメディアに掲載されて大炎上し、マスメディアで報道されてしまいます。このような話は日常茶飯事で、具体的な事例は調べればいくらでも出てきます。

B．炎上のパターン

炎上は投稿の内容によって以下のようなパターンに分類されます。

① 反社会的行為や、規則・規範に反するような投稿をした

② 捏造やステルスマーケティングをするような投稿をした

③ 特定の層を不快にさせるような投稿をした

④ 他者と誤解されてしまう

①は法律や規則・規範に違反する行為、またはそれを予告するような内容です。法律違反であれば犯罪になりますし、規則が定められている場所（テーマパークや店舗など）での違反行為は他者への迷惑になったり、最悪の場合は命を脅かす大事故になったりする可能性があります。

②は平たく言えば嘘をついたり騙したりするような内容です。捏造は嘘の情報を流布することになるので良くありません、自作自演も同様でしょう。ステルスマーケティングとは仕事としてお金をもらって宣伝記事として書いたものを一般人の意見であるように装ったものや、芸能人が仕事であるにもかかわらず自分の意見として商品やサービスの紹介をするようなものです。発信者の生の意見だと思っていたものが実は CM だった、となると騙された気分になる人もいるのではないでしょうか。ステルスマーケティングについてはアメリカや EU は消費者が誤認しないように広告であることを明示するよう法制化されていて、日本でも 2023 年 10 月から景品表示法の不当表示として禁止行為となりましたので、この問題は①に分類されることになりそうです。

③は、(A) 対象となる人や団体の言動に対する批判や暴言を行う、(B) 特に何かを批判する内容ではないが多くの人が関心を持つ事柄について触れた時に配慮が欠けていた、といった内容です。(A) の例は、対象が有名人やアイドルグループなどであればファンの反感を買いますし、対象が一般人の場合も①や②のような言動に対する批判ではなく、単純に気に入らないという理由での批判や暴言は見ている人も不快になります。(B) の例は、貧富の格差や性差など社会問題となっている事柄に対して配慮を欠く表現があった場合は炎上の危険性があります。

④は滅多にないですが、人違いで炎上に巻き込まれてしまうパターンで、これは一般人より有名人の方が多いのではないでしょうか。

C．意思表示における3つのレイヤー

以上のように、炎上事件は④を除いて投稿者側に原因がある場合が多いですが、事件に対するコメントを見ると批判と誹謗中傷が入り混じっています。批判と誹謗中傷の違いについての線引きは難しいですが、広辞苑によると批判は「物事の真偽や善悪を批評し判定すること」、誹謗中傷は「根拠のない悪口を言い相手を傷つけること」とあり、発言者が言及する対象が物事か人かという大きな違いがあります。相手の人格を否定したり口汚く罵ったり蔑んだりするものが誹謗中傷で、人格否定などせず物事について意見を述べるのが批判、と判断される傾向にあるようです。誹謗中傷は表現の自由の範囲を逸脱しているとされ、たとえ事実や根拠があることを書いたとしても、相手の社会的評価を貶めるような内容であれば名誉棄損罪や侮辱罪、また相手に危害を加えるような内容の場合は脅迫罪になる可能性があります。

投稿者側もコメント側も、何らかの意思表示の形としてSNSへの投稿をしていますが、その意志表示の1つの考え方として、「内心」「表現」「行動」という3つのレイヤーで整理してみましょう。

まず「内心」とは、頭で考えたり心の中で思ったりしている状態で、意思を表示する前段階です。この段階では自分の意思が表明されていないので、何を考えているかは誰からもわかりませんし誰にも知られていないので、他者からの干渉はありません。また、日本国憲法でも第19条で「思想及び良心の自由は、これを侵してはならない」とあり基本的人権にも関わる部分なので、いずれにせよ他者は干渉できません。

次に「表現」とは、口で言ったり文字に起こしたりして、自分の意思を表明する段階です。この段階で自分の考えが他者に知られます。そして他者と意見が合わない場合は口論になり、SNSでの炎上もこの段階で起こっているのではないでしょうか。それが法に触れるような内容であれば、先述の通り咎められることになります。

最後の「行動」とは、内心や発言を実行に移す段階です、この段階では他者に物理的な影響を与える可能性があります。口論や口喧嘩が発展して殴り合いの喧嘩になったり、最悪の場合は傷害や殺人といった事件になったりすると、取り返しのつかないことになります。

こう考えると「表現」と「行動」は、その内容や結果によっては法的に責任を負うことになります。ですからSNS上でも普段の生活と同様に「表現」や「行動」による意思表示をする場合は、その後にどうなるかを熟慮することが求められます。もちろん良い「善」の行為や、炎上パターンに当てはまらないように作られた面白いネタであれば、SNS上でも賞賛するコメントがつくわけです。同じ注目をされるのであれば、そういう形で注目されたいですね。

D．炎上に対する考え方 ―炎上は本当に悪いことか？―

もし自分の投稿が炎上したらどう思いますか？ 先ほどの炎上のパターンに挙げたような、明らかに自分が法的や倫理的に悪い投稿をしたのならともかく、何の問題もない投稿や人違いなのに、誹謗中傷するようなコメントが延々とついてしまったら・・・。10件で多いと感じる人もいれば、1000件あっても「日本の人口の10万分の1以下だから少ない」と感じる人もいるでしょう。

また世界中の人々から叩かれている気分になり、みんなが敵になったような錯覚に陥る可能性も
あります。「そんな誹謗中傷は気にしない」と思っていても、実際に遭遇してしまうといつも通り
の穏やかな気持ちではいられないかもしれません。しかし、そんな時のために知っておいてほし
い研究結果があります、実は炎上に深く加担して投稿者に直接攻撃（投稿者へのDMやリプ送信、
所属先への電話、など）をする人は、数人〜数十人程度と非常に少ないというのです。

　X（旧Twitter）の炎上事件を分析した研究によると、1つの事件につき批判や誹謗中傷をする
ようなコメントをポスト（ツイート）しているのは多くても数千人だといいます。そのうち1つ
の事件で複数回のポストをしているのは数％の人たちで実数は数十人〜数百人、そしてポストだ
けでは飽き足らず炎上の投稿者に対する直接攻撃をするのが仮に1割程度とすると数人〜数十人
程度、という計算です。1人で複数アカウントを使って攻撃しているパターンもあるので、実際
はもっと少ないかもしれません。

　もっとも、SNS上では炎上しないような振る舞いをすることが良いとされますが、時には難癖
をつける当たり屋のようなコメントをつけられることもあるので、毅然とした態度で臨む度胸が
必要な場合もあります。そのようなごく一部の人たちに振り回されて言論や表現の自由が抑制さ
れるのは、健全な社会の形と言えないのではないでしょうか。

2-3. 偽情報

A. フェイクニュース、ディープフェイク

　世の中に出回る情報の中には、メディアを問わず事実ではない情報が流れることがあり、これを
フェイクニュースといいます。フェイク（fake）とは偽物や贋作などの意味があるので、嘘のニュー
スを指します。同じような意味の言葉でデマがあり、これはデマゴギー（demagogy）の略で語源
は政治家が世論を作るために扇動的に流す嘘の情報のことをいいます。現在ではそれが転じて根拠
のない噂話や嘘などの流言を指すので、概ねフェイクニュースと同義と考えていいでしょう。

　フェイクニュースは、何らかの利益を得ることや意図的に騙すことを目的としたいわゆる「偽
情報」や、単に誤った情報である「誤情報」や「デマ」などを広く指すものとして世間では認識
されていますが、明確な定義はありません。なぜなら、ある情報について本当か嘘か、誤りがあ
るかどうかは、判断できないこともあるからです。科学的な方法で答えが導けるものや、物的証
拠があるもの、また発言であれば記事や録音データなど、証明できるものがあれば客観的な判断
ができます。しかし、それらの方法で証明できないものや感覚的な情報は真偽の判断が難しい、
あるいはできない場合があります。1つの例を挙げると、1Lの紙パックに飲みかけのジュースが
入っているとします。Aさんは紙パックを持って「まだジュースは十分入っているよ」とBさん
に伝えましたが、Bさんが持ってみると「これっぽっちじゃ少ないよ」と思いました。この場合
は計量すれば数的な答えは出ます。たとえば半分弱の450ml入っていたとしましょう。しかし、
それを感覚的にどう思うかは人それぞれなので、Aさんは「十分ある」と思って伝えたとしても、
Bさんが「少ない」と思えば嘘をつかれたと思うかもしれません。このように情報の真偽は人によっ
て異なる場合があるので、フェイクニュースを明確に定義すること、または判断することは難し
いのです。

● フェイクニュースを判断することは難しい

　他にもフェイクニュースに関する言葉はいくつかありますが、2017年にEUの欧州評議会では情報障害という概念が提唱され、情報に「誤り」と「悪意」が含まれるか否かでその性質を分類しています。日付の間違いや誤字など、誤りはあるが悪意なく発信や拡散される情報を「誤情報（mis-information）」、誰かのスキャンダルや内部情報の公開など事実ではあるが悪意をもって発信や拡散される情報を「悪意がある情報（mal-information）」、そして個人や組織または国に危害を与えるためや自分が儲けるために嘘などで捏造をし、悪意をもって発信や拡散される情報を「偽情報（dis-information）」としています。

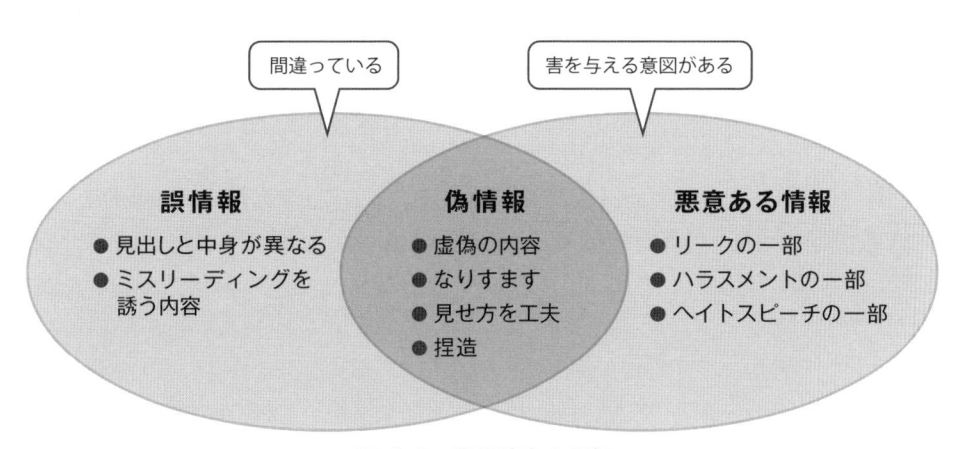

図4-4　情報障害の分類

[Council of Europe report DGI (2017) 09, Information Disorder: Toward an interdisciplinary framework for research and policy making, Sep. 27, 2017（https://www.coe.int/en/web/freedom-expression/information-disorder）をもとに作成]

　そして近年は「ディープフェイク」といわれる、ディープラーニング技術を使って画像や動画を学習させ、実際の動画の登場人物の表情や声を差し替えることで、その人物の言動をまったく違うものにしてしまう技術が登場しました。「フェイク」という言葉が入っているので実際のものとは違う「嘘」ではあるのですが、エンターテインメント分野では映画の吹き替えにおいて口の動きを他言語に合わせることで、自然に話しているように見せる実験も行われています。

　しかしこのディープフェイクは、セキュリティ上の脅威として注目を集めています。具体的には、有名人になりすました偽動画が拡散されることもしばしばで、特に政治家になりすましたものは

選挙に影響するなど、国家を揺るがす事態にもなります。ロシアによるウクライナ侵攻においては、ウクライナのゼレンスキー大統領が自国の兵士や国民に投降を呼びかける動画が SNS 上で拡散されましたが、ゼレンスキー大統領がすぐ否定したことで大事には至らなかったようです。またヨーロッパではディープフェイクで詐欺被害に遭った会社もあります。ある会社の幹部が、親会社の幹部を装う人物から電話で 22 万ユーロ（約 2600 万円）を送金するように指示されて騙し取られたのですが、この事件では親会社の幹部の音声がディープフェイクで生成されたものだと言われています。

　今はスマートフォンにアプリを入れれば簡単にディープフェイクが作れてしまいますので、今後こういったコンテンツが増加していくことは容易に想像できます。

B．偽情報の発生と拡散のメカニズム

　なぜフェイクニュースの発生やディープフェイクの悪用が起こるのでしょうか。面白半分や思い違いなどの投稿もありますが、意図的に作られるものもあり、それは経済的動機と政治的動機の 2 種類があります。経済的動機は金儲けが目的で、目に付きやすいタイトルをつけてページビューやエンゲージメントで収入を稼ぐために情報の質は二の次で、クリックしてもらいやすいタイトルをつけることが優先されてしまうようです。政治的動機は国内外から政治的意図を持って流される情報で、他国からの選挙介入や、政治家の言ってもない発言やスキャンダル、そして外国では政府がプロパガンダとして自国にフェイクニュースを流したという事例もあります。

　また、なぜフェイクニュースが広まるかについては、2 つの研究結果を参考に考えてみましょう。1 つは「斬新な情報に見えるフェイクニュースの方が、真実より広く速く伝わる」というもので、これは先述の経済的動機と通じるところがあります。もう 1 つは「怒りの感情が拡散させる」というもので、これは炎上事件に批判や誹謗中傷のコメントが多いことと合致します。

　そしてフェイクニュースが拡散されることによって社会に与える影響を一言で表現するなら、「国力の低下」ではないでしょうか。フェイクニュースによって企業が損害を被るのであれば、その企業の株価や信用といった価値が低下し、その国の経済力の低下につながります。フェイクニュースで社会問題、政治家、政党、そして国そのものがターゲットになった場合は、国民の間で意見の対立が激しくなってその後の選挙にも影響し、国の将来を左右することにもなります。他にも挙げればきりがないので簡単な例を 2 つ挙げましたが、この 2 つはいずれも国の力である政治と経済であり、これらが揺らぐと国際社会における発言力や影響力が低下し、国はもちろん企業も外国との交渉など国際競争で不利な立場に追い込まれることが十分考えられます。

C．偽情報の対策

　したがって、フェイクニュースを見ても拡散しないのが最善策・・・と言うのは簡単ですが、ではテレビ、新聞、ニュースサイト、SNS 上での話題など、日々接する多くの情報についてフェイクニュースやディープフェイクであるか否かを皆さんは見分けることはできますか？　みずほリサーチ＆テクノロジーズの調査によると、「フェイクニュースを見分ける自信がありますか」との問いに、「自信がある」と回答したのは 21.3％ だったのに対し、「自信がない」と回答したのは 39.6％ と、自信がない人が上回っています。そしてフェイクニュースを拡散したことがある人は、見分ける「自信がある」人で 26.2％、「自信がない」人で 11.4％ と、自信がある人も拡散している

という結果でした。やはりフェイクニュースやディープフェイクは、真偽の判断が難しいようです。

　とはいえ、現代社会で情報に接するのをやめることはできません、そこで「ファクトチェック」が必要となります。ファクトチェックとは、「公開された言説のうち、客観的に検証可能な事実について言及した事項に限定して真実性・正確性を検証し、その結果を発表する営みを指すもの」とファクトチェック・イニシアティブ（以下、FIJ）がガイドラインで定義し、また一言で「真偽検証」と表現しています。

　では、どれだけの人が普段からファクトチェックをしているのでしょうか。みずほリサーチ＆テクノロジーズの調査によると、実は欧米の人たちに比べると私たち日本人はファクトチェックをしている割合が少ないといいます。「情報が怪しいと思った場合に真偽を確かめたことがあるか」という問いに対し、「ある」と答えた人はアメリカで49.9%、イギリスで43.4%、フランスで47.8%、ドイツで54.7% と、ほぼ半数いました。それに対し日本は28.5% と少なく、怪しい情報について調べるという習慣がまだついていないのか、あるいはファクトチェックの方法を知らないのか、いずれにせよ欧米諸国に差をつけられています。

　具体的に、私たちはファクトチェックをどのようにすればいいのでしょうか。FIJ によると、ファクトチェックの対象となる情報と、どのような方法で行うのかについて、以下のように書かれています。

> 原則として調査によって収集・入手できる証拠（公開情報や文書など物的、客観的証拠）に基づいて、現実的に検証可能な「事実言明」を取り上げることが一般的です

　まず対象となる情報については、「現実的に検証可能な『事実言明』を取り上げる」という記述から、事実と意見は区別する必要があります。対象となるのは事実を述べた言説（事実言明）で、ニュースはもちろんのこと、社会的に影響がある人の発言なども含みます。それに対して人の価値観によって分かれる意見、想像、感想、といった類については、基本的にファクトチェックの対象にはなりません。

　次に方法については、「調査によって収集・入手できる証拠（公開情報や文書など物的、客観的証拠）に基づく」という記述から、対象となる事実について証拠を集めて検証することです。この証拠は、公的機関が出している文書やデータ、学術的に検証されたものなどで、また誰（どの組織）が発信したものかが明確な方が、より証拠能力が高いと言えるでしょう。したがって、新聞やテレビでよくある匿名情報は、誰が発信したものかがわからないため、証拠というには不十分でしょう。

　また世界各国では、それらの検証結果を文章にまとめるにあたり、①対象言説の特定・選択、②事実や証拠（エビデンス）の調査・明示、③対象言説の真偽・正確性についての判定、という3つの要素を含めて公表しています。③の判定については、正しいか間違いかの2択だけでは決められないことが多いです。ちなみにFIJ は正誤判定においては正しさの度合いによって7段階、判定留保と検証対象外を含めると9つの判定基準を策定しています。

　このようにファクトチェックの必要性や重要性を訴える意見があるある一方で、フェイクニュー

スやディープフェイクをネット上から排除すべだという意見もあります。確かに、排除できれば
ネット上は正しい情報だけが残り、安心して情報に接することができるかもしれません。しかし、
そういう状態は逆に危険かもしれません。

　たとえ話をすると、私たちの体は日々ウイルスや細菌といった外部の病原菌と戦って抵抗力を
つけることで、健康を保っています。では、もし外部の病原菌がいない無菌室で生活したらどう
なるでしょうか、確かに病気にかからない状態が保てるかもしれませんが、そうなると体は次第
に抵抗力を失っていきます。そしてもし無菌室が故障して外部の病原菌が室内に、さらに体内に
侵入してしまうと、抵抗力を失った体は病原菌に侵され重症化して死に至るでしょう。

　このたとえ話を情報社会に置き換えるとこうなります、フェイクを排除して正しい情報だけが
残ったはずのネット上に、突如フェイクが混ざりこんだらどうなるのか・・・。たとえば、A 国
と B 国を侵略しようとする C 国が、それぞれの国家に情報戦を仕掛けるためにフェイクニュース
を流したとします。A 国は正しい情報が残ったとはいえファクトチェックなどするよう教育して
いたので国民は騙されませんでしたが、B 国はそのような教育はしていなかったため、政府がそ
の情報はフェイクだとアナウンスしても、国民はそのフェイクを正しい情報だと疑うことなく受
け入れたり、ネット上の情報が正しいはずだから政府が嘘をついていると反発したりと混乱に陥っ
てしまいました。その間にまた別のフェイクニュースが流されて・・・と C 国は長期にわたり B
国の世論を分断するような情報戦をネットやメディアを使って仕掛け続けていきました。そんな
状態に慣れてしまった B 国民の中には、C 国が侵略しやすくなるような主張をする人が何人も選
挙で当選し、C 国に有利な法律ができるなどしたことで C 国が武力介入せずとも B 国が滅んでし
まう。そんな可能性も十分に考えられます。

● 侵略されない A 国、侵略される B 国

フェイクニュースやディープフェイクは病原菌、私たちがそれらを判断する力を抵抗力と考え、ネット上にフェイクがあったとしても判断力を養うことにより、インプレ稼ぎから他国による侵略まで様々な意図をもって仕掛けられる情報工作を拡散せず、防ぐことができます。大袈裟なように思えるかもしれませんが、私たちの行動が国防に直結すると言っても過言ではありません。現に、企業や国が保有する情報を狙った他国からのサイバー攻撃が頻繁に起こっているのは、皆さんもご存知の通りでしょう、これも情報戦ですし、いま例として挙げたフェイクニュースの拡散もそうです。特に政治的動機に該当する選挙介入などのフェイクニュースは、一般人のふりをして発信されることが多いため判断が難しいですが、そういったフェイクニュースが拡散されることで誰が、あるいはどこの国が得をするのか、という視点で考えることも必要です。

2-4. 誰もが情報発信できる今、情報にどう向き合うか

ネット上を飛び交う書き込みやコンテンツの中には、麻薬など薬物の取引を示唆するような違法情報や、読むに堪えない文章や目を覆いたくなるような画像や動画など、いわゆる有害情報と呼ばれるものも多々あります。しかし先ほどの偽情報と同じで、何が有害で何が無害かという線引きもまた難しいところです。子供には有害だけど大人には有害でないものなど、人の成長段階や属性によって有害か無害かが変わる場合もあります。違法や有害な書き込みを野放しにすることは問題ですが、それらを取り締まりすぎて自由な議論ができる場、つまり表現の自由を萎縮させてしまうのも問題です。はたしてネット上の表現の規制は必要なのでしょうか。これら違法情報や有害情報の問題については、そのさじ加減は難しいため法律と自主的取り組みの両輪で対応しているのが現状です。

国による法整備は「プロバイダ責任制限法」で、書き込む側の「表現の自由」と、書かれた内容によって権利を侵害された側の「被害者救済」、この2つの権利と利益のバランスを取っています。具体的には、プロバイダ（通信事業者）などが、該当する書き込みに対して削除を行ったり、発信者の情報を開示するよう被害者から請求があった時の手続きが容易になったりと、被害者がより円滑に救済されるような制度設計になっています。事業者団体の自主的取組は「契約約款モデル条項」や「ガイドラインの作成」があり、ユーザに対して約款で誹謗中傷の書き込みを禁止するようにし、具体的にどのような場合に書き込みの削除やアカウントの停止などの対応をとるかのガイドラインを作成しています。これら法律や自主的取り組みは、また新たな問題が発生した場合にそれらをアップデートして対応しています。

同じように表現の自由と権利侵害の問題に昔から向き合っているのは、このような様々な情報を扱っているマスコミです。たとえば放送業界では、放送禁止用語や放送コードと言われる規範によって節度が保たれています。この規範は法的なものではなく自主規制によるもので、時代に応じてその規範は変化しています。新聞業界でも、共同通信社が出す新聞用の用語集『記者ハンドブック』には、その項目の1つに「差別語、不快語」があり、使ってはいけない表現や言いかえが必要な表現について記載されています。初版が発刊された1956年から加除修正を重ね、2022年では14版を数えています。

　また、これら放送や新聞といった報道機関においては「公平・公正な報道を・・・」というキャッチフレーズを掲げています、これは放送法の「放送の不偏不党、真実及び自律を保障することによって、放送による表現の自由を確保すること」という条文に基づいているものと思われます。確かに、公平、公正、という言葉を広辞苑で調べると、それぞれ「かたよらず、えこひいきのないこと。」「①公平で邪曲のないこと。②明白で正しいこと。」と書かれていて、偏向せず正しい情報を伝えるとの意思表明に見えますが、正しさは本節で触れたように人によってそれぞれ尺度が異なります。そして報道を発信する制作者側も、正しさの尺度が異なる「人」の集まりであって万能の神ではありません。また、新聞や雑誌ならページ数、テレビやラジオなら放送時間という「枠」があります。その枠の中で伝えられる情報には限りがあるため、世の中で起こっているすべてのことや、ある事象に対するすべての意見を取り上げることは、物理的に不可能です。したがって、紙面や番組を制作する側で「枠」に収まるようにするため、取り上げる内容を選別し、どのように私たちに伝えるのかが「編集」されています。

　そのようなことも含めて、報道内容には多少の偏りや間違いや不手際もあります。インターネット以前であれば読者や視聴者がそれに気づいたとしても、その周りのコミュニティで話題になる、あるいは新聞社や放送局に投書が来る程度でしたが、現在はネット上で晒されて炎上することもしばしばあります。もし公平公正で完璧な神のような報道があるなら、新聞社や放送局は何社も要らず1つだけでいいはずです。現状そうでないということは、各社でどの内容をどう報じるかというスタンスの違いがあるためで、それが読者や視聴者にそれぞれ支持されているからではないでしょうか。「いろんなモノの見方をしたければ複数社の新聞を読みなさい」と言われるのも、そのためです。したがって、「このメディアだから信頼できる」というのは基本的になく、伝えられる情報は常に是々非々で考える必要があります。

　いろいろな意見は自由主義社会において必要な要素ですが、情報は様々なところから大量に流通しています、その情報の波にどう対峙していくのか。流れてくる情報をそのまま鵜呑みにするのではなく、自分で正誤判定して必要な情報をピックアップできる能力が必要ですが、それは一朝一夕には身につきません。「ネット上の情報は玉石混交」と言われて久しいですが、現在はネット上に限らずマスメディアも含めてすべての情報が玉石混交であり、それら清濁を併せ呑むこと、つまりいい情報も悪い情報もありますが、それらすべてに触れて常に考えることが求められ、それを続けることで情報を選別する能力が身についていきます。

3. 情報倫理と教育

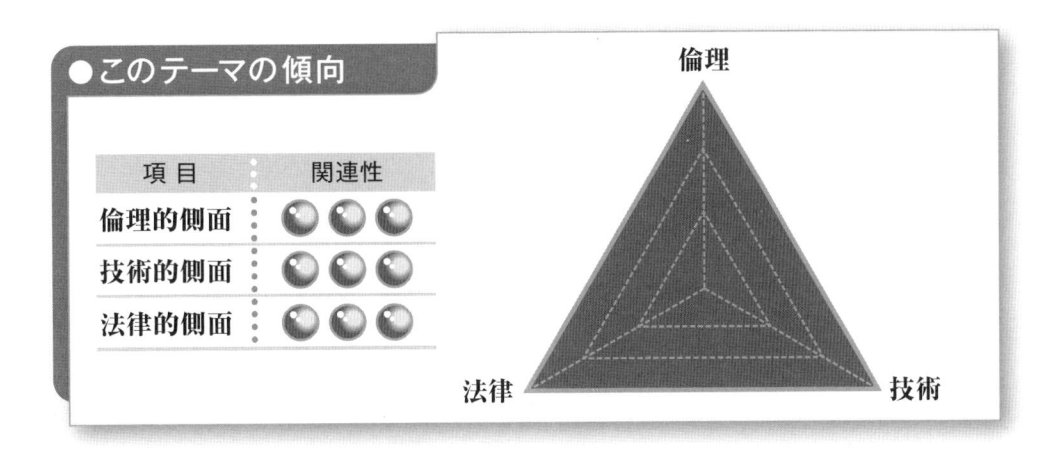

● このテーマの傾向

項　目	関連性
倫理的側面	●●●
技術的側面	●●●
法律的側面	●●●

倫理

法律　技術

3-1. 教育機関での情報倫理

　前節では個人が発信する情報と社会全体に対する問題について触れましたが、これらの社会的問題の当事者は多くの場合は成人、社会人が中心です。確かにコンピュータやスマートフォン、SNS 等の ICT は大学生をはじめとする大人が利用することを前提としていますし、近年では中高生がインターネットやスマートフォンを学校生活や私生活で利用することはもはや当然のこととなっています。さらに近年では小学生や幼稚園児がスマートフォンやタブレットを用いてインターネットやSNSを利用する場面もごく当たり前になりつつあります。このように未成年にもインターネットやスマートフォン、SNS が普及していることは、子供が大人の社会問題に巻き込まれる可能性があるとともに、子供独自のコミュニティのなかでも問題が生じることが十分に考えられます。

　未成年者がインターネットを利用することで遭遇する可能性の高い問題としてはネットいじめ、著作権侵害、個人情報の漏洩、SNS での性被害など多くの事例が考えられます。

　ネットいじめは未成年だけでなく社会人が被害にあうこともある陰湿な犯罪行為のひとつです。主な手口としてはインターネット上の「学校裏掲示板」などに誹謗中傷が書き込まれること、そしてそこに個人情報をあわせて記載することなどで、場合によっては、ネット上での誹謗中傷が実生活にも悪影響を及ぼしたケースも確認されています。多くの場合、ネットいじめを仕掛けた側はインターネットの匿名性の影に隠れて自分自身の正体を現しませんから、被害を受けた側は自分のまわりの誰が自分を攻撃しているのかわからず、疑心暗鬼に陥ります。またネット上という目に見えない場所でのいじめであるところから、保護者や学校関係者などの目に留まりにくい点、クラスや学校のなかといった限定された空間でのいじめとは異なり、他校の生徒にまでいじめの範囲が広がる可能性がある点など、通常のいじめよりも事態が深刻化することが懸念されています（詳細は事例：倫理－9を参照して下さい）。ネットいじめへの対応には誹謗中傷の書き込

みを削除することや、書き込んだ相手の特定が必要になりますが、一個人の立場である被害者が
これらの行動を掲示板などの運営者に行うことは困難ですし、また裏掲示板等の場合はそもそも
運営者に連絡を取ることすら困難です。そのため被害者が泣き寝入りをする場合も多いのですが、
これらの書き込みは刑法上の名誉毀損罪や脅迫罪が適用可能であることが多く、警察などへ届け
出を行い刑事事件として対処される事例が増えています。

● **子供が遭遇するネットでの問題**

　著作権侵害については3章3節で紹介した内容とほぼ同様ですが、未成年者の場合は著作権侵
害を行っても収益化が困難ですから営利目的の違法行為とは考えにくく、著作権についての理解
が不足しているため知らずに著作権を侵害している場合がほとんどでしょう。未成年者が著作権
を侵害した事例としては芸能人やアニメ、ゲームに関連する画像や音楽をSNSや動画配信サイト
などで無断配信していたケースや、マンガや音楽などの違法ダウンロードを行ったケースが報告
されています。また近年ではインターネットに記載されている文章を自分の作文や詩、レポート
といった宿題や課題に無断で盗用している例も見受けられます。学校での宿題を部分的に引用す
るような場合であれば大きな問題にはなりませんが、コンクールなどに応募する詩をネットから
無断引用していたケースなども発覚しており、低年齢層による無断引用や盗作も社会的な問題に
なりつつあるといえるでしょう（詳細は事例：倫理－7を参照して下さい）。

　また、大学の場合ではレポートや卒業論文が成績を左右するため、ネットからの無断引用は著
作権侵害であるだけでなく、成績評価時の不正行為として問題視されることが多くなりました。
そのため、ネット上の文献を無断引用していないか検査するコピペチェックのためのソフトウェ
アが導入されるなど大学側も学生の盗作行為には監視を強めていますし、近年多くの学校で用い

られるようになった Google の教育用プラットフォームである Google Classroom にも提出物に対するコピペチェックの機能が標準で搭載されています。さらには生成系 AI の登場でレポートや卒論を AI に丸投げしてしまう悪質な事例も見受けられるようになりました。多くの大学では生成系 AI を使ってレポートや論文そのものを出力したことが判明した場合、単位が認定されなかったり卒業が認められなかったりしますので、不正な AI 利用は慎むべきでしょう。

　個人情報の漏洩については大人の問題とほぼ同様の状況ですが、未成年者の場合は特に「自分の友達しか見ていない」という意識が強いため、一般的な成人よりも自分の情報を守る意識が低いと考えられます。また、他人の情報やプライバシーに関する意識も低いため、SNS や Web 上で無防備に個人情報を公開している様子がしばしば見受けられます。特に近年はスマートフォンやタブレットを使えば撮影した写真や動画のアップロードなどが手軽に行えますが、それらのコンテンツには文字以上に多くの情報が含まれています。よく利用する店舗や自宅周辺の様子など文字情報が記されていなくても、近いエリアに住んでいる人が見れば住所が特定できるようなコンテンツは文字情報以上に危険な個人情報漏洩であるといえるでしょう。また一般人には直接関係ありませんが、ときおり芸能人がプライベートな写真を SNS に掲載し、その写真が原因で炎上してしまうケースも発生しています。これもまた個人情報の管理が適切に行えていない、そして SNS の情報発信力を過小評価している例であるといえるでしょう。

　インターネットを介した出会いによって未成年者がトラブルに巻き込まれたり性被害にあったりするケースは携帯電話が本格的に普及した 2000 年頃から報告されていましたが、SNS の普及により一層の被害が生じています。出会い系サイトが登場した当初は法的な規制が十分ではなかったため、好奇心でアクセスした未成年者が性犯罪に巻き込まれるケースや、あるいは出会い系サイトが援助交際などの児童売春の温床となるなど様々な問題が発生しました。その後 2008 年末の法改正によって出会い系サイトの運営に規制が設けられ、利用には成人であることを証明する書類の提示が必要になったことで未成年者が出会い系サイトでのトラブルに巻き込まれる被害は減少することが期待されました。しかし、今日では SNS のようなコミュニケーションツールが未成年者でも手軽に利用できる状態であり、さらには SNS やソーシャルゲームのような本来は出会い系ではないサイトを出会い系サイトのように利用する不心得者も数多く存在します。本来は出会い系サイトではない交流機能はフィルタリングソフトの規制対象外となっていることも多いため、家族が知らない間に未成年者が出会い系被害にあっていたケースも発生しています。また思春期で家庭や学校環境への不安や問題を抱えた子供たちが家出を考えている場合に、大人が言葉巧みに未成年者を誘い出し連れ去る事案も数多く報告されています。たとえ善意からであったとしても未成年者を保護者の同意なしに連れ回した時点で未成年者略取および誘拐の犯罪が成立しますので、仮に問題を抱えた未成年者を見かけた場合でも個人で対処しようとせず、警察や児童相談所などのしかるべき機関に通報することが求められます。

　またこれら以外にも未成年者が保護者のスマートフォンやクレジットカード情報を無断使用してオンラインゲームに課金する問題も生じています。国民生活センターに寄せられた無断課金に関する相談件数は 2018 年度の 1995 件から 2022 年度には 4024 件に増加しており、中には保護者に無断で 100 万円を超える課金を行っている事例も 6.5% 存在していると報告されています。またオンラインゲーム以外にも動画配信者へのスパチャ（投げ銭）などで高額な出費を行うケー

スも報告されており、成人同様に課金による浪費が問題視されています。

　以上のように、未成年者がインターネットを利用する場合にも社会人の場合と同じく多くの問題が発生する可能性があります。未成年者がネットワーク上でトラブルに巻き込まれる原因の多くはネット上に存在する危険を十分に理解できていないことや、ネット上では自分たちと同年代の相手以外も利用していることへ意識が及ばないことであると考えられます。また、未成年者は被害者になるだけではなく、時にはインターネットや法律に関する知識の不足や、ネットでの発信が周囲に与える影響力の大きさを認識していなかったなどといったことが原因で加害者の側に回ってしまうこともありえます。

　そのようなネットワーク上のトラブルから未成年者を守るためには、何よりもインターネットの危険性を周知させることが大事です。近年では義務教育の段階からインターネットリテラシーに関する教育が行われるようにはなりましたが、残念なことに、小中学校、場合によっては高校や大学においてもネットや SNS の危険性やトラブル回避の方法について教育を行う十分な時間が確保されているとは言い難い状態が続いています。また今日では国の方針で小学校から生徒に一人一台の Giga 端末と呼ばれるタブレット PC を持たせ、教育や家庭との連絡に活用する事例も増加しつつあります。しかしすでに述べたような状況を考えると、未成年者のインターネットや携帯端末の利用は無制限に自由利用させるのではなく、利用に際して事前の教育を行うか、もしくは何らかのルールを設定してそのルールを周知徹底させることが必要であるといえるでしょう。

3-2.　利用規約と情報倫理

　コンピュータやネットワークを利用する際の規約とはどのような目的を持ち、どのような内容が定められるのでしょうか。大学における一般的なコンピュータネットワーク利用規約には表 4-2 のような内容が含まれています。

表 4-2　大学におけるコンピュータネットワーク利用規約の項目例

項目	概略
マナー、モラル	インターネットや SNS、動画投稿サイトを利用する際に注意すべきマナーやモラル
情報管理	個人情報やプライバシーの保護、研究データの保護など
禁止行為	閲覧に注意を要するサイトの扱いや違法ダウンロード ネットワークビジネス等の勧誘行為
セキュリティ対策	マルウェアや不正アクセスへの対策 記録媒体やメール、クラウドストレージ等に関する注意事項
利用目的の明示	学術研究目的での利用であることを明示 利用目的に合わない利用全体を禁止

　マナーやモラルに関する項目では、ネットワーク上での情報発信全般で注意すべきことや、就職活動や課外活動などでメールを用いて学外の相手とコミュニケーションする際に守るべき礼儀作法などについて記されます。

　情報管理では個人情報とはどのようなものであるのかという定義や、クラブやゼミ、サークルなどの名簿のような学生生活で取り扱う可能性のある個人情報の管理をどのようにするべきかという方針やインターネットや SNS への書き込みを行う際に自分だけでなく他人の個人情報やプライバシーを侵害してはならないという注意喚起のほか、研究にまつわる情報の管理運用について記されます。

　禁止行為については、大学によって内容が若干変化しますが、学内の施設を用いたネット通販やオンライントレードのような商取引、会員登録が必要な各種サービスやアダルトサイトなどの大学で閲覧することが望ましくないサイトへの接続が禁じられる場合が多いようです。また、ネットワーク管理を厳密に行う大学の場合、掲示板サイトなどの学外で書き込み可能なサイトで問題が生じないようにそれらのサイトへの接続を制限していることもあるほか、教育機関にふさわしくないネットワークビジネスなどの勧誘行為を禁止することが多いようです。

　セキュリティ対策としては、主にマルウェア全般への警戒と感染時の対策について記されることが多く、場合によっては発症例の多い USB メモリ経由のウイルスへの具体的な対策が記されていることもあるようです。またクラウドストレージや記憶媒体そのものの取り扱いについても大学によって利用可否が異なります。

　以上のような項目の多くは、ネットワークを利用する際に留意するべき重要なものであることは間違いありませんが、なかでも最も重要な項目は利用目的を明示することにあると考えられます。他の項目はそれぞれ個別の事項に対して禁止もしくは推奨するという体裁で規則が記されますが、利用目的の項目は大学でコンピュータネットワークを使用する目的を漠然とした概念で指し示す場合がほとんどです。多くの場合、大学がコンピュータネットワークを学生に開放する理由は学術研究や就職活動のためで、決して娯楽のためではないことを明示しています。このように利用目的を明らかにすることで、目的に沿わない利用を慎むよう学生に期待しています。

　このような利用規約は、学内のコンピュータネットワークを運用するにあたって想定される問題の大部分の対処や予防に効果があると考えられます。また規約に記された内容を拡大解釈するなどすれば想定外の問題にも多少は対応することができるでしょう（図 4-4）。

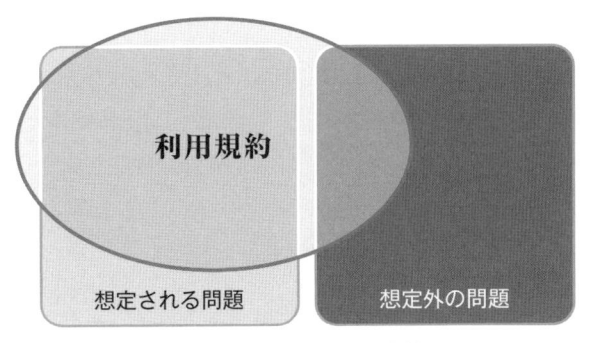

図 4-4　利用規約の対応範囲

　ただし、利用規約に記される内容は想定されているすべての問題に対応できているわけではありません。なかには図の左上のように見落とされた部分が存在するかもしれませんし、また図左下のように、想定はされるが起こる可能性が少ないと判断され意図的に規約から外されている項目

も存在します。そのため、たとえばインターネットが学生に開放されはじめた当初には学生が大学のコンピュータ教室で著作権侵害コンテンツの違法アップロードを行い逮捕されるといったような規約では想定していなかった問題が生じ、事後に対策が取られた例もあります。これは利用規約が無限に項目数を増やすことができないため、法律で記載されているような禁止事項や一般常識で判断できることがらを規約のなかに盛り込んでいないことによるものです。このような規約に記載されていない事項が存在するとことは何もネットワーク利用規約に限ったことではなく、法律を含めたほとんどの規約やルールに程度の差はあれこのような特徴が見られます。規則や規約がカバーできていない部分を防ぐためには、細則と呼ばれる規則を多数付け足すことで対応する手法が一般的ですが、それでもやはり規則には記載されていない不測の事態が起こってしまう可能性は考えられます。

　ところで、倫理もまた規則や規約と同じように問題の発生を予防したり、発生した問題を解決に導いたりする効果があります。コンピュータネットワーク利用規約の場合であれば、対応する倫理は情報倫理ということになりますが、利用規約の図（図 4-4）と同じように情報倫理のカバー範囲を図示すると（図 4-5）のようになります。

図 4-5　情報倫理の対応範囲

　情報倫理をはじめとした倫理は特定の問題に対する解決策ではなく、問題が発生しないように判断する際や問題が生じた後に「何が善であるか」を考えることです。そのため対象となる問題が事前に想定できるものであっても、できないものであっても、どちらの場合でも同じように「何が善であるか」を考えて行動することができるのです。このように図示すると利用規約よりも情報倫理のほうが対応できる範囲が広く、また取りこぼしがないため、倫理があれば規約はいらないのではないか？という疑問が出てくるかもしれません。しかし実際には教育機関だけでなく多くの組織で、問題の予防や対策に個人個人の倫理観に頼るのではなく規則や規約が用いられています。

　問題に対する対応範囲では倫理のほうが有効であるにもかかわらず、規則や規約が設けられるのには理由があります。その理由とは、自らの倫理観に基づいて判断を行った場合、判断によって生じた結果に対する責任を負わなければならない、ということです。倫理観に基づく行動は自分の意志でその善悪を決めることですから、仮にその行動が後に悪であったと判定された場合にはその責任を取らなければなりません。もし規則や規約がなく、すべてのことがらに対して各自で判断を行うことが求められたとしたら、すべての出来事の結果について自分で責任をとることが求められることになります。成人が主体となっている組織や社会であれば、そのような各人の自由度が高く、自己責任割合も高いような環境でも特に問題はないのかもしれません。ですが、

学校などの教育機関、特に未成年者が集まっている小中高校で善悪は自分で決めなさい、ただし責任も自分で取りなさい、というのはあまりにも酷な話です。ですからそのような自分の行動に伴う責任を取れないような構成員が多い組織では、個人の倫理感にまかせた判断ではなく、多少窮屈であっても細部まで決定された規約、規則が必要とされるのです。

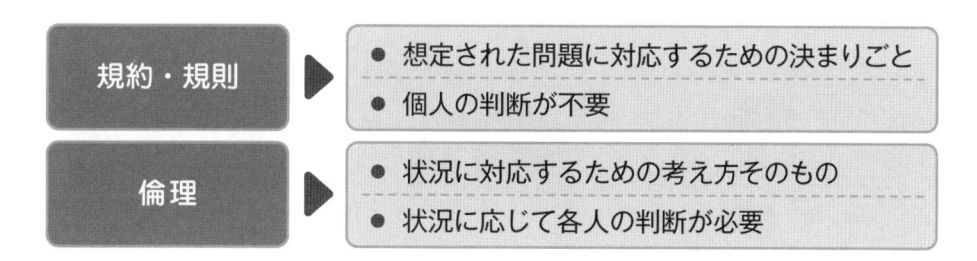

規則や規約にはそれ以外にも利点があります。まず、先ほども述べたとおり、規則には何が良いことで何が悪いことであるかが明示されていますので、個人が善悪の判断をする必要がありません。判断が必要ないということは、その判断に伴う責任が生じないということも重要です。さらには判断が不要であるということは、判断に必要な知識が不要であるということもできるでしょう。多くの場合、何事かを正しく判断するためには状況を見きわめ、後に起こる出来事を予測するために知識や経験が必要となります。しかし規則は想定される状況について判断するために必要な知識や経験を持った人、いわゆる有識者と呼ばれる人たちが豊富な知識や経験に基づいて問題の予防方法や対応策をルールとして定めているわけですから、知識のない素人であっても規則に従っていれば正しく事態に対応できるはずです。

また、問題が発生した場合に状況を見きわめることは、時に時間がかかることでもあります。事態が深刻であればあるほど、当事者一人では行動の方針を決定することができず、他の関係者に相談したり協議したりして方針を決める可能性は高いでしょう。ですが、規則に事態への対策が明記されているのであれば、時間をかけて判断をするまでもなくそこにどうすれば良いのかが記されているのですから、迅速な対応が可能となるのは言うまでもありません。また規則によって判断を行う場合、不公平が生じにくいこともひとつの利点であるといえるでしょう。

もちろん規則や規約には問題点も存在します。たとえば、より多くの事態に対応するために、細則が多数設けられた規則は、今の状況がどの細則に合致するのかを判断しなければならないため、判断責任や判断速度の低下を招いてしまいます。また規則をあまりにも重視しすぎると、今度は規則に記載されていないことはすべて判断ができなくなり、思考の柔軟性が失われてしまいます。しかし、そのような欠点を補って余りある利点をもつからこそ、教育機関や不特定多数向けのサービス、公的なサービスなどの多くの場面で規則や規約が定められているのです。

3-3. ネットワーク利用資格試験の必要性

ところで情報倫理に関する問題が生じた場合、判断に必要とされる知識とはどのようなものなのでしょうか。今日の情報化社会には無数の問題が潜んでいますから、それらの問題に対する十分な知識がないまま、インターネットやスマートフォンを利用していることは、知らず知らずの

うちに多数のリスクに直面していることにほかなりません。ですから、安全にインターネットを利用するためには十分な知識を持っていることが必要であることは、本書でもこれまでに様々な事例とともに説明を行っているとおりです。

● **インターネットを使うために必要な知識とは？**

　では、どのような知識をどれだけ持っていればインターネットを安全に利用するための「正しい知識を持っている」ことになるのでしょうか。企業や学校などのインターネット接続の環境を提供するような組織に所属していない、一般の利用者がインターネットに接続するためにはプロバイダと呼ばれるインターネット接続サービスを提供する通信事業者と契約したり、あるいは携帯電話キャリア各社と契約したりする必要があります。これらの企業は利用者に対して安全なインターネット利用を期待してはいますが、実際には利用者がどの程度安全利用を行えるのかという知識の判定は行っていません。その代わりに、これらの企業では提供しているサービスに応じた利用規約を設けることで、利用者自身が自己責任でリスク管理を行うことを求めています。自己責任で利用を求めるというのはある種、突き放した対応であるといえなくもないですが、これらの企業が行う事業が不特定多数向けのサービスである以上はある程度仕方がないことだといえるでしょう。

　ですが、これが教育機関となると話は違ってきます。たとえば、大学では学生に対してインターネットを自由に利用できるサービスを提供していることが多いですが、学生がインターネットを利用してトラブルに巻き込まれた場合に、大学はいっさい関与しない、自己責任ですべて解決せよという突き放した対応をとることはまずありえません。成人年齢が18歳になったとはいえ大学生は未だ社会人ではありませんし、社会的な問題への対応方法を教えることもまた教育機関の役割であるため、自己責任という言葉ですべてを片づけるわけにはいかないからです。

　むろん大学の側としても学生が起こしたすべての問題の責任を取るわけにはいきませんから、

学生に対して一定レベルの常識や知識を求めることになります。そこで、再び同じ問題が発生します。すなわち、どのような知識がどの程度あれば正しい知識を持っていることになるのか、という疑問です。

　たとえば、自動車を運転するためには運転技術が必要であるのと同様に、交通規則や緊急時の対応方法に関する知識が必要です。それらを正しく身につけているかどうかを検査するために、運転免許の取得には実技試験（通常、自動車免許教習所を卒業していると免除されます）と試験が義務づけられます。

　近年のネットワーク事情を考えると、インターネットの利用も自動車の運転と同じくらい危険が多く、また自分だけでなく他人の権利や財産を傷つけてしまう可能性が存在していますから、自動車免許と同じようなインターネット免許が必要であるといえるでしょう。

● **自動車と同じようにインターネットにも免許証が必要かもしれません**

　空想のようなインターネット免許ですが、実際はいくつもの大学や短期大学がこれに近い試験を実施しています。名称は学校によってまちまちですが、ここでは仮に「ネットワーク利用資格試験」という名称で呼ぶことにします。ネットワーク利用資格試験は利用者、つまり大学生にインターネットや学内 LAN、大学が提供する Wi-Fi などを利用する資質があるかどうかを問う試験です。資格、と書かれていますが、実際に何らかの資格が取得できるわけではありませんし合格証書が発行されるわけでもありません。ですが、ネットワーク利用資格試験に合格できなかった場合には学内のネットワークを利用するために必要な ID が発行されませんから、学内ネットワークだけでなく大学内のコンピュータや授業に関わる各種システムを利用できないなどの不利益を被ることになります。

　試験の内容は大学によって多少の差はありますが、たいていはネチケットに関する問題や基本的なコンピュータの操作方法、倫理に関する問題などインターネットの利用に必要となる知識が幅広く出題されます。ただし取り扱う範囲は非常に広いですが、内容はさほど高度なものではなく、通常は大学入学時に一般学生であればすでに身につけているような常識や知識に、多少の学習を

加えれば合格できる程度のものが多いようです。

　利用者の ID を発行する前提条件として設定される資格試験であるという性質から、実施のタイミングは大学に入学する年度に実施されています。多くの場合は入学式の前後に試験を実施し、合格者には即座に ID を発行しますが、不合格となった場合は合格するまで補習と再受験を行って講義が開始される時点にはほぼ全員が ID を取得できるような運用が行われます。

　ネットワーク利用資格試験は学生の能力を測定するものであると同時に、もう 1 つの役割が与えられています。学生の側からすれば利用資格試験に不合格となれば学生生活で不利になることは明らかですから、当然試験準備のための勉強を行います。そして、この受験準備の学習を通じてネチケットや倫理に関する知識を深めることで、過ちを起こさないために必要な判断能力の基礎を身につけることができるのです。

　このネットワーク利用資格試験と、前述のネットワーク利用規約はともにインターネットの利用者である学生が無用なトラブルに巻き込まれないよう保護する目的で設置、もしくは実施されるものですが、両者には多少の相違点があります。ネットワーク利用規約は利用者の行動に対して禁止事項を設け、行動制限を行うことで誤りが起こらないように方向づける目的で設定されますが、ネットワーク利用資格試験は利用者自身が自ら過ちを起こさないよう判断する能力を養うような、趣旨としては情報倫理の考え方に近い目的で実施されます。

　ネットワーク利用資格試験に出題される問題の範囲は試験が実施される目的や受験者の能力傾向や性質によっても多少変化しますが、おおむね次のような範囲から出題されます。

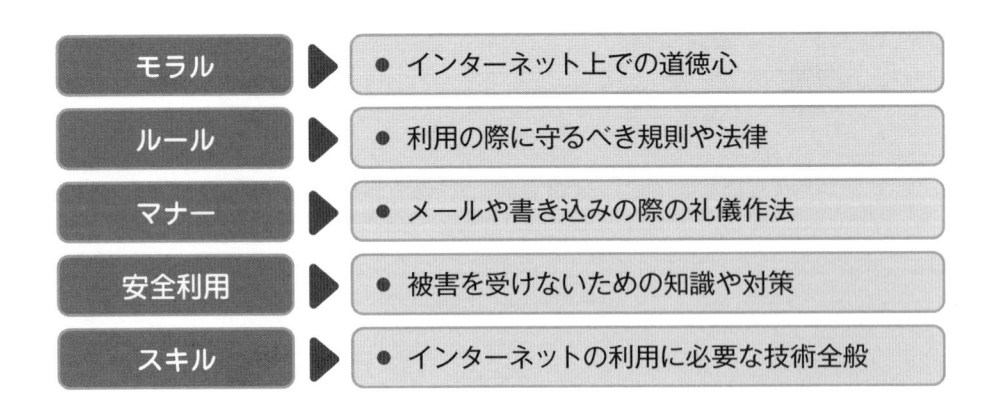

モラル	● インターネット上での道徳心
ルール	● 利用の際に守るべき規則や法律
マナー	● メールや書き込みの際の礼儀作法
安全利用	● 被害を受けないための知識や対策
スキル	● インターネットの利用に必要な技術全般

　これらの出題範囲が均等に出題されるわけではなく、その出題配分は受験者の能力に応じてバランスが取られます。たとえば情報工学を専攻する学生に対して試験を実施する場合であれば、専攻分野でもあるスキルについては確認の必要がないと思われますから比重を少なくする、などといった例がわかりやすいでしょう。

　実際に出題される問題の内容はそう難解なものではありません。むしろ、図 4-6 のようにネチケットや情報倫理を身につけた人だけでなく、日頃からコンピュータやインターネットを利用している人からみれば常識ともいえるようなごく当たり前のことが中心になります。ただし近年では大学で利用するまで電子メール使ったことがない人も増えていますから社会人としてメールでの作法を学ぶ機会になるでしょう。実際にそういった人に利用資格試験を受験してもらうと、自

己流でインターネットの使い方を覚えたため誤ったことを覚えていたり、あるいはこれまでに遭遇しなかった問題に関する知識が抜け落ちていたりして、意外に全問正解はできないものです。

Q1 多数の相手に知らせたいメールを送る場合、宛先ではなくCCを使って送信すると良い
(Yes／No)

Q2 電子メールの作成中に離席する場合にはメールソフトを終了させておくと良い
(Yes／No)

Q3 インターネットに接続しなければコンピュータウイルスに感染することはない
(Yes／No)

Q4 作者不明のページは危険だが、大企業や官公庁の Web ページは常に信用できる
(Yes／No)

Q5 困っている人に協力を求める情報をインターネットで広く知らせることは良いことだ
(Yes／No)

図 4-6　インターネット利用資格試験の出題例

図 4-6 で例示した Q1 から Q5 までの問題の正解は、すべて No です。これらの問題の多くはこれまで本書で取り上げた内容と重複するものですが、念のために解説を付記すると以下のようになります。

Q1 のような多数の人に同報メールを届けたい場合、最も適切な選択肢は「BCC」を用いて送信することです。「宛先」で送信した場合、すべての受信者にメールが送信された人のメールアドレスが通知されてしまいますのでプライバシーやセキュリティの観点から好ましくありません。また「CC」で送信した場合は宛先と同じように受信者のリストが送信されるだけでなく、メール自体の意味合いが「参考程度に見て下さい」という意味合いになってしまいます。そのため、同胞先を知らせずに宛先にだけ届けているという表示になる「BCC」が最良の選択肢になります。

Q2 の場合、メールソフトを終了させていてもコンピュータにはログオンしたままですから、他人にメールを覗き見られる危険性が存在します。このような場合にはログオフもしくはシャットダウンしておくほうが良いことは言うまでもありません。

Q3 については、インターネット以外のコンピュータウイルスの感染経路を知っているかどうかという確認です。もちろん USB メモリ等の記憶媒体経由で感染するコンピュータウイルスが存在しますから、インターネットに接続していなくても危険は存在します。

Q4 については近年多発している、Web ページを改ざんしてしまう Gumblar 攻撃のことを考えれば、個人のページだけでなく大企業や官公庁のページであっても常に安全であるとは言えません。

Q5 については、たとえ善意であってもチェーンレターが社会に及ぼす影響を考えると、良いことであるとは言えないでしょう。

以上のような問題が多数出題され、それらすべてについて自信を持って正答を選び、選択した理由もあわせて回答できるのであれば、ネットワークを利用するために必要な能力を持っている

ということができるでしょう。ですが、ネットワーク利用資格試験の趣旨を考えると、すべての問題に正解させることは実は重要ではありません。むしろ何問かの問題を誤答させることで、自分の知識が完全ではないこと、そして油断せずに慎重に行動する必要があることを受験者に認識してもらうこともまたネットワーク利用資格試験の重要な目的なのです。

いずれにせよ、このようなネットワーク利用資格試験を受験することは利用者がネットワークを利用するだけの能力を持っているかどうかを判定するだけでなく、情報倫理的な知識や心構えを育成するために役立ちますから、今後多くの大学で実施されるようになるでしょう。

3-4.　まとめにかえて

高度に情報化した今日の社会は、かつての社会とは比べものにならないほど便利になりました。またインターネットやスマートフォンを用いることで、これまでの社会では考えられないほど個人の情報発信力が拡大され、コミュニケーション可能な人間関係も飛躍的に大きくなりました。これらの変化は社会のあり方を次の段階へと進める重要な発達であったことは間違いありませんが、それと同時に、これまでには存在しなかった数多くの問題をも生み出すことになってしまいました。本書でこれまでに紹介した事例からもわかるとおり、その問題の種類はきわめて多く、そしてまた、その被害や影響もこれまでには考えられなかったほど大きいものとなっています。

カオス力学と呼ばれる学問には「アマゾンの1匹の蝶の羽ばたきが、遠く離れたシカゴに大雨を降らせる」という比喩があります。バタフライ理論と呼ばれるこの言葉は、一見すると取るに足りないごく小さなことがらが、時間とともに拡散して思いもよらないところで予測不能な大きな影響を及ぼすことを意味しています。通常、バタフライ理論は気象予測などの場面で語られることが多い言葉ですが、情報化社会での個人のふとした行動が社会に大きな影響を与える事象にもバタフライ理論は当てはまると考えられないでしょうか。個人という小さな蝶がネット上でささやいた小さな発言が、企業や国家といった大きな存在に思いもよらない影響を与えるような、ある種の先が見えない危うさを持ち合わせた社会こそが今、私たちが生きている情報化社会なのです。

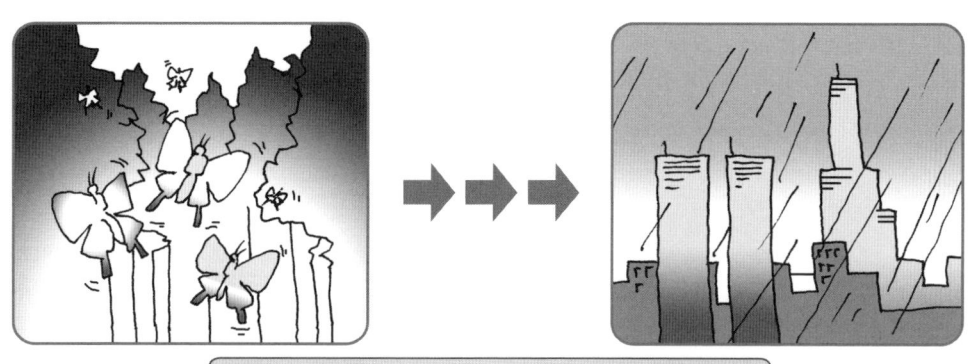

アマゾンで蝶が羽ばたくと・・・シカゴで大雨が降る

個人の書き込みが・・・企業に大きな影響を与える

● バタフライ理論

　また、高度情報化社会の基幹となるコミュニケーション手段であるインターネット上には、現実世界とは異なる特有なマナーやモラルが存在しています。そのようなマナーやモラルを意識せずにネットワーク上で行動した結果、無用のトラブルを引き起こすことも十分に考えられます。これらの危険やトラブルの被害者とならないように自らの身を守り、また自分自身が加害者とならないためには正確な知識が必要であることはこれまでにも説明したとおりです。

　その正確な知識とは、情報倫理で取り上げられる知識であることは間違いありません。しかし「コンピュータウイルスには気をつけよう！」「ネチケットを守ろう！」「違法ダウンロードはやめよう！」といったスローガン的な知識や言葉を暗記することが情報倫理なのでしょうか？

　もちろん、そういった言葉を覚えておくことで回避できる問題もあるでしょう。コンピュータウイルスには注意しなければいけませんし、ネチケットを守ることは重要です。また、違法ダウンロードを行わないという選択は正しい行為です。ですから、情報倫理の初歩の段階としてはこのような表面的な知識を身につけることも大事であるといえるでしょう。しかし、本来の情報倫理という視点からすると、表面的な知識や個々の問題への対応策を1つずつ覚えることはあまり勧められることではありません。なぜなら、これらの表面的な知識や対策について覚えることは、規約や規則といった守ることを求められるルールに近い存在であって、自分で物事を判断するための基準、すなわち倫理ではないからです。また変化の早い情報化社会ではいつまでも同じ問題が生じているわけではありません。あるとき突然、これまでには存在しなかった問題が表面化す

ることありますし、またこれまでに知られていた問題が微妙にその形を変えて新しい問題として再登場したりすることがあるかもしれないからです。このような状態では、規則を覚えるだけでは十分に危険に対処することはできないでしょう。

　マルウェアを例にあげるとすれば、もともとコンピュータウイルスは感染源である記憶媒体を介して感染拡大するものでしたから、外部から持ち込まれる記憶媒体を厳密に検査していればウイルスの予防が可能でした。そのような時代のウイルス対策スローガンは「外から持ち帰った記憶媒体はウイルスチェックを！」というものが中心でした。しかし、インターネットに接続しているだけで外部から勝手にマルウェアが侵入してきたり、正規のアプリストアで配信されるアプリにトロイの木馬が仕掛けられたりする今日では記憶媒体のチェックはセキュリティ対策としてはとても効果的とは言えません。そのため、従来のスローガンだけを律儀に守ってウイルス対策をしているつもりでも、実際にはコンピュータ内にはマルウェアが蔓延している、という事態も十分に考えられます。

● チェックしていたはずなのに！

　では、このような場合にどうすればよいのでしょうか。この場合の正しい知識とは、コンピュータウイルスとは、マルウェアとはどのようなものであるかを正しく知ることになるでしょう。たとえば流行しているマルウェアの種類や症状、その感染経路について正しい知識を得ていれば、記憶媒体以外にも注意すべき感染経路が存在することに気づけるはずです。そして感染経路が多岐にわたっていて、外部からの侵入を防ぐことが困難だとわかれば侵入したマルウェアが悪影響を及ぼす駆逐したり感染拡大を防ぐ対策へと移行したりすることも可能です。また、このようなマルウェアに対する十分な知識があれば、コンピュータの動作がおかしい時にこれまでに知られていない新しいマルウェアに感染していることに気づけるかもしれません。

　つまり、既存の解決策を身に付けることだけにこだわるのではなく、未知の問題に遭遇した場合であっても、どのように判断し、どのように行動すれば正しい選択を行うことができるのかを考えること、そしてその判断に必要な知識を身に付けることが必要です。

　そのためには多くの事例を知ることで、何故そのようなことが起こったのか、どのような予防策や解決策があるのかについて理解し、自分で考えを深めることが必要となるでしょう。このよ

うな実際に自分が問題に遭遇した場合に適切な対処ができるような能力を育成することが情報倫理の目的であり、今日の情報化社会で必要とされるものなのです。

また、本書で紹介した事例は「自分ではないどこかの誰か」の身に起こった出来事ですが、このような問題や事件が自分の身に起こらないという保証はまったくないことにも注意すべきです。いえ、それどころか、ひょっとしたら自分が気づいていないだけで、実際にはもう深刻な問題に巻き込まれかけているところなのかもしれません。

そのようなときに必要なことは、常に用心深く周囲の状況を分析し、情報倫理の知識を元に最善の行動を選択することです。十分な知識があれば身近に迫った危険を発見し回避することもできますし、あるいは不幸にしてすでに問題に巻き込まれているのであれば、被害を軽減、あるいは被害から立ち直ることもできるはずです。

ですが、場合によっては中途半端な知識がかえってあだとなるかもしれません。自分は知識があるから、対応策を知っているから大丈夫、という思い込みや根拠のない自信は結果的に自分の危機管理能力を低下させることにほかならないからです。

以上のことをまとめると、高度情報化社会を生きる上で必要な心構えとは、図4-7のようなものになります。常に危機意識を持ち、正しい知識と倫理観に基づいた判断を行うことこそが情報化社会に生きる私たちにとって必要とされる情報倫理なのです。

- 規則を覚えるのではなく、その根底にあるものを理解する
- 常に正しい知識を得ることを心がける
- 自分の知識を過信しない
- 行動の前に、倫理観に従って自分の行いを再評価する

図 4-7　情報化社会を生きるために必要な心構え

付録

情報倫理に関する事例集

倫理 **1** 法律 技術

チェーンレターの功罪

● 事例 1

「知っている人、コメ（返事）ください」

　このようなメールが山口県下関市の高校生の間で広がったのは、2010 年 2 月のことでした。メールの発信源は下関市内の女子高生です。

　彼女は車にひき逃げされた犬を見つけましたが、その犬には首輪が付けられていました。動物愛護管理センターが犬をひき取りに来ましたが、「飼い主や里親が現れなければ、約 2 週間後には殺処分される」と聞いたことで行動を開始。友人たちの手を借りて前述のメール配信やチラシ配りを行い、飼い主を捜しました。

　結局、犬が殺処分される直前に飼い主が見つかり、犬は無事に飼い主の元へ戻ることができました。

● 事例 2

「ブリーダーが倒産し、ラブラドール・レトリバーの仔犬 30 匹が処分される。飼える人を探してください」

　このような発信源も真相も不明なチェーンレターが、2004 年 9 月に広島県内で広がりました。

　広島市の 40 代女性はこのメールを知人から受け取り、すぐに知り合い 20 人に転送しました。ところが、しばらくするとそのなかの 1 人から「チェーンレターではないか？」という指摘の返信が届き、慌てて他の人にも送信したメールの取り消しを伝えることになりました。

　この女性は市民活動にも携わっており、被災地支援の急ぎの呼び掛けなどのメールを転送してきましたが、今回はそのような善意につけ込まれた形になってしまいました。

解説

　チェーンレターのなかには［事例 1］のような良い結果に結びつくケースも、ごくまれに存在しています。ですが、チェーンレターの性質を考えると、［事例 2］のような場合がほとんどですので、内容にかかわらずチェーンレターを送信するべきではありません。

参考資料

- 毎日新聞，2010 年 03 月 30 日
- 東京新聞，2004 年 09 月 19 日

倫理❷ 法律 技術

ネチケットを守る必要性

概略

Blog や SNS を利用すれば個人でも簡単に情報発信を行うことができますが、ネチケットに反するいい加減な情報発信は自分だけでなく他人にも大きな影響を及ぼすことがあります。

経緯

2011 年 1 月、インターネットに偽りの情報を発信し、他人の信用を傷つけた疑いで静岡県在住の男性が逮捕されました。男性は前年に発生した、女性 2 名が相次いで車にはねられた上で連れ去られ死傷した事件について、無関係の不動産会社を容疑者の実家であると告発する誤った情報を自分の Blog に書き込み、不動産会社の信用を傷つけ業務を妨害しました。

男性は副業としてアフィリエイトと呼ばれる広告収入を目的に約 1000 もの Blog を開設しており、自分が管理する Blog へ多くの人を呼び込むために人目を引くような情報を真偽の確認を行わずに無責任に掲載していたと供述しています。

もともと不動産会社が容疑者の実家ではないかという情報はインターネットの掲示板に疑問型で書き込まれていた真偽不明なものでしたが、男性はこの情報を断定的なものに書き換えて掲載を行っていました。なお、もともとの疑問型の情報を書き込んだ人物も警察の捜査によって特定されましたが、こちらは断定的なものではなかったため信用毀損の罪には問われませんでした。

結末

名指しされた不動産会社へは問い合わせや抗議の電話が殺到し業務を妨害されただけでなく、事件とは無関係であることを説明する折り込みチラシを配布せざるをえない状況になるなど、大きな被害を受けました。また、無責任な情報発信を行った本人も書類送検されることになり、結果的には職を失うことになりました。

解説

ネットでの情報発信は手軽である反面、多方面に大きな影響を及ぼす危険性を秘めています。匿名での無責任な書き込みはネチケット違反であることは言うまでもありませんが、面白半分や私利私欲での誤った情報発信は多くの人を傷つけ、また自分自身にもその害が戻ってくる可能性があります。

参考資料

■ 読売新聞, 2011 年 01 月 13 日
■ 毎日新聞, 2011 年 01 月 14 日

倫理 3   法律   技術

資料 RFC1855 電子メールのガイドライン（抜粋）

- あなたがインターネットプロバイダーを通じた個人のインターネットアクセスを持っている場合を除き、電子メールの所有権についてはあなたの雇い主に必ず確認しておきましょう。電子メールの所有権についての法律は、場所によって変わります。

- あなたが暗号化装置（ハードウェアかソフトウェア）を使っている場合を除き、インターネット上のメールは安全ではないものと考えておかなければなりません。あなたが葉書に書かないようなメッセージ〔クレジットカード番号やパスワードなど他人に知られたくない個人情報や非公開情報など〕は決してメールに含めてはいけません。

- あなたが受け取ったメッセージを他人に転送したり、再投稿する場合には、元の言葉遣いを変えてはいけません。あなた宛の個人的なメッセージを、あるグループに再投稿する場合には、あらかじめ発信者に再投稿の許可を求めておかなければなりません。メッセージを短縮したり、関連する部分だけ引用しても構いませんが、適切な出典〔もとのメッセージや発言者が特定できるような情報〕を必ず示しましょう。

- よい経験則：送信する内容には慎重さを、受信する内容には寛大さを心がけましょう。たとえ挑発されても、激情的なメッセージを送ってはいけません。一方、もしあなたが火あぶりにあっても、驚いてはいけませんし、フレーム・メッセージに対しては応答しないのが賢明なやり方です。

- 受け取る相手に対する気配りを心がけましょう。多くのメーラ（電子メールプログラム）は、あなたの差出人アドレスを含むヘッダ情報をはぎ取ってしまいます。あなたが誰であるか他人に確実にわかるようにするために、あなたのメッセージの終わりに１行か２行の連絡先情報を必ず入れましょう。事前にそのファイルを作っておいてメッセージの最後に付け加えることもできます（いくつかのメーラは、自動的にやってくれます）。インターネット用語では、これは「.sig」とか「署名（シグネチャ）」ファイルとして知られています。あなたの署名ファイルは、名刺の代わりになります。（また、状況によって複数の署名を使い分けることもできます。）

- メールのアドレスを書く時には慎重にしましょう。個人のアドレスのように見えても、実はあるグループに送られるというアドレスもあります。誰に送ろうとしているのかを知っておきましょう。

- 返事をするときには、cc:の宛先に気をつけましょう。メッセージが１対１のやりとりになるときには、他人を巻き込み続けてはいけません。

- あなたが交信する相手が住んでいる地域は、世界中に広がっていることを覚えておきましょう。至急返事が欲しいメッセージを送る場合、それが相手に届く時には、相手は家で寝ているかもしれません。メールが届いていない、とか、相手が無視した、と思う前に、相手の人が目を覚まして会社に行ってコンピュータにログインするために必要な時間的余裕を与えてあげましょう。

- 受け取り人は、文化、言語、ユーモアの基準があなた自身とは異なっている人間であることを忘れないでください。日付の書式や、計測単位、慣用語は地域によって異なるものだということを忘れないでください。特に、皮肉〔いやみやあてこすり〕には注意してください。

- そっけなさすぎることがない程度に簡潔な表現を心がけましょう。メッセージに応答する時には、理解するために十分なだけのオリジナルの文書を含めておき、それ以上の部分は省略しましょう。ある1つのメッセージに返答するだけのために、前のメッセージの全文を引用して含めるのは、非常に悪いやり方です：無関係な部分はすべて削除しましょう。

- 1行の長さは、半角65文字未満に制限し、1行の終わりには1つの復帰改行（キャリッジ・リターン）を入れましょう。

- メールには、メッセージの内容を反映するサブジェクト（題名）ヘッダをつけなければいけません。

- 電子メールメッセージを受け取ったとき、メッセージの重要性から判断してそうするのが妥当だと思った場合には、直ちに短い返事を送り、送信者にあなたが受け取ったことを伝えましょう。たとえ後でもっと長い返事を書くつもりでいたとしてもです。

- 電子メールを経由した何かの行為において「合理的に」期待できるものは、相手とあなたとの間の関係やその通信の状況に依存します。特別な電子メール環境で身につけた標準は、インターネットを経由した一般的な電子メール通信には適用できないかもしれません。俗語的表現や内輪の省略語に注意しましょう。

出典

■ RFC1855　高橋邦夫氏の日本語訳より一部抜粋
　http://www.cgh.ed.jp/netiquette/rfc1855j.html

倫理 ❹ | 法律 | 技術

春から大学生

概略

SNS でのトラブルは本文でも触れた通りですが、個人が特定されてしまうことでトラブルに巻き込まれるなど、不利益を被ることも少なくありません。「# 春から○○大」や「# ○○大生と繋がりたい」とハッシュタグをつけて SNS に投稿する新入生がいますが、その投稿は同じ境遇の新入生だけではなく、悪意のある勧誘を目的とした人たちも見ています。

事例

同じ大学の友人がほしくて「# 春から○○大」と SNS で投稿したところ、同じ大学に通う先輩だという人からダイレクトメールが届きました。嬉しくなって連絡先や情報交換をしてしばらくするとサークルに勧誘され、それに参加してしばらくするとメンバーから様々な勧誘を受けるようになりました。勧誘する側はそれまで親密な人間関係を築いていき、ターゲットがそれを無駄にしたくないと思う心理などをうまく突いて、あの手この手で迫ってきます。

結末

A さんは宗教の勧誘を受けましたが、それがどのような宗教なのか誰もハッキリとは答えてくれません。しかし気の弱い A さんは断ることができず入信してしまい、大学に払う学費をその宗教のお布施に使うなどし、大学を辞めることになりました。

B さんは自己啓発の名のもとに高い商材をローン契約で買わされてしまいました。購入後はサークルの誰とも連絡がとれなくなり、高いローンだけが残りました。

C さんはマルチ商法に参加してしまい、他の友達を勧誘しようとしたために友達はみんな離れてしまいました。

解説

SNS に投稿している1つ1つの内容は何気ないものかもしれませんが、すべて繋ぎ合わせることでアカウントの持ち主の生活パターン、年齢、通う学校 (大学の場合は学部も)、出身地、一人暮らしかどうか、趣味、などといった素性が明らかになってしまいます。このように繋ぎ合わせて個人を特定する手法を「モザイクアプローチ」といいます。

勧誘する側はこのような手法でターゲットの素性を理解した上で、ターゲットに合った話題選びをすることで警戒心を解き、正体を隠して勧誘してきます。18 歳は成人なので親の同意がなくても契約が行えるため、悪質なカルト宗教や商材販売、マルチ商法などに狙われます。専門家は、ダイレクトメールなどで「向こうから近づいてくるものは警戒した方がいい」と言っています。

　モザイクアプローチについて少し違う角度の話をすると、企業の中には人事担当者が採用候補者の SNS アカウントを検索して、普段の言動をチェックするところもあるようです。したがって、誹謗中傷などの暴言や、犯罪に関わるような内容が投稿されていると、就職活動に支障をきたすことになります

参考資料

- ■ NHK NEWS WEB，2023 年 3 月 28 日
- ■ FNN プライムオンライン，2021 年 3 月 12 日

倫理 **5** 　法律　技術

インプレゾンビの大量発生

概略

　2023年7〜8月にかけてXの課金ユーザが広告収益プログラムに参加できる条件としてインプレッション数が入ったため、収益を狙ったユーザによるインプレッション稼ぎが横行しています。このような投稿をするユーザをブロックしても、他のユーザから次々に同様の投稿がされることから「インプレゾンビ」と呼ばれています。英語やアラビア語、そして翻訳サイトで変換したと思われる不自然な日本語による投稿が多く、南アジアや中東地域の外国人によるものと推測されています。パターンとしてはフェイクニュースを投稿するものと、フォロワーが多い有名人の投稿やバズっている投稿に対してbotと言われるAIなどで生成されたコメントや、他人のコピペを自動投稿するものがあります。フォロワーが多いある芸能人は、自身の投稿にインプレッション稼ぎをするbotと思われる外国人による無関係なリプライが多くなったことを受け、ブロックを諦めたので混沌状態になってしまう旨を投稿しています。

事例

　インプレゾンビの中でも悪質なものは"悲劇の現金化"と言われる投稿で、戦争や災害に乗じてインプレッション稼ぎをするものです。日本では2024年元日に起こった能登半島地震で、現場の混乱を引き起こすような投稿がされています。

　フェイクニュースを投稿するパターンでは、誰かが投稿した被害状況の投稿を、日本語がわからない外国人がコピペして投稿していくうちに本文と関係ない動画を添付したり、ひどいものでは今回の地震ではない東日本大震災の時の津波の動画を添付したりするなど、実際の被害と誤解されてしまうようなものもありました。botと思われる投稿のパターンでは、救助要請や火災など様々な被害の投稿をコピペするものがあります。

結末

　このような投稿は被害が解決された後も拡散され続けるため、警察や消防に同じ通報が来たら対応せざるを得ず、本当に救助が必要な人が被害を受ける可能性があります。投稿をした外国人にNHKが取材したところ、収益を得ることが目的だと認めたといいます。

解説

　このような投稿が横行する背景には第一にX（旧Twitter）の規約変更がありますが、それを受けてインプレッション稼ぎを指南するユーチューバーがいたり、インプレゾンビ自身の経済状況だったりと様々あります。しかし投稿によって被害を受ける人にとっては迷惑以外の何物でもありません。災害時の情報収集にSNSを使うのが当たり前になっているので、関係ないリプライばかり並んでいると情報収集ツールとして機能しません。今回はXでの事例でしたが、他の

SNSでも規約等が変更されると同様のことが起こる可能性があります。本文でも触れましたが収益目的のみならず様々な意図をもった投稿があるので、皆さん自身が投稿を拡散しようと思った時にはファクトチェックや発信者の信頼性について確認する、などの心掛けが必要になります。

参考資料

- NHK NEWS WEB，2024 年 2 月 2 日
- PRESIDENT Online，2024 年 1 月 24 日
- スポーツ報知，2024 年 2 月 11 日

倫理 ⑥ ／ 法律 ／ 技術

降伏を呼びかける大統領？

概略

AIを使用することでディープフェイク動画が作成できるようになりました。しかし政治的な意図をもって人々を混乱させるために作成しているようなものは、決して許されるものではありません。

事例

2022年2月に始まったロシアによるウクライナ侵攻で、翌3月にウクライナのゼレンスキー大統領が自国の兵士に降伏するよう呼びかける動画が拡散されました。しかしこの動画はAIによるディープフェイクで、ウクライナ政府はこれを否定しています。

また、2023年11月には、ウクライナ軍の総司令官がゼレンスキー大統領を批判し、軍事蜂起を呼びかける動画が拡散されました。しかしこちらもウクライナ政府が否定し、これがディープフェイクであることを指摘しました。

結末

SNSに投稿されたゼレンスキー大統領のディープフェイク動画は、運営元がディープフェイクの共有を禁じる利用規約に基づいて削除しました。またいずれのディープフェイク動画も、ウクライナ政府の対応により大きな混乱には至っていないようです。

現在もロシアはウクライナに侵攻を続けるも、ウクライナは降伏せず自国を守るべく抵抗しているため、終結の見込みはありません。

解説

戦争は銃器によるものだけでなく、このような情報戦も繰り広げられます。いずれも、ロシアがウクライナの統制を攪乱するために動画を拡散させたとみられています。

今回のディープフェイク動画は、ゼレンスキー大統領の場合は本人の動画と見比べると声が微妙に違ったり、顎の影に違和感があったりするなど、品質が良くなかったため見破られています。しかし今後AI技術が向上することで品質が上がり、本人との見分けがつかなくなることも考えられます。その時に、発信者の普段の言動と比較して一貫性があるのか、普段の言い回しと違う箇所はないか、など考えながら見る必要があります。

参考資料

- ■ 日本経済新聞, 2022年3月17日
- ■ FNNプライムオンライン, 2022年3月18日
- ■ 読売新聞オンライン, 2023年11月9日

倫理 **7**　法律　技術

ネットからの盗作問題

概略

　インターネットに掲載された作品を自分の作品として発表する盗作行為が多発しています。作品がコンテストで受賞したことで盗作が発覚し、その結果、受賞が取り消されるなどの問題になるケースが増えています。

経緯

　2010年に行われた土曜美術社出版販売が主催する第19回「詩と思想」で、新人賞を受賞したのは秋田県の女子中学生でした。地元紙から取材を申し込まれた彼女は、インターネットの掲示板に投稿されていた詩をほぼそのまま盗用し、賞に応募していたことを母親に告白しました。母親は主催者に盗用の事実を報告し、主催者も事実関係を確認、彼女の受賞を取り消すことになりました。

　この女子中学生は他にもコンクールで受賞歴があり、柳川市が主催する「白秋献詩」でも最優秀賞や福岡県知事賞を、前橋市が主催する「第14回 詩のまち前橋若い芽のポエム」でも金賞の受賞が決まっていました。しかし、これらの受賞作品についても家族から盗作・盗用の疑いがあるため受賞を辞退したいとの申し出があり、調査をしたところ、いずれも盗作であることが判明しました。

結末

　いずれの賞も盗作であることが発覚したことで賞の取り消しが行われました。未成年であるため、実名報道は行われませんでしたが、権威ある賞に盗作作品が投稿されたことで社会的な問題となりました。

解説

　この事例以外にも短歌やエッセーなどの複数のコンクールで中高生によるインターネットからの盗用・盗作が発見され問題となっています。また、コンクールのような公式の場だけでなく、大学などで提出を求められるレポートや卒業論文などについてもネットからの「コピペ」が蔓延しています。このような盗作が頻発する背景にはインターネットから手軽に文章を切り貼りできる環境と、あまりの手軽さに罪の意識を感じないことなどがあると考えられます。いずれにせよ、ネットに投稿されているものであっても、著作権法によって保護されている著作物であることは言うまでもありません。

参考資料

　■ 朝日新聞，2010年10月19日
　■ 読売新聞，2010年12月14日

倫理 8　法律　技術

ITを悪用した不正行為

概略

　大学の入学試験において、携帯電話とインターネットを悪用した不正行為が発生し、教育界に大きな衝撃を与えました。

経緯

　2000年代中頃、韓国において大学入学試験での大規模な不正行為が摘発されました。その手口は携帯電話のメール機能を悪用し、試験場の内部にいる受験生が試験場外へ問題文のメールを送信し、外部で回答を調査した結果をメールで返信するという組織的なものでした。180人近い学生が不正行為に関与したとされるこの事件は、韓国社会に大きな衝撃を与えました。

　そして2011年2月、日本でもついに同様の事件が発生しました。京都大学の入試問題として出題されたものが試験時間中にインターネット上の質問相談サイトに書き込まれていたことが判明したのです。京都大学はこの事実を受け、偽計業務妨害罪で京都府警に被害届を提出することになりました。また、同様の手口で他大学の試験問題が投稿されていることも判明し、大学入試の公平性に大きな疑問が投げかけられることになりました。

　捜査の結果、質問サイトのアクセス履歴と携帯電話の利用記録から仙台市の予備校に通う受験生が割り出されるまでにそう時間はかかりませんでした。犯行の手口は携帯電話を机の下に隠し持ち、試験を受けながらインターネットへ質問を投稿するという原始的な手口でしたが、実際にこの手口で試験時間中に多くの回答が寄せられていたことが判明しています。

結末

　不正行為を行った予備校生は警察に逮捕され、偽計業務妨害罪の容疑で書類送検されることになり、受験した複数の大学についても合格の取り消しが行われることになりました。事件が入試シーズンの最中であったことから、事件発覚後に入試が行われた大学では携帯電話の所持について入念な確認が行われることになりました。

解説

　今回の不正行為は質問サイトに投稿したことから発覚しましたが、単純にインターネットを利用する手口であれば不正を発見することは困難です。有効な対処方法としては金属探知機を使って携帯電話の持ち込みを厳密に禁じるか、もしくは携帯電話の通信を妨害する装置を設置するなどの物理的な対策を行うしかありません。

参考資料

■ 毎日新聞，2011年02月26日
■ 朝日新聞，2011年03月03日

学校裏サイト

概略

　学校裏サイトと呼ばれる特定の学校に関する情報が匿名で書き込まれる掲示板サイトが存在します。これらの多くは誹謗中傷や陰湿なイジメの舞台となっていることが多く、社会的な問題となっています。

経緯

　学校裏サイトが問題になりはじめたのは、中高生の間にも携帯電話が普及しはじめた2000年代の中頃からであると考えられています。学校裏サイトの多くは保護者や教師が閲覧できないよう、検索エンジンで検出されない工夫や、パソコンからの閲覧拒否、パスワードの設定などの対策が行われています。ネットの裏側に潜んだサイトでは誹謗中傷（飲酒や犯罪行為、援助交際といったことに関する偽の告発）や暴力行為の呼びかけ、児童・生徒の実名や顔写真公開などといった様々な情報が人知れず書き込まれています。

　教育委員会もこれらの裏サイトを問題視しており、各地の教育委員会は独自に裏サイトの調査や書き込みの削除に着手しています。たとえば、奈良県教育委員会では2009年度に県内の学校に関する裏サイトの調査を行いましたが、書き込みを行った人物の特定や書き込みの削除が行えたのはわずか5件でした。そのため教育委員会ではIT関連企業にサイバーパトロールを依頼し、取り締まりを強化した結果、問題のある書き込みを38件発見、うち26件の削除に成功しました。また青森県ではネット監視のための専従職員を配置し、監視を行ったところ年間に50件の問題書き込みを発見しています。

結末

　奈良、青森の例はともに問題のある書き込みを発見し、削除するという一定の成果を上げていますが、根本的な問題の解決には至っていません。なぜなら自治体や教育委員会、保護者からの介入が行われることで表面上は問題が沈静化したように見えますが、現実には裏サイトがよりネットの裏側深くへ潜行し、問題が深刻化するといういたちごっこが繰り返されてしまうからです。

解説

　たとえ匿名で書き込みを行ったとしても、調査を行えば確実に身元が判明することを中高生に対して教育し、違法な書き込みに対しては断固とした対処が行われることを示すしかこの悪循環を断ち切る方法はありません。

参考資料

- 読売新聞，2010年09月03日
- 読売新聞，2010年12月23日
- 読売新聞，2010年09月16日

倫理 　法律 ❶ 　技術

資料　サイバー犯罪の例

以下の事例は、いずれも平成 22 年度中に実際に検挙されたサイバー犯罪の例です。

● 不正アクセス禁止法違反、電子計算機使用詐欺

被疑者（会社員、男性、29 歳）は、他人の IP 電話の ID・パスワードを不正に取得し、これを自宅の IP 電話機に設定して国際電話をかけ、料金の支払いを免れた。

● 不正アクセス禁止法違反、電子計算機使用詐欺

被疑者（無職、男性、54 歳）は、インターネットのサイト上で知り合った者に株式投資を勧めて口座を開設させ、言葉巧みに口座の ID・パスワードを聞き出して不正にアクセスし、別口座に現金 500 万円を移した。

● 電子計算機使用詐欺

被疑者（会社役員、男性、47 歳）らは、不正に他人名義のクレジットカード情報を入手し、これを利用してチケットの予約サイトから約 3,400 万円分のチケットを購入した。

● 脅迫

被疑者（講師、男性、37 歳）は、勤務先の学校を解雇となったことを逆恨みし、勤務先で撮影した動画を動画サイトに投稿するとともに、「生徒の名簿を使って、住所、名前に顔写真を付けてアップロードする」と個人情報をインターネット上に流出させるかのような内容をサイトに掲載し、脅迫した。

● 器物損壊

被疑者（会社員、男性、27 歳）は音楽ファイル等を装ったコンピュータウイルスを、ファイル共有ソフトの利用者に公開し、これをダウンロード・実行したパソコンにウイルスを感染させ、内蔵のハードディスクに保存されているファイル等を改変させた。

● わいせつ図画公然陳列、児童買春・児童ポルノ法違反

被疑者（会社員、男性、46 歳）は、インターネット上に携帯電話用の掲示板サイトを開設し、わいせつ画像を掲載し公然と陳列した。本事件は一般ユーザから通報を受けたインターネット・ホットラインセンターからの情報を元に検挙したもので、同種事件等で 9 都府県が同日一斉検挙。

● 児童買春・児童ポルノ法違反

被疑者（会社社長、男性、30 歳）らは、広告収入を上げるため、画像投稿サイトを複数開設し、いずれか 1 つのサイトにアップロードされた児童ポルノおよびわいせつ画像をすべてのサイトにおいて相互に共有するシステムを構築し、取り締まりを逃れるためにインターネット・ホット

ラインセンターからの児童ポルノ画像などの削除依頼には応じる一方で、同種画像の掲載を繰り返した。

● **商標法違反**

被疑者（無職、女性、26歳）は、ファイル共有ソフトなどインターネット上から入手した海賊版ソフトウェアが使用できるように人気ゲーム機を改造し、インターネット・オークションで「ハック済みゲーム機」と称して販売した。

● **著作権法違反**

被疑者（ホテル従業員、男性、37歳）は、インターネット上に公開する目的でファイル共有ソフトを利用して映画を入手し、さらに公衆送信し、不特定多数の者に閲覧させ、著作権を侵害した。

解説

一口にサイバー犯罪といっても、必ずしもコンピュータやネットワークを駆使した高度な技術を悪用した犯罪であるとは限りません。携帯電話やインターネットが犯罪に利用されただけの事例であっても、携帯電話やネットワークの利用が犯行の主要な要素であれば、サイバー犯罪と認識されるのです。

出典

■ 警視庁広報資料，平成22年中のサイバー犯罪の検挙状況等について

倫理 / **法律❷** / 技術

資料 ネット上の詐欺

以下のような事例が、国民消費者センターの窓口へ寄せられています。

● 事例1：年齢認証ボタンを押したら突然登録

1カ月前、着信音とアニメの無料サイトを知人から紹介してもらい、携帯電話からアクセスして見ていた。サイトに貼ってあったアダルトサイトの年齢認証ボタンを押したところ突然、登録となり「120日間見放題で5万円の登録料」を請求された。サイト業者に「間違って登録になったので取り消してほしい」と連絡したが、「登録料を3日以内に払わないと7万円の請求になる」と言われ、結局5万円を支払ってしまった。入金後に退会を知らせるメールがその業者から届いたが、今度は別の業者から登録料を請求されている。

● 事例2：占いサイトへの登録と同時に、出会い系サイトにも登録

携帯電話で無料の占いサイトに登録したところ、同時に出会い系サイトにも登録となったようで、出会い系サイトからメールが送られてきた。そのサイトにアクセスしたら後払い購入となり、3,000円を請求された。退会申し込みのメールを送ったが、料金を支払わなければ退会できないようだ。

● 事例3：利用規約に「有料」との表示がない競馬情報サイト

携帯電話で無料の競馬情報サイトに登録するため、年齢・ニックネーム・性別・地域・メールアドレスを入力した。何度か閲覧したところで、利用料金6,000円を振り込むよう請求されたが、利用規約を確認しても「有料」との表示はない。また登録後、覚えのない出会い系サイトからメールが頻繁に届くようになり困っている。

解説

これらの事例は架空請求やワンクリック詐欺と呼ばれるインターネットで良く見かけられる詐欺事件の事例です。被害者に対して支払いを急がせる、あるいは支払い義務があるかのようなメッセージを送信することで正常な判断を失わせる特徴があります。仮に請求に応じて金銭を支払ってしまった場合、請求すれば簡単に支払いを行うカモであると認識され、次々と同様の請求が届き続けることになります。

これらの詐欺への正しい対処法は、請求に対していっさいのリアクションを取らず無視すること、そして警察や国民生活センターなどの公的機関へ被害届を提出することしかありません。

出典

■ 独立行政法人国民生活センター広報資料，手口が多様化・巧妙化しているワンクリック請求

倫理　法律❸　技術

サイバー冤罪

概略

　インターネット経由で図書館の蔵書を検索するプログラムを作成した男性が偽計業務妨害罪で逮捕される事件が発生しました。しかし、この事件は男性が不正なアクセスを行ったわけではなく、図書館側のシステムに不備があった冤罪事件でした。

経緯

　2010 年 5 月に愛知県岡崎市立中央図書館に大量のアクセスが集中し、図書館の Web ページを閲覧困難にした容疑で岡崎市内の男性が逮捕されました。男性は蔵書の状態を確認するクローリング（巡回）プログラムを作成・実行したのですが、このプログラムのアクセスによって図書館のシステムが著しく不安定となったことが逮捕容疑であるとされました。しかし調査の結果、システム障害の原因は男性が作成したプログラムではなく、三菱電機インフォメーションシステムズが開発した図書館システムにあることが判明しました。

結末

　障害の原因が判明した後も図書館側は本件の被害届を取り下げず、結局、男性は起訴猶予処分となりました。また図書館システムを改修する過程で、図書館利用者の個人情報が流出する事故が発生し、この不手際により三菱電機インフォメーションシステムズは個人情報保護対策が不十分であるとされ、プライバシーマーク認定を一時停止されることにもなりました。

解説

　システム開発者である企業、運営者である図書館の両者の対応が不十分であったため、合法な目的でプログラムを作成・使用した男性がこのような冤罪事件に巻き込まれることになってしまいました。今後もこのような冤罪が発生する可能性は十分に考えられます。

参考資料

- ■ 三菱インフォメーションシステムズ株式会社プレスリリース,
  弊社図書館システムに生じた問題について（お詫び）
  http://www.mdis.co.jp/news/press/2010/1130.html
  弊社図書館システムにおける個人情報の混入及び流出について（お詫び）
  http://www.mdis.co.jp/news/press/2010/0928.html
  プライバシーマーク認定の一時停止について
  http://www.mdis.co.jp/news/topics/2011/0124.html
- ■ 岡崎市立中央図書館，図書館ホームページ閲覧障害に係る経過等について
  http://www.library.okazaki.aichi.jp/tosho/about/files/20110225.html

倫理 / 法律 **4** / 技術

プライバシーの侵害

概略

他人に関する情報をネット上で公開するのであれば、細心の注意が必要となります。相手のことを考えずに情報発信をしてしまうと、プライバシーの侵害として大きな問題になる可能性があるからです。

経緯

2010 年 12 月、ある東京都議会議員の個人 Blog が炎上し、騒ぎになりました。当時、議会で議論されていた条例について、この都議が一般市民から寄せられた条例案への反対意見の陳情を Web 上に掲載していたことが炎上の原因でした。

政治家に対する陳情はきわめて私的な事案であるため、プライバシー保護のため公開するべきものでないことは言うまでもありません。さらに、この件については陳情を行った市民本人、および家族を含めて名の知られた有名人であったことから、Web 上に記載された断片的な情報から容易に個人が特定できてしまったことから個人情報漏洩やプライバシーの侵害ではないかということが問題視されました。

該当する投稿がネット上で話題になったことで都議の Blog にはネットユーザから多くの批判コメントが寄せられ、一時は Web サイトが閲覧できなくなるなどの混雑状態に陥りました。

結末

都議は「名前を出さないでくれといわれていないし、本人の意志で反対しているのだから隠すこともないと判断した」とコメントし、投稿した記事の削除や個人情報を記載した市民への謝罪は行われていません。

解説

個人が特定できる状態で陳情の内容を記載するという行為が意図でなされたものかはわかりませんが、個人情報保護やプライバシーの観点からみれば、この都議の行動は決して正しい行為であるとはいえないことは間違いありません。また、このような問題が生じた際にどのような対応をとるかによって、ことの成り行きが大きく変わることは言うまでもありません。

参考資料

■ 産経新聞，2010 年 12 月 28 日
■ zakzak（夕刊フジ），2010 年 12 月 28 日
　http://www.iza.ne.jp/news/newsarticle/entertainment/celebrity/479167/

倫理　　**法律 5**　　技術

個人情報の大量流出

概略

　企業が管理する顧客情報は企業にとって重要な資産であると同時に、登録されている顧客にとっても重要な個人情報です。そのような情報が社外に流出することは企業に対してはかりしれないほど大きな損失を与えます。

経緯

　2004 年 2 月、ヤフー BB 加入者 452 万人の顧客情報が記録されたディスクを元にソフトバンク BB 社（当時）を脅迫しようとした男らが恐喝未遂容疑で逮捕されました。容疑者は同社を退職した派遣社員の ID を悪用し、ネットカフェから顧客情報を不正に入手。その顧客情報を同社に持ち込み、業務提携名目で多額の現金を脅し取ろうと企みました。

　立場的にソフトバンク BB 社は顧客情報を盗まれた被害者ですが、閲覧権限のない派遣社員の ID で個人情報の閲覧が可能であったことや、退職後 1 年が経過したにもかかわらず ID の削除処理が行われていなかったことなどから、同社の個人情報管理の体制が問題視されました。

結末

　その後、ソフトバンク BB 社は情報が流出した顧客に対し、1 人あたり 500 円（総額約 40 億円）の賠償を行い、顧客情報の取り扱いに対する管理を強化するなどの方針を発表しました。また情報が流出した被害者が起こした訴訟においてもソフトバンク BB 社の過失が認められ、賠償命令が下される結果となりました。

解説

　ソフトバンク BB 社の事例は流出した情報が多量であったため社会的な問題となりましたが、規模の差こそあれこの後も多くの企業が顧客情報を流出させる失態を演じています。個人情報が重大な情報であるという認識が欠如したかのような稚拙な管理が流出の原因である場合、補償や対策に要する金銭的な被害だけでなく、企業そのものの信頼が失われることにもつながります。

　2011 年 4 月にはソニー社が自社のゲーム機用ネットワークの利用者情報 7,700 万件を不正アクセスによって流出させ、そのなかにはクレジットカード番号などの重大な情報も含まれている可能性が示唆されるという未曾有の不祥事を起こしています。この事件では情報化社会における企業、そして個人の情報管理のあり方が改めて問われることになりました。

参考資料

- 読売新聞，2004 年 06 月 18 日
- 産経新聞，2006 年 05 月 20 日
- 朝日新聞，2011 年 04 月 27 日

倫理　**法律 ⑥**　技術

個人情報の過保護

概略

　個人情報の保護は確かに重要ですが、個人情報保護法が施行されたことで、過度の個人情報隠蔽が行われるケースも多々見られるようになりました。個人情報の過保護により、行政や企業、団体が提供する各種サービスの質が従来よりも低下したり、あるいは情報が開示されないことによって問題が生じたりしてしまうこともあります。

事例

　2005年に発生したJR福知山線の脱線事故では多数の死傷者が出ました。負傷者が収容された病院が個人情報保護法を理由に患者の情報公開を拒否し、結果として意識不明患者の家族は自分たちの家族がどの病院に収容されているのか、安否はどうなのかすら知ることができませんでした。また病院側は当事者であるJR西日本や周辺自治体に対しても情報提供を行わなかったため、見舞金の支払いや安否確認に支障をきたすという事態が発生しました。

　これらの問題は個人情報保護法に規定されている「第三者に個人情報を提供する場合、予め本人の同意を得る必要がある」条項を遵守したことによるものですが、現実問題として意識不明の患者から事前に同意を得ることは不可能であることは言うまでもありません。実際、この条項には例外措置として「生命や財産の保護に必要な場合で、本人の同意を得る事が困難な場合」には第三者への提供が認められているのですが、個人情報の保護が重要であるという認識が強すぎたせいか、これらの例外が認められることはありませんでした。

結末

　厚生労働省ではこのような事態を防止するため、事故後に「医療・介護関係事業者における個人情報の適切な取扱いのためのガイドライン」を設定し、個人情報を適切に保護することを各種医療機関に求めることになりました。

解説

　個人情報の保護は確かに重要ですが、個人情報保護法の本来の趣旨は個人情報を適正に管理し、正しく利用することにあります。このことがあまり知られていないため、過保護の原因であるといえるでしょう。

参考資料

■ 読売新聞, 2005年08月03日
■ 厚生労働省,「医療・介護関係事業者における個人情報の適切な取扱いのためのガイドライン」に関するＱ＆Ａ (事例集)
　http://www.mhlw.go.jp/topics/bukyoku/seisaku/kojin/dl/170805iryou-kaigoqa.pdf

倫理　　**法律 7**　　技術

知的所有権の侵害

概略

　知的所有権のなかで最も日常生活に近いものは著作権です。それ以外にも日常的に他人の権利を侵害してしまう可能性がある権利が存在しています。たとえば、路上販売や通信販売で取り扱われている激安ブランド商品のなかには商標権や意匠権を侵害した偽ブランド商品が数多く含まれています。

事例

　2008年5月、偽ブランドの腕時計を所持・販売していた罪で山梨県甲府市在住の男性らが逮捕されました。男性はロレックス、ブルガリ、グッチなどの高級腕時計の偽物をマニラで買い付け、ネットオークションで転売するなどして約6,000万円を稼いでいました。しかし度重なる偽ブランド商品の輸入に気づいた税関の摘発によって、まず関税法違反で逮捕され、次いで商標法違反容疑で山梨県警にも逮捕されることになりました。

結末

　偽ブランド商品の販売を行った男性らは、いずれも商標法違反（販売譲渡・販売目的所持）で起訴され、主犯格の男性は懲役3年執行猶予5年の判決を受けました。しかしこの男性は執行猶予期間中にも再び偽ブランド販売を行い、懲役10カ月の実刑判決を受けることになりました。

解説

　通信販売などの相手が見えない販路を利用する場合、正規代理店以外からブランド商品を安く購入できることはまずありえません。近年では偽ブランド商品であることを隠した詐欺的な販売を行う業者も多く存在していますので、格安、激安などの安易な言葉に釣られると詐欺の被害にあう可能性も高いと言えるでしょう。

　また偽ブランド商品の輸入や販売が犯罪であることは言うまでもありません。ですが、海外で偽物をそれと知らずに購入し日本へ持ち帰り、国内の税関で偽物であることが発覚した場合には商標法違反に問われる場合もあるため注意が必要です。

参考資料

■ 朝日新聞，2008年05月08日
■ 読売新聞，2010年07月09日
■ 特許庁，実録被害レポート2010年度 模倣品・海賊版 撲滅キャンペーン　偽ブランド品編
　 http://www.kawanai.go.jp/report/index.html

倫理 　法律 **8**　 技術

海賊版ソフトウェア問題

概略

ソフトウェアに対する著作権侵害といえばインターネットでのファイル共有ソフトなどが知られていますが、ネットワークを経由しない手口による著作権の侵害も存在しています。秋葉原や日本橋といった電気街の裏通りでは最新のソフトウェアを安価で販売する露店が出展されていることがありますが、これらの露店に並ぶ商品のほとんどは違法な海賊版ソフトウェアなのです。

事例

2011 年 2 月、秋葉原で海賊版コンピュータソフトを販売していたとして中国籍の男女 3 名が逮捕されました。逮捕容疑は 2010 年 10 月に米国 Adobe Systems 社が著作権を持つ画像処理ソフトをコピーした CD-R を 5,000 円で販売していたというものです。この容疑者らは、他にも Windows7 などの最新ソフトウェアをコピーした CD-R を別の場所の倉庫に保管しており、路上でチラシを配布し購入者が現れると倉庫から海賊版ソフトウェアを現地へ配達するという手段で違法販売を行っていました。

結末

この 3 名はいずれも著作権法違反の疑いで逮捕され、家宅捜索の結果、多数の CD-R などが押収されることになりました。また配布していたチラシに記載されていた Web サイトについても海賊版販売の疑いがあるとして調査が進められています。

解説

秋葉原では以前から海賊版ソフトウェアの販売が横行していたため、平成 20 年末に海賊版販売の停止を求める警告看板を設置するなどの対策を行っていました。これにより路上での販売は目立たなくなりましたが、代わりにこの事例のような露店を使わない販売手法や Web を悪用した海賊版販売が行われるようになっていると考えられます。

これらの海賊版ソフトウェアは著作権侵害の違法ソフトウェアであるだけでなく、製造過程なども定かではないためコンピュータウイルスやスパイウェアが混入している可能性があるなど、利用者の側にもリスクのある存在であることを理解し、購入しないように心がける必要があります。

参考資料

- ACCS, 著作権侵害事件　2011 年度
  http://www2.accsjp.or.jp/criminal/2010/1029.php
- 毎日新聞, 2011 年 02 月 01 日

倫理　　**法律 9**　　技術

AIは本当に公平？

概略

　現在のAI（人工知能）に感情や自我は存在しませんから、感情によって判断が左右される人間とは異なり、知性的で万人平等な判断をし公平であるというイメージを持つ人も多いかもしれません。しかし現時点でAIを開発しているのは人間です。人間であるエンジニアが開発したAIは本当に公平な判断が行えるのでしょうか？

事例

　米ウィスコンシン州では裁判の補助としてCOMPASと呼ばれる機械学習型AIによる「再犯罪予測プログラム」を利用していました。過去の犯罪記録に基づき、対象の人物が再犯を行うかどうかを統計的に予測する仕組みという触れ込みのシステムでしたが、実際には人種、特に黒人に対して本人の性質や特性とは直接関係のないファクターとして高い再犯罪予測を出しているのではないかという疑いが生じました。

　COMPASによる評価結果を分析したところ、実際には一定期間再犯のなかった人物が高い危険度評価を受けていた割合は黒人の場合は44.9%でしたが、白人は23.5%と2倍近い差がありました。また逆に再犯を行った人物が低い危険度評価を受けていた割合については黒人が28.0%であったのに対し白人が47.7%となっていました。このことからCOMPASの再犯予測は人種によるバイアスが掛かっている可能性が高いことが示されました。

結末

　米国において再犯罪予測プログラムに類似するAI顔認証システムを開発・販売していたIBM、マイクロソフト、Amazonの三社は結果としてAIが人種差別を助長していることを認め、関連する製品の販売を中止・停止することとなりました。また米国内の複数の州で顔認証システムの使用が禁止されることになりました。

解説

　AIそのものは公平な判断ができるかもしれませんが、AIが判断を行うデータセットである教師データを準備するのは人間です。偏見に基づく不適切な教師データで学習を行ったデータが偏見に基づく誤った判断を行ってしまうのはある意味当然の結果と言えるでしょう。

参考資料

- Machine Bias, propublica., 2016年5月23日
  https://www.propublica.org/article/machine-bias-risk-assessments-in-criminal-sentencing
- AIが犯罪を予測、是か非か　揺れるアメリカ社会, GLOBE+, 2019年10月1日
  https://globe.asahi.com/article/12287549

無線LANの盗聴

概略

近年ではコンピュータネットワークに無線が用いられることが多くなりました。家庭内で用いられる Wi-Fi だけでなく公衆 Wi-Fi の利用可能なエリアやサービスが拡大するにつれて利用者も増加しています。しかし、無線であるということは手軽に盗聴が可能であるということでもあります。無線の電波に乗せて発信したメッセージや個人情報がもし盗聴されていたら？　その「もしも」は仮定の話ではありません。

事例

Google 社が運営するサービスのひとつ、ストリートビューは撮影者が各地を走行し周囲の風景を撮影することで地図上に風景を表示することができるサービスです。この撮影車は 2007 年以降、風景の撮影だけでなく走行した場所で検出される無線 LAN の通信装置の状態までも記録するようになりました。Google 社はこれらのデータを蓄積することで携帯電話向けの地図情報サービスの精度を向上させることを目的としていました。しかし、実際には検出された無線 LAN のなかでも暗号化されていないものについては、無線 LAN でやりとりされたメールアドレスや通信内容までが収集されていたため問題となりました。

結末

このデータ収集はプライバシー侵害にあたるとして、アメリカおよび韓国で特に問題視されることになりました。Google 社が収集したデータをいっさい使用しないと公表したことでアメリカでは処分は行われませんでしたが、韓国では通信の情報保護などに関する法律に違反した疑いで同社を書類送検する決定が下されました。

解説

たとえ利用目的が公衆のためであったとしても、このような手段で情報を収集することは決して望ましいことではありません。しかし、道路を車で走るだけで簡単に個人情報を取得できてしまう程度のセキュリティ強度で無線通信を行い、個人情報をやりとりしている利用者の側にもいくばくかの問題があることもまた事実です。無線で通信を行う以上、常に盗聴の危険に晒されていることを意識し、セキュリティ強度を高めることを怠るべきではありません。

参考資料

- 朝日新聞，2010 年 05 月 15 日
- 読売新聞，2010 年 08 月 11 日
- 朝日新聞，2011 年 01 月 15 日

情報流出の二次被害

概略

ネットワーク上のサービスを利用するためには ID やパスワードといったアカウント情報が必要となります。これらのアカウント情報が第三者によって不正に利用された場合、個人情報の流出や経済的な損失などの大きな損害を被ることになります。また、一度アカウントに関する情報が流出してしまうと、他のサービスで同一のアカウントやパスワードを使用していた場合、連鎖的にアカウントハックの被害にあう可能性が高くなります。

事例

2011 年 4 月、ソニー株式会社が運営するゲーム機用ネットワーク PSN に不正アクセスが行われ、全世界で 7,700 万人もの利用者の個人情報が流出するという大規模な情報漏洩が発生しました。流出した情報には氏名や住所以外にも ID やニックネーム、パスワード、秘密の問いやそれに対する答えなどの情報が含まれていたことから、流出した情報を用いて他のネットワークサービスのアカウントが不正利用される 2 次被害の可能性が高いことが判明しました。

これに伴い、ネットワークサービス各社では 2 次被害を防止するためにパスワードの変更や流出した情報をもとにしたパスワードを利用しないよう求めるなどの対応に追われることになりました。

結末

クレジットカード情報のような重大な情報以外は流出しても大したことはないと考える人も多いのですが、2 次的なアカウントハックの被害を生む可能性を考えると、情報流出の影響は想像よりも大きいことが浮き彫りとなりました。

解説

通常、ネットワークサービスのアカウント情報は利便性を高めるために複数のサイトで同じものを使用される場合が多いかもしれません。しかし、利用している複数のサイトのうちの 1 つがハッキングされ、情報が流出してしまえば他のサイトでも連鎖的に被害を受けてしまう可能性があります。そのことを考えれば、多少面倒でもそれぞれのサイトで異なる ID・パスワードを用いたほうが良いといえるでしょう。

参考資料

- 日本経済新聞，2011 年 04 月 27 日
- JPCERT，情報流出に伴う ID とパスワードの不正使用に関する注意喚起
  https://www.jpcert.or.jp/at/2011/at110011.txt
- Vector，パスワードの取り扱いに関するご注意
  http://www.vector.co.jp/info/110428_passwd.html

倫理 / 法律 / 技術 **3**

セキュリティホールの影響

概略

　ソフトウェアやシステムに存在する脆弱性をセキュリティホールと呼びますが、実際に様々なソフトウェアで数多くのセキュリティホールが発見されています。これらの脆弱性は多くの場合、コンピュータウイルスやハッキングといった攻撃の手掛かりとして利用されるものですから、速やかに対処しなければ大きな被害を受けてしまうかもしれません。

事例

　サイバー攻撃を行う側は利用者の多いソフトウェアを狙うほうがメリットが多いため、セキュリティホールを探して攻撃を試みるのは、普及率の高い OS やワープロ、表計算ソフト、Web 用のシステムなどが中心となります。Microsoft 社の Windows シリーズや Office ソフト群はまさにその代表格で、これまでにも様々なセキュリティホールが発見され、多くのコンピュータウイルスによって悪用される事態を招きました。また Web 用のソフトウェアとしては IIS などの Web サーバを制御するソフトウェアや、Web 上で動画コンテンツの再生に用いられる Adobe 社の Flash Player などが攻撃の対象としてよく選ばれます。いずれの場合も Web を閲覧している利用者に対して広範囲な攻撃を仕掛けることができるため、攻撃側の人間にとっては狙うだけの価値があるソフトウェアということになるのでしょう。

結末

　Microsoft 社や Adobe 社は、セキュリティホールが発見されると速やかに修正パッチや修正バージョンのソフトウェアを開発し、配布できる体勢を整えています。しかし修正プログラムを作成するためにはある程度の時間が必要となるため、修正パッチが作成されるまでのわずかな時間を狙ったゼロデイ攻撃が行われることもあります。

解説

　世界的に蔓延するウイルスなどの重大な脆弱性に対する警告はマスコミなどでも報じられますが、一般的な脆弱性についてはあまり一般的に報じられることはありません。しかし危険度は同じですから、たとえ広く報じられていない場合でも定期的に修正パッチを適用し続けなければ、いずれ大きな被害にあってしまうかもしれません。

参考資料

- Microsoft，サポートオンライン
  http://support.microsoft.com/?ln=ja
- Adobe，サポートホーム
  http://www.adobe.com/jp/support/

倫理 / 法律 / 技術 **4**

資料　代表的なコンピュータウイルス

　以下のコンピュータウイルスは実際に過去に猛威をふるったものです。いずれのウイルスも今日ではほぼ駆除されていますが、ときおり亜種ウイルスが発生するため警戒が必要です。

● Nimda：ニムダ

　2001年頃に多発したワーム型のコンピュータウイルス。電子メール、ネットワークドライブ、Webサーバなどの様々な毛色で増殖するためきわめて感染速度が速い特徴を持ちます。また、感染したコンピュータに保存された実行ファイルを Nimda の宿主として書き換える能力を持つことから、場合によってはファイルが破壊される被害を受けることもあります。Nimda が攻撃する脆弱性は、いずれも過去にその存在が指摘されたものばかりなので、十分な対処を事前に行っていれば感染することはありません。しかし、必ずしもすべてのユーザが万全の防御を行っていたわけではなかったため、Nimda は爆発的な感染を引き起こしました。

● Klez：クレズ

　2002年頃に多発したワーム型のコンピュータウイルス。Nimda と類似した感染経路を用いて増殖します。Klez がメール経由で感染を広げる場合、感染したコンピュータに保存された電子メールの送受信履歴から適当なアドレスを抜き出したアドレスを騙ってメールを送信することから、ウイルスメールを受け取った側は誰が本当の感染元であるかを特定することが困難でした。

● Melissa：メリッサ

　2001年頃に多発したマクロウイルス。メールに添付された Microsoft Word の文書中に作成された Melissa という名称のマクロモジュールによってコンピュータに感染、同様のファイルをアドレス帳に記載された宛先へとばらまく特徴を持ちます。近年は常識となっている「差出人不明のメールに添付されたファイルを開いてはいけない」という注意事項は、Melissa が多発したことで生まれたものです。

● MSBlaster：エムエスブラスター

　2003年頃に多発したワーム型のコンピュータウイルス。Windows のセキュリティホールを利用し、インターネットから直接コンピュータの内部へと侵入します。従来はウイルスに感染したファイルを起動したり、添付ファイルを開いたりといった能動的な行為がコンピュータウイルスの感染原因であることがほとんどでしたが、MSBlaster は利用者が何もしなくても勝手にウイルスが侵入してくる特徴を持つため、従来の防御方法では感染を防止することは困難でした。MSBlaster の被害が拡大したことで、ネットワークに接続するコンピュータには必ずファイヤーウォールを設定するという新しい常識が生まれました。

● Antinny：アンティニー

2003 年頃に発見された日本語版のファイル共有ソフトを専門に狙ったワーム型コンピュータ
ウイルス。Antinny に感染した場合、そのコンピュータのデスクトップをキャプチャした画像
やデスクトップやマイドキュメントに保存されているファイルがファイル共有ソフトのネット
ワーク上に流出してしまいます。過去に幾度も社会問題となったファイル共有ソフトからの情
報流出は多くの場合、Antinny もしくはその亜種によるものです。

● W32/Autorun：ダブリュー 32 ／オートラン

2007 年頃に発見された、外部記憶媒体を介して感染するコンピュータウイルス。外部記憶媒
体をコンピュータに接続した際に行われる内部ファイルを走査、「オートラン」を悪用して感染
を拡大します。特に USB メモリを介した感染例が多く報告されており、コンピュータウイルス
の拡大経路はインターネットだけだと思い込んでいた多くの利用者に衝撃を与えました。

● Android.Geinimi：アンドロイド．ゲイミニ

2011 年に発見された、AndroidOS を搭載したスマートフォンに感染するトロイの木馬型コン
ピュータウイルス。海賊版のアプリに混入して配布されており、感染した端末の連絡先や
GPS 情報などを外部に送信する動作を行います。ウイルスとしての危険性や感染度は低いの
ですが、これまでは安全だと思われていた携帯情報端末がもはや安全ではないことを世に知
らしめました。

解説

　いずれのコンピュータウイルスもそれまでは安全だと思われていた技術や経路を悪用して感染
を拡大する傾向があります。そのため、これまでに知られている対策を行うことは当然として、
常に新しいコンピュータウイルスに対する情報を収集し、最新のセキュリティ対策を導入しつづ
けなければ安全な環境でコンピュータを利用することはできないといえるでしょう。

参考資料

■ 総務省，国民のための情報セキュリティサイト
　http://www.soumu.go.jp/main_sosiki/joho_tsusin/security/kiso/k04_higai.htm
■ シマンテック，セキュリティレスポンス
　http://www.symantec.com/ja/jp/security_response/index.jsp

スパイウェアによる被害

概略

スパイウェアはコンピュータウイルスと比較すると被害が小規模であると思われがちですが、盗まれる情報によってはコンピュータウイルスよりも大きな被害を受ける場合もあります。たとえば銀行の口座番号や暗証番号をスパイウェアで盗まれてしまえば、情報を盗んだ第三者によって口座の中の預金を好きに引き出されてしまいます。

事例

2005年7月、複数の銀行口座から預金が不正に引き出され、他の口座へ不正送金される被害が発生しました。この不正な引き出しは銀行への不正アクセスによるものではなく、オンラインバンキングを利用した正規のIDとパスワードを利用したものでした。

調査の結果、被害にあった男性は6月下旬にメールに添付された不審なファイルを開いていたことが判明しており、この操作を行った際にキーロガーと呼ばれるキーボードから入力した内容を記録し、第三者に送信するスパイウェアに感染したのです。そして男性がオンラインバンキングで入力したIDとパスワードを盗んだ犯人は男性になりすまし、銀行口座から預金を引き出してしまったのです。同様の事件がこの時期に複数の銀行で発生し、最終的な被害総額は約1,000万円であることが判明しています。

結末

日本国内でキーロガーを用いた不正送金が発生したのはこの事例が最初であり、これまでまったく想定していなかった新しい犯罪に警察や銀行は困惑すると同時に被害を拡大しないよう、対策を迫られることになりました。現在のオンラインバンキングでは一般的になった暗証番号やパスワードを入力する際に画面上のボタンをマウスでクリックすることで数値入力を行うソフトウェアキーボードが導入されるきっかけとなったのがこの事例です。

解説

コンピュータ上で多くの情報を管理するということは、それだけコンピュータ経由で情報が漏洩し、被害にあう危険性が増すことにもつながります。スパイウェアは破壊活動を行わないから大丈夫というのは誤った認識であり、場合によってはコンピュータウイルス以上に危険な存在となりうることを理解しておくべきでしょう。

参考資料

■ 日経新聞，2005年07月10日
■ 毎日新聞，2005年07月11日
■ 朝日新聞，2005年07月12日

倫理 / 法律 / 技術 6

バックドアによる被害

概略

　コンピュータシステムを設計・構築するシステムエンジニアやプログラマといった技術者のほとんどは順法精神を持ち職務に忠実にシステム開発を行いますが、なかには私欲でコンピュータシステムに細工を施す不届き者がいることも事実です。このような不届き者が作ったシステムを不正に操作する裏口が悪用され、被害をもたらしたケースも存在します。

事例

　2004 年 3 月、不正アクセス禁止法違反の罪で東京都内に住むシステムエンジニアの男性が逮捕されました。この男性はかつて開発に携わった通信販売会社のネット通販システムに不正なプログラムを混入させ、約 200 万円相当の商品を搾取したのです。

　その手口は通販会社のポイントシステムを悪用した巧妙なものでした。自分自身が設定した架空の ID に対して自動的に約 2 万円分のポイントを付与し、ポイント交換によって商品を搾取、また、ポイントが減少した場合に自動的に追加でポイントを補充するというプログラムを混入させたのです。使っても減らないこのポイントを悪用し、容疑者は 3000 回に渡って DVD や書籍などの商品を取り寄せており、また商品発注履歴から犯行が発覚しないように定期的に通販会社のサーバへ不正侵入しその履歴を消去するという証拠隠滅も行っていました。

結末

　この事例はバックドア（裏口）と呼ばれる巧妙な手口によるものあったため、犯行が発覚しないかのようにも思えます。しかし実際には「商品」を配達にきた配達員がたまたま通販会社へ連絡を行ったことで発注履歴のない不正アクセスが発覚し、逮捕される結果となりました。

解説

　システムを開発する立場の人間が意図的に不正なプログラムを混入させた場合、そのシステムを利用している人や組織が不正を発見することはきわめて困難です。このような不正を起こさないためにコンピュータ倫理が設けられたことは本文中でも触れたとおりです。容疑者の男は逮捕された後に「ばれないと思った」と供述したといわれていますが、実際、偶然がなければこの不正が発覚することはなかったかもしれません。しかし、実際にはこのような不正の多くはふとした偶然によって発覚していることも多いので、これらの事例はいくら巧みに悪事を企んだとしても最終的には発覚してしまうという見本と言えるかもしれません。

参考資料

　■ 読売新聞, 2004 年 03 月 14 日
　■ 共同通信, 2004 年 03 月 14 日

倫理 / **法律** / **技術 7**

サブスクリプションのサービス停止

概略

　サブスクリプションはサービスの提供元に毎月（あるいは毎年）定額を支払うことで、楽曲や映像、ゲームなどのコンテンツが使い放題になるビジネスモデルです。しかしユーザはコンテンツを所有できるわけではないので、提供元がサービスを停止してしまうとコンテンツを楽しむことができなくなります。

経緯

　Apple Music や Spotify では、2023 年 11 月に安室奈美恵さんの楽曲が視聴停止になり、また公式 YouTube チャンネルも消えてしまいました。新聞の取材によると、関係者がその理由として「契約内容の見直しや、重複している楽曲（リミックスなど）の整理」のためだと証言しているようです。

　SNS 上では、CD などの「モノ」を所有しているユーザはそれで聞こうとする意見がある一方で、所有していないユーザは残念な思いを書き込んでいました。

結末

　2024 年 6 月現在、安室奈美恵さんの楽曲は Apple Music や Spotify で聞くことはできませんし、公式 YouTube チャンネルも復活していません。

解説

　私たちユーザにとっては便利なサブスクリプションですが、そこに楽曲を提供するだけではアーティストが儲からない、と SNS 上で明言しているアーティストもいます。

　確かに、平成時代前半のように CD の売り上げが儲けに直結していた時代は、発売日をターゲットにして販売戦略を立てるのが勝負でした。しかし現在は CD の所有、サブスクリプション、ライブやフェスなどのイベント、と音楽の楽しみ方が多様化しているため、アーティスト側も人気を維持すべく情報発信をし続けないと売り上げに繋がらないようです。

　安室奈美恵さんサイドがどのような経営戦略で配信停止や公式 YouTube の閉鎖を判断したのかわかりませんが、ファンは一刻も早く復活してほしいと願っていることでしょう。

参考資料

- 産経新聞，2023 年 11 月 20 日
- 琉球新報，2023 年 11 月 17 日
- 東洋経済オンライン，2023 年 2 月 22 日

倫理 / 法律 / **技術 8**

返してもらえない電子マネー

概略

近畿圏で4店舗を展開するスーパーが2022年10月1日に突如全店閉店し、一部店舗で導入されていた電子マネーが閉店により使えない状態になりました。この店舗で導入されていたのはハウス電子マネーだったので、チャージした金額が利用者に戻らないというトラブルになっています。

経緯

10月1日に突然閉店の旨が書かれた紙が掲示され、4店舗全店で営業を終了しました。数年前から近隣のスーパーとの競争が激しくなり、コロナ禍以前から資金繰りの目途が立たなくなっていったそうです。

破産手続きは11月29日付で開始されました、負債総額は約12億円、電子マネー利用者は600〜700人、電子マネーの未使用残高は約360万円でした。

結末

この閉店および破産はほとんど夜逃げ同然で店舗の棚には商品が残った状態だったといいます、また各店舗の従業員や店長にも知らされていなかったようで、10月1日に出勤して初めて知った人が多かったそうです。

2024年4月現在で破産手続きがまだ続いているようなので、電子マネー利用者への返金はされていないと考えられます。

解説

電子マネーの利用者保護を定める資金決済法では、未使用残高が1000万円以上の場合は財務局に届け出る必要があり、事業者が破産した場合に利用者へ返還すべく法務局への供託金（未使用残高の半分以上）が義務づけられています。このスーパーは未使用残高が約360万円だったので資金決済法の対象外となり、電子マネーが未返還の利用者は他の債権者（金融機関や取引先）と同じ扱いで残余財産から返還されます。しかし破産法では税金や賃金の支払いが優先されるので、利用者への返還は非常に少額または実施できない恐れがあるとスーパー側の代理人弁護士は言います。

また破産前に電子マネーの払い戻しなどをすべきとの声もありますが、それを行うと他の債権者より優先したと見なされて破産手続きが認められない可能性があるため、倫理的には納得できませんが事前に閉店を通告して払い戻しに応じることは難しいようです。

以上のように現在の法律では電子マネー発行元の事業者が破綻した場合、電子マネーにチャージした金額が全額戻ってくる可能性はほぼないと思っておいた方がいいので、チャージする場合はあまり高額な入金をしない方が安全だと言えます。

参考資料

- 弁護士 JP ニュース，2022 年 11 月 2 日
- 読売新聞オンライン，2022 年 11 月 12 日
- 朝日新聞 DIGITAL，2022 年 12 月 5 日
- 日本経済新聞，2022 年 12 月 19 日

倫理 / 法律 / 技術 ⑨

資料 メタバースの活用事例

本文で紹介したメタバースは、様々な分野で活用されています。

● 観光業の例

コロナ禍で移動が制限される、あるいは治安が悪くて行けない地域など、実際に足を運べない場合に旅行体験を提供する方法として、メタバースを活用したバーチャル旅行の取り組みがされています。

国内の観光地やショッピングモールでも、空中からの視点を体験できる、XR でキャラクターを登場させる、SNS で使える写真や動画を撮影できる、などリアルではできない体験を提供しています。

● 小売業の例

一般の小売業の場合は、ユーザは仮想空間の店舗に展示された商品を自由に見て、接客を担当するアバターに質問できるようなシステムを提供しています。

もう1つは先の観光業の延長となる話ですが、実際に現地を訪れているような体験ができる物産展を開催し、出店事業者の移動や出店コストの負担といった課題を解決する取り組みが行われています。

● 教育業の例

メタバースで行うオンライン授業に VR ゴーグルを使用し、視線や会話や心拍変動などのデータを収集しました。それらのデータを用いて、生徒一人一人がどれだけ集中できたか、興味を持ったポイントはどこなのか、などを可視化することで個別最適化された授業を提供できるようになるといいます。

● 製造業の例

製造業でメタバースを活用するメリットは、現物による試作が不要、人間工学に配慮した生産工程の効率化、大きさや重さによって取り扱いが困難なものがデジタルデータで安全に扱える、実物がなくても作業実習などの教育訓練ができる、など様々あります。

某自動車メーカーが開発に XR を導入し、コストや工数を削減するのに成功した事例もあります。

参考資料

■ NEC wisdom　メタバースとは？意味やビジネスでの活用事例、メリットを解説
https://wisdom.nec.com/ja/feature/web3/2023013001/index.html

■ NTT XR 導入事例特集　〜観光・地域活性編〜
  https://group.ntt/jp/nttxr/topics/topics00096/
■ 丸紅 I-DIGIO INSIGHT HUB
  https://www.marubeni-idigio.com/insight-hub/about-xr/#index_id7

＜文献＞

・辰巳丈夫：『情報化社会と情報倫理』（情報がひらく新しい世界3），共立出版（2000）

・梅本吉彦：『情報社会と情報倫理』，丸善（2002）

・情報教育学会研究会：『インターネット社会を生きるための情報倫理』，実教出版（2010）

・佐々木良一 監修，会田和弘 著：『情報セキュリティ入門 —— 情報倫理を学ぶ人のために』，共立出版（2009）

・宮下幸一：『新版 情報管理の基礎』，同文館（2000）

・情報教育学研究会 編：『インターネットの光と影　Ver.2』，北大路書房（2003）

・鷲田小彌太：『図解雑学倫理』，ナツメ社（2005）

・加藤尚武：『応用倫理学入門』，晃洋書房（2001）

・溝口雄三 他：『江戸の思想3』，ぺりかん社（1999）

・バージニア・シャー 著，松本 功 訳：『ネチケット —— ネットワークのエチケット』，ひつじ書房（1996）

・オーガスト・ベックウェイ 著，椋田直子 訳：『ネットワーク犯罪白書』，アスキー出版局（1987）

・セルジュ・ル・ドラン／フィリップ・ロゼ 著，桑畑 透 訳：『世界ハッカー犯罪白書』，文藝春秋（1996）

・『昭和史全記録』，毎日新聞社（1989）

・赤羽喜治・愛敬真生：『ブロックチェーン仕組みと理論 増補改訂版』，リックテレコム（2019）

・バーチャル美少女ねむ：『メタバース進化論』，技術評論社（2022）

・マシュー・ボール 著，井口耕二 訳，『ザ・メタバース　世界を創り変えしもの』，飛鳥新社（2022）

・田中辰雄・山口真一：『ネット炎上の研究』，勁草書房（2016）

・矢野直明・林紘一郎：『倫理と法−情報社会のリテラシー−』，産業図書（2008）

・山口真一：『ソーシャルメディア解体新書』，勁草書房（2022）

・Soroush Vosoughi 他："The spread of true and false news online", *Science*, **359**, 1146-1151 (2018)

・Yuwei Chuai 他："Anger makes fake news viral online" (2020)

＜ URL ＞

・首相官邸　個人情報保護法について　https://www.kantei.go.jp/jp/singi/titeki2/tyousakai/kensho_hyoka_kikaku/2018/sangyou/dai5/sankou4.pdf

・経済産業省　https://www.meti.go.jp/

・消費者庁　https://www.caa.go.jp/

・特許庁　https://www.jpo.go.jp/

・文部科学省　https://www.mext.go.jp/

・総務省　国民のためのサイバーセキュリティサイト　https://www.soumu.go.jp/main_sosiki/cybersecurity/kokumin/

・サイバー警察局　https://www.npa.go.jp/bureau/cyber/

・富山県警察　警察本部 生活安全部 サイバー犯罪対策課　https://police.pref.toyama.jp/soshikiichiran/6129/

・RFC INDEX　https://www.rfc-editor.org/rfc-index.html

・IPA 独立行政法人 情報処理推進機構　https://www.ipa.go.jp/

・ACCS 一般社団法人コンピュータソフトウェア著作権協会　https://www2.accsjp.or.jp/

・一般財団法人　日本産業協会　https://www.nissankyo.or.jp/

・一般財団法人　日本データ通信協会　https://www.dekyo.or.jp/

・一般財団法人　インターネット協会　https://www.iajapan.org/

・一般財団法人　日本情報経済社会推進協会　https://www.jipdec.or.jp/

・JISC 日本産業標準調査会　https://www.jisc.go.jp/
・プライバシーマーク制度　https://privacymark.jp/
・McAfee　https://www.mcafee.com/ja-jp/
・ネットエージェント　https://netagent.co.jp/
・ITmedia NEWS　https://www.itmedia.co.jp/news/
・Wayback Machine　https://web.archive.org/
・ダイヤモンドオンライン　https://diamond.jp/
・総務省　https://www.soumu.go.jp/
・産経新聞　https://www.sankei.com/
・博報堂 WEB マガジン センタードット　https://www.hakuhodo.co.jp/magazine/
・野村総合研究所（NRI）　https://www.nri.com/
・ヒトトキ Powered by 三井住友カード　https://www.smbc-card.com/mem/hitotoki/cashless/
・valudesign　https://cs.valuedesign.jp/column/
・一般社団法人日本ブロックチェーン協会　https://jba-web.jp/
・NEC　https://wisdom.nec.com/
・日本銀行　https://www.boj.or.jp/
・日本経済新聞　https://www.nikkei.com/
・SELECK　https://seleck.cc/
・NTT 東日本　https://www.d3.ntt-east.co.jp/
・メタバース総研　https://metaversesouken.com/
・IT media NEWS　https://www.itmedia.co.jp/
・ZDNET Japan　https://japan.zdnet.com/
・Statista　https://www.statista.com/
・Gigazine　https://gigazine.net/
・The World Bank　https://documents1.worldbank.org/
・PRTIMES　https://prtimes.jp/
・WIRED　https://wired.jp/
・Coincheck　https://coincheck.com/
・Mary Ann Liebert, Inc., publishers　https://www.liebertpub.com/
・弁護士 JP ニュース　https://www.ben54.jp/
・読売新聞オンライン　https://www.yomiuri.co.jp/
・朝日新聞 DIGITAL　https://www.asahi.com/
・DIMSDRIVE　https://www.dims.ne.jp/
・ベンナビ IT　https://itbengo-pro.com/
・COUNCIL OF EUROPE　https://rm.coe.int/
・ファクトチェック・イニシアティブ　https://fij.info/
・NHK NEWS WEB　https://www3.nhk.or.jp/
・PRESIDENT Online　https://president.jp/
・スポーツ報知　https://hochi.news/
・琉球新報　https://ryukyushimpo.jp/
・東洋経済オンライン　https://toyokeizai.net/
・FNN プライムオンライン　https://www.fnn.jp/

索 引

【著者紹介】

鞆 大輔（とも だいすけ）

2000年　近畿大学大学院商学研究科博士課程 修了
現　在　近畿大学経営学部 教授
専　門　情報倫理，プログラム設計論
主　著　『文系学生のためのコンピュータ概論』，共立出版（2011）
　　　　『文科系のためのコンピュータ総論』（共著），共立出版（2005）

矢野 芳人（やの よしひと）

2010年　大阪市立大学大学院創造都市研究科修士課程 修了
現　在　大阪商業大学総合経営学部 助教
専　門　情報教育，情報倫理

学生時代に学びたい
情報倫理
改訂版
The Information Ethics for Students
Revised Edition

2011年 8月25日　　初版1刷発行
2022年10月 5日　　初版9刷発行
2024年12月10日　　改訂版1刷発行

検印廃止
NDC 007.3, 154
ISBN978-4-320-12582-7

著　者　鞆 大輔・矢野 芳人　　©2024
発行者　南條 光章
発行所　**共立出版株式会社**
　　　　〒112-0006
　　　　東京都文京区小日向4丁目6番19号
　　　　電話　03-3947-2511番（代表）
　　　　振替口座 00110-2-57035番
　　　　URL www.kyoritsu-pub.co.jp/
DTP
デザイン　祝デザイン
印　刷　加藤文明社
製　本　協栄製本

一般社団法人
自然科学書協会
会員

Printed in Japan